党内法规责任论

欧爱民 著

湖南省社科学术精品重大课题『党内法规重大理论问题研究』（20ZDAJ012）成果

法律出版社
LAW PRESS·CHINA
北京

图书在版编目（CIP）数据

党内法规责任论 / 欧爱民著. -- 北京 : 法律出版社, 2024. -- ISBN 978-7-5197-9500-9

Ⅰ. D262.6

中国国家版本馆 CIP 数据核字第 2024LL2405 号

党内法规责任论
DANGNEI FAGUI ZEREN LUN

欧爱民　著

策划编辑　沈小英
责任编辑　陈　妮　张思婕
装帧设计　李　瞻

出版发行　法律出版社
编辑统筹　法治与经济出版分社
责任校对　裴　黎
责任印制　吕亚莉
经　　销　新华书店

开本　710 毫米×1000 毫米　1/16
印张　14.25　　**字数**　248 千
版本　2024 年 9 月第 1 版
印次　2024 年 9 月第 1 次印刷
印刷　固安华明印业有限公司

地址:北京市丰台区莲花池西里 7 号(100073)
网址:www.lawpress.com.cn
投稿邮箱:info@lawpress.com.cn
举报盗版邮箱:jbwq@lawpress.com.cn

销售电话:010-83938349
客服电话:010-83938350
咨询电话:010-63939796

书号:ISBN 978-7-5197-9500-9　　**定价**:86.00 元

凡购买本社图书,如有印装错误,我社负责退换。电话:010-83938349

本书党内法规与法律文件全称简称对照表

全称	简称
《中国共产党章程》	《党章》
《中国共产党廉洁自律准则》	《廉洁自律准则》
《中国共产党问责条例》	《问责条例》
《中国共产党纪律处分条例》	《纪律处分条例》
《中国共产党党内监督条例》	《党内监督条例》
《中国共产党巡视工作条例》	《巡视工作条例》
《中国共产党党员教育管理工作条例》	《党员教育管理工作条例》
《中国共产党党内法规制定条例》	《党内法规制定条例》
《中国共产党纪律检查委员会工作条例》	《纪律检查委员会工作条例》
《中国共产党机构编制工作条例》	《机构编制工作条例》
《中国共产党农村工作条例》	《农村工作条例》
《中国共产党纪律检查机关案件检查工作条例》	《纪律检查机关案件检查工作条例》
《中国共产党处分违纪党员批准权限和程序规定》	《处分违纪党员批准权限和程序规定》
《中国共产党重大事项请示报告条例》	《重大事项请示报告条例》
《中国共产党党员权利保障条例》	《党员权利保障条例》

续表

全称	简称
《中国共产党国有企业基层组织工作条例(试行)》	《国有企业基层组织工作条例》
《中国共产党基层组织选举工作条例》	《基层组织选举工作条例》
《中国共产党党内功勋荣誉表彰条例》	《党内功勋荣誉表彰条例》
《中国共产党纪律检查机关控告申诉工作条例》	《纪律检查机关控告申诉工作条例》
《中国共产党工作机关条例(试行)》	《工作机关条例》
《中国共产党党务公开条例(试行)》	《党务公开条例》
《中国共产党组织处理规定(试行)》	《组织处理规定》
《中国共产党纪律检查机关监督执纪工作规则》	《纪律检查机关监督执纪工作规则》
《中国共产党纪律检查机关案件检查工作条例实施细则》	《纪律检查机关案件检查工作条例实施细则》
《纪检监察机关监督执纪“四种形态”统计指标体系(试行)》	《监督执纪“四种形态”统计指标体系》
《中华人民共和国宪法》	《宪法》
《中华人民共和国刑法》	《刑法》
《中华人民共和国立法法》	《立法法》
《中华人民共和国刑事诉讼法》	《刑事诉讼法》
《中华人民共和国治安管理处罚法》	《治安管理处罚法》
《中华人民共和国公职人员政务处分法》	《政务处分法》
《中华人民共和国监察法》	《监察法》
《中华人民共和国公务员法》	《公务员法》
《中华人民共和国行政处罚法》	《行政处罚法》
《中华人民共和国职业教育法》	《职业教育法》
《中华人民共和国安全生产法》	《安全生产法》
《中华人民共和国食品安全法》	《食品安全法》
《中华人民共和国人民警察法》	《人民警察法》

续表

全称	简称
《中华人民共和国法官法》	《法官法》
《中华人民共和国检察官法》	《检察官法》
《中华人民共和国企业国有资产法》	《企业国有资产法》
《中华人民共和国证券法》	《证券法》

目录

绪论:问题靶向的理论创新

“天下之事,不难于立法,而难于法之必行”[1]。在中国的法治规范体系日趋完备的情况下,推动法治建设高质量发展的重点在于“法之必行”。而“法之必行”的前提是法必须自设保障机制,即法律责任。法律责任是法律的“牙齿”,是法律具有强制性、权威性的技术装置,属于法律的重要组成部分。在一部成文法律中,作为保障机制,法律责任往往在整个文本的后端加以呈现,扮演着守护者的角色。同样,作为中国特色社会主义法治体系的重要组成部分,党内法规要想成为管党治党、治国理政的“硬约束”,避免出现“破窗效应”与“稻草人”现象,也必须依靠一套强有力的保障机制,即党内法规责任来实现。“动员千遍,不如问责一次”,党内法规责任在推进全面从严治党、提升国家治理能力等方面的功能越发凸显,但目前尚存在懈怠性执行、选择性执行、曲解性执行方面的一些问题。究其原因,除个别党员党规意识不强、党规执行体制不完备等,党内法规责任体系的不健全也是一个不容忽视的重要因素。因此,强化党内法规责任研究,以全面提升党内法规的执行力,无疑是当前依规治党面临的重大课题。

一、党内法规责任研究缺失的双重困境

问题的实际重要性与相关理论的繁荣并非总呈现正向关系。近年来,党

[1] (明)张居正:《请稽查章奏随事考成以修实政疏》,载《张文忠公全集》(上册),商务印书馆1935年版,第40页。

内法规在管党治党、治国理政中发挥的作用日益凸显,党内法规学也日益成为一门显学,为党内法规制度建设提供了重要的理论支撑,但其与成熟定型的法学理论相比还存在较大的差距。具体到党内法规执行领域,理论界很少论及党内法规责任,更遑论对之进行全面深入研究,从而引发双重困境,即理论困境与现实困境。

1. 理论困境

所谓理论困境,是指有效的理论供给的缺乏,造成了理论与实践脱节,难以充分阐述现有法治现象。党规责任研究得不够所造成的理论困境主要体现在如下两个方面:

(1)类型化框架尚未成型。"类型化"作为一种开放性的、关系化的、结构化的思维方式,勾连在抽象概念与具体事实之间,是对某一领域事务进行周延化、精准化研究的必由之路。[1] 但现行党规责任的类型化构建不细,虽然纪律处分种类相对完善,但组织处理种类尚未健全,其他党规责任措施则亟待整理归类。具体而言,一是纪律处分的种类日趋成熟。这表现为有关党员的 5 种纪律处分与有关党组织的 2 种纪律处分措施基本定型,其类型化框架基本成就,但在有关纪律措施与其他非党纪处分措施的区分与联系等问题上仍存在较大的完善空间,笔者认为预备党员处分措施的法治属性还有待厘清。二是组织处理作为一种有效的执纪措施,在管党治党过程中发挥着重要作用,但其是否属于党规责任,具体种类有哪些,与政务处分、纪律处分等的区分与联系等问题均没有得到合理阐述,导致相关制度文本在概念、术语等方面各不相同,进而造成适用上的混乱。梳理相关党规文本可知,有关组织处理的种类多达 10 余种。虽然《组织处理规定》将组织处理限定为 5 种,起到了定分止争的作用,但其周延性受到了质疑。而且,组织处理与纪律处分中的撤销党内职务等的区别与联系没有得到较好的阐述。三是诸多党规责任措施缺乏属概念统摄,较为分散而难以归类,无法建立起"属 + 种"的类型体系。在执纪实践中,还存在 20 余种执纪措施无法纳入纪律处分、组织处理的范畴,如何对之进行定性、分类,并在此基础上出台专门的党内法规,都是亟待解决的现实问题。总之,在现有理论框架下,党内法规责任究竟包括哪些基本类型,某一类型究竟包括

---

[1] 参见欧爱民、何静:《论党内法规责任的类型化建构》,载《理论探索》2023 年第 2 期。

哪些种类,类型、种类之间的涵摄与区分等问题无法厘清。

(2)概念范畴的相对贫乏。概念范畴是从党规文本与实践中抽象出的具有规范性内涵的语词。它既是构建党规责任理论体系的"建筑材料",也是理解和把握党规责任理论体系的基础与钥匙。特别是那些高度抽象的基本范畴,往往贯穿党规责任研究的全领域、全过程,对整个党规责任知识体系具有突出的影响力与整合力。但理论供给的不足,导致党规责任领域的概念范畴较为稀缺,不够成熟。至今,学术界还未真正关注党规责任此一基础性范畴,并对之进行全面深入的研究。更遑论纪律处分、组织处理等二级范畴,以及停职检查、调整职务、责令辞职、免职、降职等三级范畴。概念范畴贫乏导致的党规责任理论体系不够健全,影响了党规指导功能的发挥。例如2019年修订的《党内法规制定条例》结合立规实践经验,吸收学界研究成果,进一步完善了党内法规的"法定"概念,即"党内法规是党的中央组织,中央纪律检查委员会以及党中央工作机关和省、自治区、直辖市党委制定的体现党的统一意志、规范党的领导和党的建设活动、依靠党的纪律保证实施的专门规章制度"。上述概念突出了党内法规的权威性、强制性、执行性,这是一个值得肯定的进步,但将"党的纪律"作为党内法规的保障机制有待商榷。按照《党章》的规定,党的纪律是党的各级组织和全体党员必须遵守的行为规则,主要包括政治纪律、组织纪律、廉洁纪律、群众纪律、工作纪律、生活纪律六个方面。作为行为规则,党的纪律需要纪律处分、组织处理等党内法规责任措施的保障,为此,《纪律处分条例》《组织处理规定》按照违规情节、主观过错、违规后果等设置了不同程度的党规责任,以确保上述六个方面的党的纪律得到有效执行。因此,党内法规的保障机制是包括纪律处分、组织处理在内的党内法规责任体系,而非泛泛的党的纪律。就此而言,党内法规应当是依靠党规责任保证实施的规章制度。

2. 现实困境

"没有革命的理论,就没有革命的运动",[1]理论上的滞后必然会造成执纪的现实困境。具体表现如下:

(1)党规责任追究的不统一。组织处理作为一种运用日益频繁的执纪措

---

〔1〕 中共中央马克思恩格斯列宁斯大林著作编译局:《列宁选集》(第1卷),人民出版社1972年版,第241页。

施，其重要性越来越凸显。近年来，随着党内法规责任制度进一步细化，除纪律处分、组织处理，还存在其他党内法规责任措施，但彼此之间界限不够明确、身份处分和职务处分关系不够清晰，从而产生何时适用组织处理、组织处理与其他党内法规责任措施何时配套使用等难题。[1]

(2)执纪观念上的误区。由于缺乏成熟的党规责任理论的指导，一些似是而非的观点长期得不到纠正，造成人为的观念误导，困扰着执纪实践。例如，有观点认为，违纪不一定违法，但违法必定违纪。然而，依据《纪律处分条例》第30条第1款的规定，[2] 上述有关纪法关系的观点值得商榷。具体而言，党员的犯罪行为必然是违纪行为，需要同时追究党员的刑事责任与党纪责任，而其他违法行为只有在两种情形下才构成违纪，即具有《纪律处分条例》分则的明文规定，或者该违法行为对党、国家、人民利益构成损害，否则不构成违纪，而无须追究其党纪责任。例如，在执纪实践中，党员的超速、闯红灯、变道等轻微违法行为并没有对党、国家、人民利益造成明显损害，不需要追究其党纪责任。为此，应当在党规责任的理论指导下，建立健全党规责任与法律责任的责任聚合理论，以有效指导法治责任的追究实践。

二、党内法规责任的理论创新

基于上述问题，唯有秉持理论创新，才能建构起较完善的党内法规责任体系，对中国特色社会主义法治实践发挥理论指导作用。韩大元教授认为："有两样东西，对于学科的建立、成熟与完善，既发挥着基础性作用，也发挥着确定性作用……它们一个是基本范畴，一个是方法论。"[3] 因此，要想构建较为完备的党规责任理论体系，应当以问题为导向，在基本范畴、研究方法等方面进行创新。由于党规责任与法律责任同属于法治责任的范畴，应当借鉴法律责任基本理论，提出党规责任的范畴，并对其内涵、特征、功能、构成等本体问题进行系统阐述。本书整合分散在诸多党规制度文本中的其他责任措施，提出警

---

〔1〕 参见任建明、薛彤彤：《实践运用"四种形态"遇到的主要问题与应对策略》，载《河南社会科学》2018年第1期。

〔2〕 参见《纪律处分条例》第30条第1款规定："党组织在纪律审查中发现党员有刑法规定的行为，虽不构成犯罪但须追究党纪责任的，或者有其他破坏社会主义市场经济秩序、违反治安管理等违法行为，损害党、国家和人民利益的，应当视具体情节给予警告直至开除党籍处分。"

〔3〕 韩大元等主编：《中国宪法学基本范畴与方法：2004—2009》，法律出版社2010年版，第1页。

示处理这一属概念,以统摄没有被归类的党规责任措施,进而运用类型化分析法,提出党规责任的三分理论,将党内法规责任划分为警示处理、组织处理、纪律处分三大基本类型,实现党规责任的类型化构建,推动从法律责任到法治责任的研究方式的转型。

1. 创新性提出警示处理

依据《纪检监察机关监督执纪"四种形态"统计指标体系(试行)》(中纪办发[2016]2 号)的规定,违规违纪行为的处理方式高达 40 余种,排除非党规责任的执纪措施,现行诸多党规责任措施难以归入纪律处分、组织处理类型中,导致党内法规责任类型化、体系化不足的问题。为此,应当按照党规责任的三重识别标准,将未能归入纪律处分、组织处理的党规责任措施甄别出来,并冠以一个统一的名称。在行政法学中,学者将警告、通报批评等处罚种类称为申诫罚,亦称声誉罚。同样,在执纪实践中,存在通报批评、责令公开道歉、诫勉等普遍适用的党规责任措施,其惩戒机理在于通过降低声誉等手段对处理对象施加心理震慑等精神性影响,进而促使其停止违纪行为,发挥警示教育功能,类似于行政处罚中的申诫罚。基于此类党规责任措施的警示意味,可将其命名为"警示处理",以统摄除纪律处分、组织处理外的其他党规责任措施。可见,警示处理概念的提出可有效解决诸多分散的党规责任措施的"安身"问题,为实现党规责任的类型化建构提供基本范畴支撑。

2. 构建党规责任三分理论

目前,学术界持党规责任二分论观点的学者居多,他们主张将党内法规责任分为纪律处分、组织处理两类,认为除纪律处分以外,党组织采取的其他措施均为组织处理,包含警示教育、资格变动或职务调整的相关处理措施等。[1]其实,通报批评、责令公开道歉、诫勉等涉及的是被处分者的声誉,属于申诫罚的范畴,而停职检查、调整职务、责令辞职、免职、降职等组织处理措施涉及的是领导干部的岗位、职务、职级调整,属于职务罚范畴。可见,两者性质、功能存在巨大差异,不宜将通报批评、责令公开道歉、诫勉等纳入组织处理的范畴,党内法规责任二分论存在逻辑不自洽与种类不周延等问题。基于此,应当在纪律处分、组织处理外,提出警示处理的概念,从而建构起党规责任三分理论,即

〔1〕 参见董芳:《纪检监察机关在办案中如何运用组织处理措施》,载《中国监察》2013 年第 13 期。

将党规责任分为警示处理、组织处理、纪律处分。上述 3 种党规责任类型的功能区分较为明显,警示处理侧重于申诫罚,组织处理侧重于职务罚,纪律处分侧重于资格罚,三者环环相扣,可形成周延的党规责任体系,为党规责任的实践提供更有力的理论支撑。

3. 科学界定党规责任体系相似概念

党规责任三分理论基本搭建起党规责任类型化框架。由于党规责任的关联性、相似性,处于不同类型的党规责任种类势必存在一些模糊地带,亟待厘清。例如,一些党内法规制度文本中反复出现"组织处理""组织调整"等术语。按照现有通行观点,组织调整是组织处理的上位概念,泛指领导干部的岗位、职级、职务变动,包括两种类型:一是不具有制裁性质的组织调整。例如,按照《党政领导干部选拔任用工作条例》第 54 条的规定,党政领导干部具有下列情形的,一般应当免去现职:达到任职年龄界限或者退休年龄界限的;不适宜担任现职应当免职的;辞职或者调出的;非组织选派,个人申请离职学习期限超过 1 年的;因健康原因,无法正常履行工作职责 1 年以上的。二是具有制裁性质的组织调整。例如,按照《党政领导干部选拔任用工作条例》第 54 条的规定,党政领导干部具有下列情形的,一般也应当免除现职:受到责任追究应当免职的;因违纪违法应当免职的。这两种情形则属于具有制裁性质的组织调整,即组织处理。因此,组织调整与组织处理属于包含关系,容易混淆。为了更加明晰二者概念之间的边界,宜将组织调整的内涵限定为不具有制裁性质的岗位、职级、职务调整,而将组织处理的内涵限定为具有制裁性质的岗位、职级、职务调整。

4. 实现研究范式的转变

长期以来,法学界仅关注于法律责任及中国特色社会主义法治体系的保障机制的相关理论存在明显的理论供给不足问题。中国特色社会主义法治体系包括党内法规体系与法律规范体系。两者虽然在规范体系上存在相对的独立性,但在保障机制上具有一体性,彼此是互相保障的。因此,党内法规既需要党规责任体系保障,也需要法律责任体系保障。对于党员重大违纪行为,仅追究其党规责任是远远不够的,必须同时追究其法律责任。同时,党员实施违法行为的,也不能仅仅追究其法律责任,还需要追究其党规责任,以更好地维护国家法律的权威与尊严。因此,应当立足于法治建设的中国特色,将党规责任纳入研究范畴,从关注法律责任扩展到法治责任,从而实现研究范式的转变,为构建中国特色的法学学科体系、学术体系、话语体系,全面建设社会主义现代化国家提供更为坚实的理论支撑。

第一章　党内法规责任概述

在国家法律体系中，“违法必究”指向的是法律责任，在党内法规体系中，“违规必究”“惩处追责”“失责必究”指向的则是党内法规责任。在中国特色社会主义法治体系的视域下，“党内法规责任与法学领域的法律责任是一对同类型的概念”，[1]党内法规责任体系与国家法律责任体系共同编织起权力制约监督的制度之笼。[2] 党的十八大以来，党中央多次提出要完善党内法规责任制度体系。其中，《中央党内法规制定工作五年规划纲要（2013—2017 年）》提出，要“完善惩处追责机制，明确保障党内法规执行的惩戒性规定”。《中央党内法规制定工作第二个五年规划（2018—2022 年）》进一步强调，要“形成有权必有责、有责要担当、用权受监督、失责必追究的激励约束机制”。2023 年 4 月，中共中央印发《中央党内法规制定工作规划纲要（2023—2027 年）》，将“健全追责问责制度”作为单独的一项工作予以列出，并指出要“坚持权责一致、错责相当，进一步完善责任追究制度，推动严肃精准追责问责。制定运用监督执纪‘四种形态’的具体政策规定”。为坚定不移全面从严治党，深入推进新时代党的建设新的伟大工程，习近平总书记在党的二十大报告中指出，要“落实全面从严治党政治责任，用好问责利器”。那么，党内法规责任的概念是什么？党内法规责任的构成要素为何？党内法规责任具有哪些基本功能？以及其具有哪些文本表达形式？回答这些问题不仅是研究党内法规责任的基础性前

---

〔1〕 庄德水：《党内法规责任规定的适用性分析》，载《理论探索》2021 年第 4 期。

〔2〕 参见杨建军：《权力监督制约的第三种模式》，载《法学论坛》2022 年第 4 期。

提,也是区分党内法规责任与党内其他监督管理措施、明确党内法规责任在党内法规体系中特殊地位的先决性条件。

第一节　党内法规责任的概念

党的十八大以来,党中央高度重视党内法规责任制度建设,目前基本形成了以党章为统领,以《纪律处分条例》《组织处理规定》《问责条例》《关于实行党政领导干部问责的暂行规定》《领导干部干预司法活动、插手具体案件处理的记录、通报和责任追究规定》《干部选拔任用工作监督检查和责任追究办法》《党政领导干部生态环境损害责任追究办法(试行)》《关于组织人事部门对领导干部进行提醒、函询和诫勉的实施细则》《纪律检查机关监督执纪工作规则》等为主干的党内法规责任制度体系。其中既包含实体性责任规定,也涵盖程序性责任规定。但梳理现行党内法规责任制度文本可知,"党内法规责任"一词尚未成为正式的概念用语,涉及责任内容的章节即用"监督和追责""纪律和监督""保障和监督"等替代。而具体的法律文本涉及责任内容的,可直接表述为"法律责任",如《职业教育法》第 7 章直接命名为"法律责任",其第 66 条第 1 款规定"接纳职业学校和职业培训机构学生实习的单位违反本法规定……依法承担相应的法律责任"。

基于基本范畴的重要性,要想建立一个较为逻辑自洽、内部协调统一的党内法规责任制度体系,势必要首先从范畴论的角度厘清党内法规责任的基本内涵。

一、党内法规责任的内涵

党内法规责任一词由"党内法规"和"责任"组合而成。为准确界定党内法规责任的内涵,有必要将其分解,从责任的概念入手。

责任是政治学、哲学/伦理学、法学等学科的基本范畴,也是日常生活中的常用概念,具有多重含义。当前,学术界对"责任"一词的语义考察,已经取得了丰硕的研究成果。学者张文显认为,"责任"一词在现代汉语中有三个互相联系的基本词义:一是分内应做的事,如"岗位责任""尽职尽责"等;二是特定人对特定事项的发生、发展、变化及其成果负有积极的助长义务，如“担保责任”“举证责任”；三是因没有做好分内之事（没有履行角色义务）或者没有履行助长义务而承担的不利后果或强制性义务，如“违约责任”“赔付责任”等[1]。前两种为积极责任，第三种为消极责任。学者谢军认为责任具有两层含义：一是指分内应做之事，即人们日常所讲的“应尽的责任”；二是指没有做好分内应做的事而必须承担的过失或责罚[2]。学者王若磊将责任概念整合为三重维度，从而在各责任语用间建立起逻辑融贯的体系：一是作为职责的责任，该责任来自行为人所处的位置、身份或者承担的角色，与义务、职责含义基本相同；二是作为归因的责任，包含事实的归因与评价的归因，囊括能力责任与原因责任；三是作为制裁的责任，此时责任概念等同于制裁或者惩罚。三者之间的关系为：职责责任是前提，归因责任是责任的认定和分担环节，制裁责任是后果。[3]

从上述责任的内涵分析可以得知，“责任”一词有广义和狭义之分。广义的责任是指在法律、道德或在政治等方面基于特定角色所应当为的行为，狭义的责任是指没有完成当为的行为而承担的不利后果，该后果往往与制裁、惩罚、谴责等相关联。本书讨论的党内法规责任，是狭义责任定位之下的党内法规责任，是消极意义上的责任。本书讨论的党内法规，是指“党的中央组织，中央纪律检查委员会以及党中央工作机关和省、自治区、直辖市党委制定的体现党的统一意志、规范党的领导和党的建设活动、依靠党的纪律保证实施的专门规章制度”（《党内法规制定条例》第3条第1款）。综上所述，所谓党内法规责任，是指有权党组织依据党内法规规定的，对违反党内法规、国家法律的党组织和党员作出的具有惩戒性的党内制裁措施。

二、党内法规责任的特征

依据上述党规责任的定义，结合相关制度文本以及长期以来的运行实际，党内法规责任的特征可以概括为三个方面，即制裁性、回溯性、威慑性。将三大特征有机整合，可以建构起党内法规责任的概念族群和判别体系，为进一步

---

[1] 参见张文显主编：《法理学》（第5版），高等教育出版社2018年版，第164页。
[2] 参见谢军：《责任论》，上海人民出版社2007年版，第28页。
[3] 参见王若磊：《政治问责论》，上海三联书店2015年版，第56~62页。

理解和掌握党内法规责任的本质奠定理论基础。

（一）制裁性

党内法规责任的内容是科以一定的不利后果，具有制裁性。根据制裁所侧重功能的不同，一般可以分为惩罚性制裁、修复性/矫正性制裁以及预防性制裁三类。惩罚性制裁只注重负有责任的人，后两者则同时考虑赋予责任后所要造福的那些人的利益。[1] 在党内，广义上的制裁可以等同于党内所有监督执纪措施，兼具惩罚性、修复性/矫正性和预防性。党内法规责任属于党内制裁中最具有强制力的部分，主要体现为狭义的惩罚性制裁。在刑法以及行政法中，惩罚性制裁也构成行政处罚与刑事处罚的核心要素，学术界对此早已达成共识，甚至在“行政处罚—行政制裁”“刑事处罚—刑事制裁”之间直接画上等号。惩罚性制裁的内容是“剥夺一定的价值、利益或者赋课一定的负价值或者不利益”，[2]或者说，“其是一种既已发生的利益折损结果，不仅包括对物质利益的剥夺和限制，也包括对精神利益的剥夺和限制”。[3] 因而，在此种意义上，可以认为，命令或者义务的强制实施，是以引起不利后果作为后盾的。[4] 该不利后果不是泛指负面影响，而是实质性的“有形”影响。党内法规惩罚性制裁直接作用于行为人的级别待遇、职务晋升、党员资格以及权力/权利行使等，能够使行为人产生切肤之痛，以达至威慑之功效。如《纪律处分条例》中规定的撤销党内职务、留党察看、开除党籍等即属于惩罚性制裁。相对而言，修复性制裁以及预防性制裁的初始目的在于修复党内秩序、回应人民期待或者预防未来违规行为之发生。例如，《国家功勋荣誉表彰条例》第 40 条规定：“功勋荣誉表彰奖励获得者有严重违纪违法行为、影响恶劣的，或者隐瞒情况、弄虚作假骗取功勋荣誉表彰的，应当按规定程序撤销其所获功勋荣誉表彰奖励。”对被撤销者而言，撤销荣誉具有不利性，但该荣誉本不应由其获得，所以该制裁仅具有修复性，而非制裁性，不能将之纳入党规责任的范畴。

---

〔1〕 参见［澳］皮特·凯恩：《法律与道德中的责任》，罗李华译，商务印书馆 2008 年版，第 68 页。
〔2〕 田中成明：《法的空间强制和合意的间隙》，东京大学出版会 1993 年版，第 141 页。
〔3〕 熊樟林：《行政处罚的概念构造　新〈行政处罚法〉第 2 条解释》，载《中外法学》2021 年第 5 期。
〔4〕 参见［英］约翰·奥斯丁：《法理学的范围》，刘星译，中国法制出版社 2002 年版，第 22 页。

（二）回溯性

党内法规责任针对的是已然发生的违规行为，具有回溯性。回溯性是相对于前瞻性而言的。前瞻性责任面向未来，是指国家、社会、他人对个人的行为期待，以及个人将这种行为期待内化于心而产生的内在自我意识；而回溯性责任则面向过去，是指个人因为自己曾经的行为而应该承担的否定性评价以及相应的惩罚。[1] 党内法规责任面向的是过去的违规行为，是党组织或党员因过去已然违反党内法规秩序而承担的相应的代价。其区别于广义责任意义上的职责责任、角色责任或地位责任。党内法规角色责任是党对党内各类党组织和党员的职权、职责，以及权利、义务的理想设定，面向未来而非过去，目的在于保证党得以在未来有序运行，具有前瞻性。例如，《中国共产党党内法规执行责任制规定（试行）》《地方党政领导干部食品安全责任制规定》《关于实行党风廉政建设责任制的规定》等党内法规对党委、党组、党的工作机关、党的基层组织、党的纪律检查机关等各级各类党组织和党员领导干部的工作任务安排即属于职责责任。有学者将其称为“工作责任制”，并指出其是“开展监督检查、奖励表彰、问责追责的前提条件”。[2] 换言之，职责责任构成党内法规责任的前提，当职责责任主体怠慢执行、选择执行、错误执行规定职责时，即可能承担消极的党内法规责任。

（三）威慑性

党内法规责任的本体功能主要在于惩戒，其具有威慑性。本体功能与社会功能相对应。前者是指党内法规责任本身所固有的、基本的功能；后者是指党内法规责任追究活动所产生的一系列社会效果意义上的功能。此处强调党内法规责任的威慑性，目的是将党规责任与党内其他监督管理措施区分开来，因为前者的本体功能为打击，而后者的本体功能为预防或修复。党规责任以行为人为中心，将违规对象与其应得的惩罚相互匹配。党内其他监督管理措施以行为人为媒介，主要着眼于保持或恢复理想的党内规范秩序。例如，《党

---

〔1〕 参见韩喜平、王晓波：《关于完善党内法规责任制度的思考》，载《广西大学学报（哲学社会科学版）》2020 年第 1 期。

〔2〕 宋功德：《党规之治：党内法规一般原理》，法律出版社 2021 年版，第 697 页。

员教育管理工作条例》第 28 条中的“提醒谈话”以及第 29 条中的“批评教育”,[1]本体功能在于抓早抓小、防微杜渐,帮助党员改进提高,本质上是教育性的,而非对相关对象形成威慑。相反,《组织处理规定》第 11 条第 1 款[2]中的责令辞职、免职、降职等措施是威慑性的,最直接的功能在于通过对职务或岗位的调整,限制或者剥夺违规主体的政治权力,以达至震慑违规主体的效果。在实际运行中,制度往往依赖于规制性要素。换言之,制度运行的实质内容之一,就是确保违反规则者付出沉重代价并受到严格惩罚。[3] 党内法规是一个以义务为本位的规则系统,表现出强烈的规制性特征,其集中体现在以“职责或义务—制裁”为结构的党内法规责任制度之中。也就是说,党内法规责任制度的运行实质在于惩治违规行为,威慑违规对象,彰显党内法规作为政治规矩的权威性和规制力。由此延展开来,党内法规责任所具有的控制权力滥用、净化政治生态、推进全面从严治党、保护公共利益等功能,则属于延展性的社会功能。

第二节　党内法规责任的文本表达

党内法规责任条款是党内法规责任的外在形式,也是建构党内法规责任制度体系的重要载体。党内法规由各式各样的规范构成,根据内容的不同,可以将其划分为主体性规范、行为性规范、监督性规范、惩处性规范、救济性规范五类。[4] 其中,惩处性规范在党内法规文本中具体表现为党内法规责任条款,

---

〔1〕《党员教育管理工作条例》第 28 条规定,“发现党员有思想、工作、生活、作风和纪律方面苗头性倾向性问题的,以及群众对其有不良反映的,党组织负责人应当及时进行提醒谈话,抓早抓小、防微杜渐”;第 29 条规定,“对党员不按照规定参加党的组织生活、不按时交纳党费、流动到外地工作生活不与党组织主动保持联系的,以及存在其他与党的要求不相符合的行为、情节较轻的,党组织应当采取适当方式及时进行批评教育,帮助其改进提高”。

〔2〕《组织处理规定》第 11 条第 1 款规定:“停职检查期限一般不超过 6 个月。受到调整职务处理的,1 年内不得提拔职务、晋升职级或者进一步使用。受到责令辞职、免职处理的,1 年内不得安排领导职务,2 年内不得担任高于原职务层次的领导职务或者晋升职级。受到降职处理的,2 年内不得提拔职务、晋升职级或者进一步使用。同时受到党纪政务处分和组织处理的,按照影响期长的规定执行。”

〔3〕参见[美]道格拉斯 · C. 诺斯:《制度、制度变迁与经济绩效》,刘守英译,生活 · 读书 · 新知三联书店 1994 年版,第 5 页。

〔4〕参见宋功德:《党规之治:党内法规一般原理》,法律出版社 2021 年版,第 358 页。

该条款的主要内容为法规制裁和法规责任的认定和实施。[1] 因此,根据不同的标准,可以将党内法规责任条款划分为不同的类别。如以党内法规责任条款的内容表达形式的属性为划分依据,可以将其分为实体性责任条款与程序性责任条款;以党内法规责任条款内容的设立模式为划分标准,可以将其分为确定性责任条款、委任性责任条款、准用性责任条款;以党内法规责任条款的内容的种类设定为划分标准,可以将其分为纪律处分责任条款、组织处理责任条款以及其他责任种类条款。分析党内法规责任的文本表达,可以更加全面、清晰地把握党内法规责任概念的内涵和外延。

一、内容表达形式条款

依据党内法规责任条款的内容表达形式的属性,可以将其分为实体性责任条款和程序性责任条款两类。

实体性责任条款,是指围绕责任主体、违规行为、主观过错、违规后果、因果关系等实体内容进行规定的条款。一个完整的实体性责任条款一般包括如下五方面的内容:一是责任主体,即应当承担党规责任的党组织与党员。如《组织处理规定》第 7 条规定:"领导干部在政治表现、履行职责、工作作风、遵守组织制度、道德品行等方面,有苗头性、倾向性或者轻微问题,以批评教育、责令检查、诫勉为主,存在以下情形之一且问题严重的,应当受到组织处理……"其中,领导干部即为组织处理的责任主体。二是违规行为,即需要承担党规责任的特定行为,主要内容包含违规行为的种类、违规行为的定性、违规行为的情节轻重等。例如,《纪律处分条例》分则分别对违犯政治纪律、组织纪律、廉洁纪律、群众纪律、工作纪律以及生活纪律的行为作出明确规定;再如,《纪律处分条例》第三章"纪律处分运用规则"对可以从轻或减轻处分、应当从重或加重处分的行为作出明确规定。三是主观过错,包含故意和过失两类。前者如《纪律处分条例》第 72 条第 3 款规定,"故意为上述行为提供方便条件的,给予留党察看或者开除党籍处分";后者如《纪律处分条例》第 27 条规定,"对过失违纪的成员,按照各自在集体违纪中所起的作用和应负的责任分别给

[1] 参见伍华军、赵晨阳:《论党内法规责任条款及其规范设置》,载《河南社会科学》2020 年第 8 期。

予处分”。四是违规后果,即规定违规行为造成的后果,行文中一般采用“造成严重后果”“致使……恶化”“导致……”等表述。如《党政领导干部生态环境损害责任追究办法(试行)》第5条第1款规定的应当追究相关地方党委和政府主要领导成员的责任的情形中就含有前述表述:“违反主体功能区定位或者突破资源环境生态红线、城镇开发边界,不顾资源环境承载能力盲目决策造成严重后果的”;“贯彻落实中央关于生态文明建设的决策部署不力,致使本地区生态环境和资源问题突出或者任期内生态环境状况明显恶化的”。五是因果关系,即明确责任承担主体的责任行为与违规后果之间是否具有因果联系,为制裁违规行为提供事实支撑。如《问责条例》第3条规定,问责应当坚持实事求是原则,即是针对因果关系认定作出的宏观要求。

程序性责任条款,是指党内法规文本中有关责任追究程序性内容的条款,主要包括责任执行、责任救济、时效规定等和程序相关的内容。当前,我国程序性党内法规滞后于实体性党内法规。在党内法规责任制度领域,专门规定程序性内容的党内法规有《纪律检查机关监督执纪工作规则》《纪律检查机关案件检查工作条例》《纪律检查机关案件检查工作条例实施细则》等。前述党内法规紧扣纪律检查机关监督执纪工作流程,明确规定了请示报告、线索处置、初步核实、立案审查、案件审理、涉案款物管理等工作规程,以及谈话函询的工作程序,执纪审查的审批权限,调查谈话和证据收集的具体要求等内容。除此之外,还有诸多程序性责任条款散见于其他党内法规文本之中。例如,《组织处理规定》第10条对组织处理的一般程序作出了具体规定,即调查核实、提出处理意见、研究决定、宣布实施,第12条[1]则对申诉的程序进行了规定。再如,《党政领导干部生态环境损害责任追究办法(试行)》第12条规定“实行生态环境损害责任终身追究制”。该条款对生态环境损害责任追究的时效予以明确,属于时效规定条款。

---

〔1〕《组织处理规定》第12条规定:“领导干部对组织处理决定不服的,可以在收到组织处理决定后,向作出组织处理决定的党委(党组)提出书面申诉。党委(党组)应当在收到申诉的1个月内作出申诉处理决定,以书面形式告知干部本人以及所在单位。领导干部对申诉处理决定不服的,可以向上级组织(人事)部门提出书面申诉。上级组织(人事)部门应当在2个月内予以办理并作出答复,情况复杂的不超过3个月。申诉期间,不停止组织处理决定的执行。”

二、内容设定模式条款

在国家法律体系中，按照法律条款内容的确定程度，可以将法律条款分为确定性条款、委任性条款和准用性条款。确定性条款，是指内容已经明确规定人们具体的行为模式，无须再援引或者参照其他规则来确定的法律规则。委任性条款，是指具体内容尚未确定，只规定了某种概括性指示，由相应的国家机关通过相应的途径或程序加以确定的法律规则。准用性条款，是指内容本身没有规定人们具体的行为模式，需要援引或参照其他相应规定的规则[1]。

党内法规与国家法律同为中国特色社会主义法律体系的组成部分，其条款设置遵循相同的逻辑结构，即由假定条件、行为模式和法规后果三部分组成。因此，在党内法规责任制度体系中，依照责任条款内容确定程度的不同，可以将党内法规责任条款分为确定性责任条款、委任性责任条款和准用性责任条款三类。例如，《纪律处分条例》第 65 条第 1 款规定："组织、参加旨在反对党的领导、反对社会主义制度或者敌视政府等组织的，对策划者、组织者和骨干分子，给予开除党籍处分。"该条款明确规定了行为规则的具体内容，因而属于确定性责任条款。再如，《农村工作条例》第 31 条规定："地方各级党政领导班子和主要负责人不履行或者不正确履行农村工作职责的，应当依照有关党内法规和法律法规予以问责；对农村工作履职不力、工作滞后的，上级党委应当约谈下级党委，本级党委应当约谈同级有关部门。"该条款没有明确规定行为规则的内容，只是概括性地规定应当"依照有关党内法规和法律法规"问责，需要由相应主体通过相应途径或程序加以确定，因而属于委任性责任条款。又如，《机构编制工作条例》第 29 条规定："违反本条例规定，以及对机构编制违纪违法行为查处和追责不力、问题整改不到位造成严重后果的，依照《中国共产党问责条例》、《中国共产党纪律处分条例》等规定追究责任。"该条款需要援引《问责条例》《纪律处分条例》进一步确定条款的内容，因而属于准用性责任条款。从立规技术的视角来看，确定性责任条款设置了所有的结构要素，具有较强的可操作性；委任性责任条款的规定则较模糊，其实施效果取

---

〔1〕 参见向雪宁：《德国社会民主党党内法规建设成果及其中国启示》，载《河北法学》2018 年第 5 期。

决于相应途径或者程序的完善程度[1];准用性责任条款虽然未明确设置所有结构要素,但是可以借助其他党内法规文本中的责任条款予以保障。

三、责任种类设定条款

在现有党内法规责任制度体系中,按照党内法规责任种类的不同,可以将党内法规责任条款分为纪律处分责任条款、组织处理责任条款以及其他责任种类条款三大类。纪律处分责任条款,是指党内法规文本中设置纪律处分责任内容的条款。《纪律处分条例》是专门规范纪律处分责任的党内法规,分为总则、分则、附则3编,共158条,对纪律处分的适用对象、处分种类、违纪情形等内容作出了详细规定。如该条例分则部分分别对违反政治纪律、组织纪律、廉洁纪律、群众纪律、工作纪律和生活纪律的行为予以明确,相关条款均为纪律处分责任条款。组织处理责任条款,是指党内法规文本中对组织处理的概念、适用主体、适用原则、适用程序、适用情形以及适用后果等有关内容作出规范的条款。在党内法规责任制度体系中,《组织处理规定》是专门规范组织处理的党内法规,因而该规定中涉及的条款均为组织处理责任条款。例如,该规定第3条指出:"本规定所称组织处理,是指党组织对违规违纪违法、失职失责失范的领导干部采取的岗位、职务、职级调整措施,包括停职检查、调整职务、责令辞职、免职、降职",该条款对组织处理的概念进行了清晰界定;再如,该规定第4条指出,"组织处理工作坚持以下原则:(一)全面从严治党、从严管理监督干部;(二)党委(党组)领导、分级负责;(三)实事求是、依规依纪依法;(四)惩前毖后、治病救人。……"该条款明确了组织处理工作的四项原则。其他责任种类条款,是指党内法规文本中规定通报批评、诫勉、责令公开道歉、引咎辞职等其他党内法规责任种类的条款。例如,《关于组织人事部门对领导干部进行提醒、函询和诫勉的实施细则》第19条规定,"受到诫勉的领导干部,取消当年年度考核、本任期考核评优和评选各类先进的资格,六个月内不得提拔或者重用",该条款对诫勉的后果作出规定。再如,《党政领导干部生态环境损害责任追究办法(试行)》第10条第1款规定了责令公开道歉、引咎辞职等责

---

[1] 参见伍华军、赵晨阳:《论党内法规责任条款及其规范设置》,载《河南社会科学》2020年第8期。

任种类。

第三节　党内法规责任的构成要件

构成要件是在实践中具体判断相关人员是否承担责任的理论依据。[1] 党内法规责任的构成要件则是指在认定党内法规责任时所必须考虑的条件和要素。借鉴法律责任的相关基本原理,可以将党内法规责任的构成要件归纳为五个方面,即主体要件、行为要件、结果要件、主观要件和因果要件。

一、主体要件

党内法规责任构成要件中的主体要件特指党内法规责任的承担主体,即因为违反党内法规规定的义务规范而应承担相应责任的党组织或党员。[2] 责任主体是党内法规责任构成的最基本要件,其关系到责任的有无、责任种类及大小的认定等。需要注意的是,党内法规责任主体仅限于党组织和党员。虽然基于党的领导权和执政权,党内法规在特定领域具有一定的溢出效力,可对非党组织和党外人士产生约束力,但并不能因此追究非党组织和党外人士的党规责任。[3] 具体而言,党内法规责任主体分为两类:

其一,党员。根据责任主体是否要求以特定身份为要件,可以将党员分为普通党员、党员干部和党员领导干部三类。其中,党员干部是指具有干部身份(区别于工人、农民等身份的党员),在机关部门中负责一般事务性工作的党员;党员领导干部专指党政机关、国有企业、事业单位等机构中担任各级领导职务和副调研员以上担任非领导职务的党员。例如,依据《组织处理规定》第5条第1款的规定,组织处理的责任主体为各级党的机关、人大机关、行政机关、政协机关、监察机关、审判机关、检察机关以及事业单位、群团组织中担任领导职务的党员干部,即适用组织处理的责任主体只能为党员领导干部。再如,在

---

〔1〕 参见曹鎏:《行政官员问责的法治化研究》,中国法制出版社2011年版,第113页。
〔2〕 参见伍华军:《论党内法规责任及惩处追责机制》,载《党内法规理论研究》2019年第1期。
〔3〕 参见欧爱民:《中国共产党党内法规总论》,人民出版社2019年版,第459页。

《纪律处分条例》中，相关条款明确区分了上述三类责任主体。该条例规定的大多数违纪行为的责任主体为普通党员，但另有 6 处专门提及党员干部，14 处提及党员领导干部。同时，《纪律处分条例》第 39 条还对违纪行为有关责任人员作出明确区分，规定直接责任者既可以为普通党员，也可以为党员领导干部，而主要领导责任者和重要领导责任者只能为党员领导干部。

需要特别指出的是，党员分为正式党员和预备党员。依据《党章》第 7 条的规定，预备党员同正式党员一样，都必须履行党员义务，遵守党的规章制度。因此，预备党员如果有违犯党纪的行为，也应当根据规定予以惩戒。《纪律处分条例》第 36 条规定："预备党员违犯党纪，情节较轻，可以保留预备党员资格的，党组织应当对其批评教育或者延长预备期；情节较重的，应当取消其预备党员资格。"可见，预备党员的纪律处分措施包括延长预备期、取消预备党员资格等，与正式党员的惩戒存在差异。

其二，党组织。依据《党章》的规定，党组织主要包含党的中央组织、党的地方组织、党的基层组织、党的纪律检查机关、党组等。《党章》第 44 条对党组织违纪作出一般性规定，即"党组织如果在维护党的纪律方面失职，必须问责。对于严重违犯党的纪律、本身又不能纠正的党组织，上一级党的委员会在查明核实后，应根据情节严重的程度，作出进行改组或予以解散的决定，并报再上一级党的委员会审查批准，正式宣布执行。"《纪律处分条例》第 6 条规定，"本条例适用于违犯党纪应当受到党纪责任追究的党组织和党员"，进一步明确了党组织是党规责任主体的地位。此外，《问责条例》第 5 条明确规定，党内问责的对象包括党组织，重点包含党委（党组）、党的工作机关、纪委、纪委派驻（派出）机构等。

二、行为要件

行为要件是党内法规责任构成要件中的核心要素，缺乏违规行为，党内法规责任便无从谈起。"义务本位"是党内法规的鲜明特性，制定党内法规的目的即在于为党组织的工作活动和党员行为立规矩、定遵循。[1] 对于党组织和党员而言，遵守党内行为规范是一种党内法规规定的义务，否则便应承担相应

---

〔1〕 参见宋功德：《党规之治：党内法规一般原理》，法律出版社 2021 年版，第 357 页。

的党内法规责任。对于行为的理解,刑法学界已经形成较系统和权威的研究成果。[1] 具体而言,在刑法领域,行为是指基于意志自由而实施的身体举止,可以分为作为、不作为和持有3种形式。根据性质的不同,作为可以分为纯正的作为和不纯正的作为。前者是指单纯的违反禁止性规范的情形,后者是指形式上违反禁止性规范而实质上违反命令性规范的情形,即以作为方式犯不作为之罪(如抗税)。不作为是相对于作为而言的,是指行为人负有实施某种积极行为的特定的法律义务,能够实行却不实行的行为。根据刑法理论的通说,不作为也可以分为纯正的不作为和不纯正的不作为2种。前者是指刑法规定只能以不作为构成的犯罪,后者是指以不作为方式犯作为之罪(不作为的故意杀人)。持有是指与某些法律所禁止的物品之间存在支配关系的状态。参照刑法理论,也可以将党内法规中的违规行为分为作为、不作为和持有3类。

其一,作为。作为是指责任主体以积极的活动实行党内法规所禁止实施的行为。例如,根据《纪律检查机关监督执纪工作规则》第43条的规定[2],纪检监察机关相关负责人或者部门负责人在审查调查过程中进行逼供、诱供、侮辱、打骂、虐待、体罚或者变相体罚等,属于作为形式的违规行为。因党内法规是以义务为导向的规则体系,所以在党内法规文本中存在大量以罗列的方式对禁止性行为进行规定的条款。如果责任主体以积极的行为触犯禁止性规定,那么就符合党内法规责任构成要件中的行为要件。

其二,不作为。不作为是指责任主体负有某种特定的党内法规规定的义务,能够履行这种义务而不履行的行为,即消极地不履行特定应尽义务的行为。[3] 如《组织处理规定》第7条第3项规定的"贯彻落实党的基本理论、基本路线、基本方略和党中央决策部署不力,做选择、打折扣、搞变通,造成不良影响或者严重后果"的行为即为不作为。

其三,持有。持有是指责任主体违规占有特定物品的状态。例如,公车私用就是一种违规持有[4]。《党政机关公务用车管理办法》第26条中有4种情

[1] 参见陈兴良:《规范刑法学(教学版)》,中国人民大学出版社2015年版,第55~59页。

[2] 《纪律检查机关监督执纪工作规则》第43条规定:"立案审查调查方案批准后,应当由纪检监察机关相关负责人或者部门负责人与被审查调查人谈话……严格禁止使用违反党章党规党纪和国家法律的手段,严禁逼供、诱供、侮辱、打骂、虐待、体罚或者变相体罚。"

[3] 参见温剑能:《违纪构成与党纪处分论》,中国方正出版社2021年版,第79页。

[4] 参见王若磊:《政治问责论》,上海三联书店2015年版,第272页。

形属于违规持有:违反规定将公务用车登记在下属单位、企业或者个人名下;公车私用、私车公养;换用、借用、占用下属单位或者其他单位和个人的车辆,或者擅自接受企事业单位和个人赠送车辆的;挪用或者固定给个人使用执法执勤、机要通信等公务用车的。

三、结果要件

结果要件在党内法规责任构成要件中占据重要地位,其表明党内法规所维护的正常秩序遭受责任主体的侵害。损害结果的大小对于党内法规责任范围及大小的认定具有重要影响。依据损害结果具体形态的差异,可以将损害结果分为物质性损害结果以及非物质性损害结果。

其一,物质性损害结果。该结果是指行为对客体造成的物质性影响,其表现形态是客体发生物理性的变化,主要表现为人民生命健康和财产遭受重大损失等。例如,《党政主要领导干部和国有企事业单位主要领导人员经济责任审计规定》第40条规定,“领导干部对履行经济责任过程中的下列行为应当承担直接责任……(三)贯彻党和国家经济方针政策、决策部署不坚决不全面不到位,造成公共资金、国有资产、国有资源损失浪费,生态环境破坏,公共利益损害等后果的……”,其中“造成公共资金、国有资产、国有资源损失浪费等”即属于有形的、可以量化的物质性损害结果。再如,《北京市党政领导干部安全生产责任制实施细则》第21条规定,“对因失职行为或组织指挥生产安全事故救援、善后处理工作不力,导致生产安全事故人员伤亡和经济损失扩大,或者造成严重社会影响负有主要领导责任的党政领导干部,应当从重追究责任”,其中的“生产安全事故人员伤亡”也属于可视的物质性损害结果。值得注意的是,物质性损害结果既包括已经发生的损害结果,也包括危险性损害结果。例如,《湖南省重大生态环境问题(事件)责任追究办法》第5条规定:“重大生态环境问题(事件)问责情形为:(一)出现区域生态环境质量未达到要求且持续恶化的……(二)发生重大环境污染事件的……”由此可见,即便未出现人员伤亡或者财产损失,只要环境污染将人民置于被侵害的危险之中,相关领导干部就可能受到党内法规责任的追究。

其二,非物质性损害结果。该结果是指行为造成的不具有物质形态的无形结果,须经综合观察才能看出来,但它仍是客观存在的。[1] 一般而言,该结果侵害的客体是人民的“信任—委托”关系(也有学者将其称为“公民的正当期待”),[2]或者是党和国家的尊严。例如,个别党员出现生活作风等问题,导致党和政府的信誉受到负面影响,该影响侵害的则是人民对党和政府的信任关系。再如,在涉外活动中,党员的言行在政治上造成恶劣影响,侵害的则是党和国家的尊严[3]。

四、主观要件

主观要件是指违犯党内法规的责任主体对其违规行为及其损害结果的心理状态,包括故意和过失两种。责任主体主观上是否存在过错是判断其是否承担责任以及承担责任大小的关键性要素。

其一,故意。参照《刑法》第 14 条第 1 款的规定,[4]可以将故意理解为:责任主体明知自己的违纪行为会发生损害结果,并且希望或者放任该结果发生的心理状态。从定义可知,故意的主观心理因素包含两方面内容:一是认识因素,即责任主体明知自己的违纪行为会发生损害结果;二是意志因素,即责任主体希望或者放任损害结果的发生。只有同时具备认识因素和意志因素,才构成违纪的故意。在党内法规中,大多数的违纪行为是以故意为主观要件的。《纪律处分条例》第 26 条、第 27 条还分别对党员共同故意违纪、党组织集体违纪中党员或党组织领导机构成员故意违纪的处理作出了明确规定。

其二,过失。参照《刑法》第 15 条第 1 款的规定[5],所谓过失,是指责任主体应当预见自己的违纪行为可能发生损害结果,但因疏忽大意而没有预见,或者已经预见而轻信能够避免,以致发生这种结果的心理状态。过失的主观心理因素也包含两方面内容:一是认识因素,即责任主体对自己的违纪行为及其

---

〔1〕 参见彭新林、周强华:《论危害结果与死刑的限制适用》,载《法学杂志》2012 年第 8 期。

〔2〕 胡建淼等:《领导人行政责任问题研究》,浙江大学出版社 2005 年版,第 80 页。

〔3〕 《纪律处分条例》第 73 条规定:“在涉外活动中,其言行在政治上造成恶劣影响,损害党和国家尊严、利益的,给予撤销党内职务或者留党察看处分;情节严重的,给予开除党籍处分。”

〔4〕 《刑法》第 14 条第 1 款规定:“明知自己的行为会发生危害社会的结果,并且希望或者放任这种结果发生,因而构成犯罪的,是故意犯罪。”

〔5〕 《刑法》第 15 条第 1 款规定:“应当预见自己的行为可能发生危害社会的结果,因为疏忽大意而没有预见,或者已经预见而轻信能够避免,以致发生这种结果的,是过失犯罪。”

结果的认识为“应当预见”或者“已经预见”。也就是说,如果事实表明,某种损害结果确实由责任主体造成,但是责任主体对此不具备认识能力,则不构成过失违纪。[1] 二是意志因素,具体表现为“疏忽大意”或者“轻信能够避免”两种形态。换言之,过失并不追求损害结果的发生,而是对损害结果的发生持排斥态度。

一般情形下,主观过错(故意或者过失)构成违纪的必备要件。但有学者认为,对于党委(党组)决策责任的问责不应采取过错责任原则或过错推定原则,而应采取严格责任原则。其原因在于,党委(党组)的决策责任是一种政治性责任,“信任—委托”关系决定了不应该考虑决策者是否有主观过错。[2] 换言之,只要党委(党组)的决策造成重大损失或者恶劣影响,无论决策者主观上是否存在过错,都应当直接认定为失误的决策,并就此追究决策者的责任。目前党内法规责任制度对于具有领导责任的党员领导干部的追责尚未采取严格责任原则,且在实践中多采取过错推定的方式予以归责,即一旦相关领导责任主体出现决策失误或者所辖区域出现重大事故等危害党、国家和人民利益的情形,就推定是其领导不力所致。当然,该推定并不是没有边界的,即领导不力情形应当与“三个区分开来”要求中涉及的情形加以严格区别。2016 年 1 月 18 日,习近平总书记在省部级主要领导干部学习贯彻党的十八届五中全会精神专题研讨班的讲话中指出,“要把干部在推进改革中因缺乏经验、先行先试出现的失误和错误,同明知故犯的违纪违法行为区分开来;把上级尚无明确限制的探索性试验中的失误和错误,同上级明令禁止后依然我行我素的违纪违法行为区分开来;把为推动发展的无意过失,同为谋取私利的违纪违法行为区分开来”。[3] 本书认为,对于承担领导责任的责任主体,宜采用过错推定原则进行追责,但应当明文规定免责情形。

五、因果要件

因果关系是哲学上的一个重要范畴,是指一种现象与另一种现象或行为

---

〔1〕 参见温剑能:《违纪构成与党纪处分论》,中国方正出版社 2021 年版,第 53 页。

〔2〕 参见蒋清华:《完善党委决策制度的法学思考》,载《当代世界与社会主义》2017 年第 1 期。

〔3〕《习近平在省部级主要领导干部学习贯彻党的十八届五中全会精神专题研讨班上的讲话(2016 年 1 月 18 日)》,载《人民日报》2016 年 5 月 10 日,第 2 版。

在结果上的决定与被决定、引起与被引起的关系。[1] 在党内法规责任体系中，因果关系所指向的是违规行为与损害结果两种现象之间的决定与被决定、引起与被引起的关系。该因果关系具有以下特征：一是客观性。因果关系是违规行为与损害结果两个客观现象之间的关系，是客观存在的，不以人的意志为转移。因此，在认定党内法规责任的因果关系时，有权机关应当实事求是地作出判断。如《纪律处分条例》第 4 条规定："党的纪律处分工作遵循下列原则……（三）实事求是。对党组织和党员违犯党纪的行为，应当以事实为依据，以党章、其他党内法规和国家法律法规为准绳，执纪执法贯通，准确认定行为性质，区别不同情况，恰当予以处理……"二是时间序列性。所谓时间序列性，是指从发生时间上看，原因在前，结果在后，两者的时间顺序不能颠倒。[2] 因此，在认定党内法规责任的因果关系时，应以损害结果为时间节点，从损害结果发生以前的违规行为中寻找原因。当然，并不是损害结果发生之前的所有违规行为都构成责任意义上的原因，若有多个违规行为发生，还需要判断违规行为与损害结果的发生之间是否存在决定与被决定、引起与被引起的关系。三是复杂性。因果关系的复杂性具体表现为"一因一果""一因多果""多因一果""多因多果""同因异果"等现象。在实践中，因果关系往往不是一一对应的，要具体案件具体分析，分清主要原因和次要原因、主观原因和客观原因，以及主要结果与次要结果、直接结果与间接结果等，从而准确判断违规行为与损害结果的因果关系。如《重庆市实施〈关于实行党政领导干部问责的暂行规定〉办法》第 10 条第 1 款根据因果关系的程度不同，将被问责的党政领导干部承担的责任分为直接责任、主要领导责任和重要领导责任三种类型；在此基础上，第 2 款规定，党政领导干部因决策行为、组织实施的行为、直接实施的行为与问责情形的发生有直接因果关系的，承担直接责任；第 3 款规定，对直接责任者有直接领导关系的上一级领导干部，承担主要领导责任；第 4 款规定，对主要领导责任者有直接领导关系的上一级领导干部，承担重要领导责任。

当然，即便违规行为与损害后果之间存在直接的因果关系，也并非一定会受到党内法规责任的追究。2018 年 5 月，中共中央办公厅印发《关于进一步激

---

〔1〕 参见陈兴良：《规范刑法学》（第 3 版）（上册），中国人民大学出版社 2013 年版，第 129 页。
〔2〕 参见徐松林主编：《刑法学》，华南理工大学出版社 2003 年版，第 70 页。

励广大干部新时代新担当新作为的意见》,该意见明确要求宽容干部在改革创新中的失误错误,落实"三个区分开来"的重要要求,即把干部在推进改革中因缺乏经验、先行先试出现的失误错误,同明知故犯的违纪违法行为区分开来;把尚无明确限制的探索性试验中的失误错误,同明令禁止后依然我行我素的违纪违法行为区分开来;把为推动发展的无意过失,同为谋取私利的违纪违法行为区分开来。换言之,即便党员干部的违纪违法行为与改革创新、干事创业、先行先试中出现失误错误的损害结果之间存在因果关系,也可能会予以从轻、减轻处分,甚至免予处分或处理。在此精神的指引下,一些地方相继出台地方性党内法规,建立起容错免责机制。

第四节　党内法规责任的功能

党内法规责任的功能,是指静态的责任制度以及动态的责任实施所产生的实际影响能力。根据党内法规责任的本质属性、有关条文规定及实践运行效能,可以将党内法规责任的功能概括为惩戒功能、预防功能、保障功能以及教育功能。

一、惩戒功能

惩戒功能是党内法规责任最基本的一项功能,是指党内法规责任的追究活动对违规党组织和党员产生的惩罚、威慑和警诫作用。不同的党内法规责任种类具有不同的惩戒内容。例如,通报批评、责令公开道歉、诫勉等警示处理措施侧重于对责任主体精神或声誉上的惩戒;停职检查、调整职务、责令辞职、免职、降职等组织处理措施主要是针对党员领导干部岗位、职务或职级的处置,体现出组织处理的"组织"特征[1];警告、严重警告等纪律处分措施主要是围绕是否拥有任职资格、是否具有行使选举权和被选举权资格、是否保有党

〔1〕　参见阳平:《组织处理的概念及历史沿革》,载《中国纪检监察报》2021年10月14日,第8版。

员资格而作出的以“资格”为核心的处分[1]。上述党内法规责任措施关涉党员的名誉、荣誉、政治声誉、经济收入、福利待遇、从政业绩等,体现出强有力的惩戒作用。

中国共产党是靠革命理想和铁的纪律组织起来的马克思主义政党,纪律严明是党的光荣传统和独特优势。党内法规是以党的纪律为保证实施的专门规章制度,任何党组织和党员都必须遵从,不得享有超越党内法规的任何特权,否则就会受到相应的处分或处理。[2] 党的十八大以来,以习近平同志为核心的党中央站在坚持党的领导、加强党的建设、全面从严治党的高度,把纪律建设纳入党的建设总体布局,摆在更加突出位置。尤其是自2016年《纪检监察机关监督执纪“四种形态”统计指标体系(试行)》发布以来,各级党组织处分和处理了一大批违反党规党纪的党员以及党员领导干部,让党的纪律真正成为“带电的高压线”。例如,2022年全国纪检监察机关共处分59.2万人(其中党纪处分48.9万人、政务处分14.9万人)。具体而言,处分省部级干部53人,厅局级干部2450人,县处级干部2.1万人,乡科级干部7.4万人,一般干部8.3万人,农村、企业等其他人员41.3万人。[3] 随着党内法规责任制度体系不断建立健全,有令不行、有禁不止行为得到有力遏制,从根本上扭转了管党治党宽松软的状况,推动全面从严治党向纵深发展,为党和国家事业取得历史性成就、发生历史性变革提供了坚强保障。[4]

二、预防功能

党内法规责任的预防功能,是指在制度设定以及具体实施的过程中所发挥的防治违规行为发生的作用。在制度设定层面,党内法规文本针对种类各异、情节轻重不同的违规行为,设定了相应的不利后果,而向党组织和党员表明对违规行为的否定态度,本身就蕴含着预防和教育的作用。党的纪律检查

---

〔1〕 参见郝铁川:《依法治国和依规治党中若干重大关系问题之我见》,载《华东政法大学学报》2020年第5期。

〔2〕 参见王勇:《论党内法规的制度属性》,载《中共中央党校(国家行政学院)学报》2021年第3期。

〔3〕 参见《中央纪委国家监委通报2022年全国纪检监察机关监督检查审查调查情况》,载《中国纪检监察报》2023年1月13日,第4版。

〔4〕 参见杨文佳:《以严明的纪律管全党治全党》,载《中国纪检监察报》2022年9月23日,第1版。

机关、各级党委等党的有权组织在执行党内法规责任措施的过程中,对违规者施以惩戒并进行一定程度的公开,从而对违规者以及党内其他成员形成威慑,最终发挥出党内法规责任的预防功能。

借鉴现代刑罚目的理论,[1]可以将党内法规责任的预防功能依据作用对象的不同,分为特殊预防功能与一般预防功能。特殊预防功能是指纪律检查委员会等党组织查处违规行为,并对违规者适用和执行党内法规责任措施所发挥的预防其再次违规的功能。由此可见,特殊预防功能针对的是违反党内法规的特定党组织和党员。具体的预防手段包括通报批评、责令公开道歉、诫勉、组织处理和纪律处分等。一般预防功能是党内法规责任在设定和追究的过程中,对党内其他成员所产生的预防违规的功能。区别于特殊预防功能,其针对的对象是违规者之外的没有实施违规行为的不特定党组织和党员。一般预防功能的发挥具体表现在两个方面:一是通过设定严明的纪律规范,告诫党组织和党员什么是禁止性行为、什么是可为行为,并通过多种途径宣传党内法规,从而增强党员的党规意识,包括法规制度权威性意识、法规制度面前人人平等意识和法规制度约束意识等,[2]最终起到预防违规的作用。二是通过惩戒违规者,对党内其他成员尤其是潜在的违规者起到警示和威慑作用,使其悬崖勒马,及时检视和纠正自己的言行,避免产生违规后果。

三、保障功能

党内法规责任的保障功能,主要是指其具有保障全面从严治党顺利推进、保障人民群众切身利益的作用。保障功能是党创制和实施党内法规责任追求的较为深层次的目的,主要体现在两个方面:

一是保障全面从严治党顺利推进。坚持全面从严治党、依规治党,必须做到有权必有责、有责要担当、用权受监督、失责必追究。中国共产党兼具领导党与执政党双重身份,从严管党治党不仅关系到党能否永葆先进性与纯洁性,更承载着广大人民群众对实现民族复兴的强烈期待。党的十八大以来,全面

---

〔1〕 参见王颖:《刑事一体化视野下企业合规的制度逻辑与实现路径》,载《比较法研究》2022年第3期。

〔2〕 参见王勇主编:《党规党纪》,中共中央党校出版社2016年版,第5页。

从严治党便成为时代的主题和关键词，党内法规责任制度体系不断建立健全。例如，2017 年修改《党章》，增加对"六大纪律"和监督执纪"四种形态"的规定，赋予党组讨论和决定对党员的处分职权等；2019 年修订《问责条例》，着力凸显党内问责工作的政治性、精准性和时效性，聚焦管党治党政治责任；2021 年印发《组织处理规定》；2023 年修订《纪律处分条例》；等等。由此可见，党内法规责任制度"通过对有禁不止、有令不行，失职失责、违规乱纪等行为严肃查处，形成震慑、倒逼实施，真正让铁规发力、禁令生威，切实把制度威力充分释放出来，切实把制度优势转化为治理效能"，[1] 从而有效推动全面从严治党向纵深发展。

二是保障人民群众切身利益。民心是最大的政治，中国共产党是一个先进政党，坚定的政治使命是党的精神支柱，全心全意为人民服务是党的根本宗旨。解决损害群众利益的突出问题，切实维护人民利益，是纪检机关以及其他党组织各项工作的出发点，也是最终的价值取向和归宿。[2] 在党内法规责任法治实践中，"中央纪委国家监委深入地方开展现场督导，对民愤集中、性质恶劣的重点督办、限时办结，对工作推动不力、问题长期得不到解决的及时约谈、督查问责。严厉惩治发生在民生资金、'三资'管理、征地拆迁、教育医疗、低保养老、生态环境、交通运输等领域的违纪违法行为，重点整治在落实惠民政策过程中脱离实际、急功近利等侵害群众利益问题。省、市、县纪委监委开出问题清单，坚决惩治基层腐败问题"，并"把人民拥护不拥护、赞成不赞成、高兴不高兴作为根本标准，推动各地区各部门各单位结合实际解决好群众最关心最直接最现实的利益问题，让群众感到正风肃纪反腐就在身边"。[3]

四、教育功能

党内法规责任的教育功能，是指党内法规责任的追究所具有的影响违纪党员以及其他党员的思想，培养和提高全体党员党规意识的功用和效能。在党规责任发挥教育功能的过程中，受到最直接影响的主体是违纪主体，其他主

[1] 宋功德：《党规之治：党内法规一般原理》，法律出版社 2021 年版，第 703 页。

[2] 参见王希鹏：《纪检监察学基础》，中国方正出版社 2021 年版，第 38 页。

[3] 参见赵乐际：《在中国共产党第十九届中央纪律检查委员会第三次全体会议上的工作报告》，载中国共产党新闻网，http://cpc.people.com.cn/n1/2019/0221/c64094－30851093.html。

体通过违纪案例的宣传与学习,从而在思维与行为等方面受到影响。具体而言,党内法规责任教育功能主要体现在矫治违纪党员与教化其他党员两个方面:

一是矫治违纪的党员,让其认识到错误并改正,避免重蹈覆辙。党内法规责任对违纪党员的教育功能主要通过自我教育与外部教育两种渠道体现。一方面,违纪党员通过承担党内法规责任,感受惩戒所带来的痛苦,从而产生悔恨的意识,形成一种自我谴责、批判的情绪,对自己违反党内法规的行为进行否定性评价,实现自我教育与自我完善。另一方面,党内法规责任的追究主体在追究违纪党员的党内法规责任时,也会对违纪党员开展政治思想教育、作风教育等党内教育活动,从外部对违纪党员施加影响,达到使违纪党员不再违纪的目的。

二是通过违纪案例教育其他党员,使其吸取教训,避免触碰违纪“红线”。党内法规责任的教育功能不仅在于严格问责追责,还在于以案促改,达到“查处一案,教育一片”的效果。生动形象的违纪案例,能够使其他党员进一步认识到党内法规责任的严肃性,培育其对党内法规责任的敬畏心理,达到警示目的。同时,对违纪案例的学习也能帮助其他党员认清违犯党内法规的危害,提升其辨别合规与违规的能力,教育其敢于积极同违犯党内法规的行为作斗争。2015 年 2 月,中央纪委监察部剖析党的十八大以来查处的典型违纪违法案例,给全体党员提供了可供学习的反面教材,充分彰显党规责任的教育功能。

第二章　党内法规责任的历史与发展

党内法规责任是党内法规体系的重要组成部分，其各历史阶段的基本特征与党内法规体系的发展历程紧密相关。中共中央办公厅法规局《中国共产党党内法规体系》一文中将党内法规体系的发展历程分为新民主主义革命时期奠基初创、社会主义革命和建设时期曲折发展、改革开放和社会主义现代化建设新时期恢复前进、中国特色社会主义新时代全面加强四个阶段[1]。本章参照前述党内法规体系变迁的四个阶段，结合党内法规责任自身发展的历史特征，将党内法规责任的制度变迁分为三个阶段，即新中国成立前的开创探索阶段、新中国成立后到党的十八大前的曲折发展阶段和党的十八大之后的健全优化阶段，并在总结每个阶段的基本特征的基础上，对党内法规责任的未来作出展望，推动新时代中国法治责任体系的规范化、协调化发展。

第一节　党内法规责任的开创探索

1921 年中国共产党成立之后至 1949 年新中国成立之前既是新民主主义革命时期，也是党内法规责任制度的初创期，即开创探索阶段。中国共产党是马克思列宁主义和中国工人运动相结合的产物，肩负推翻“三座大山”的历史

---

〔1〕 参见中共中央办公厅法规局：《中国共产党党内法规体系》，载《人民日报》2021 年 8 月 4 日，第 1 版。

重任。作为一个完全新式的工人阶级政党,“中国共产党的诞生就标志着一个全新责任体系的确立”。[1] 在本阶段,“革命”是时代主旋律,党内法规责任建设以提高党的凝聚力、增强党的执行力为核心,服务于革命斗争的需要。由于当时中国社会性质的复杂性以及党的时代使命的特殊性,党内法规责任建设并无先例可循,亦无相关的国外经验可资借鉴。党对党规责任在本阶段进行的开创性探索,取得了显著的成效。

一、本阶段党规党纪的开创性实践

在党的成立初期,为了壮大党的组织力量,提高党的凝聚力和战斗力,党制定出台了大量党内法规和规范性文件,以对党组织和党员活动进行监督和问责,确立了党内法规责任的基本要素,奠定了党内法规责任制度化发展的基础。在本阶段,党内法规责任制度的建设集中体现在以下两个方面:

(一)党章不断探索党规责任的追究机制

党内法规责任追究机制的萌芽最早可追溯至1921年党的一大通过的中国共产党的第一个纲领。其规定“地方执行委员会的财务、活动和政策,应受中央执行委员会的监督”,[2]开启了党内监督的制度探索,也为党内法规责任追究机制度的确立与发展奠定了基础。

党的二大以党章的形式开始探索建立党内法规责任追究机制,此后历次修改的党章,不断确立和丰富党内法规责任追究机制的基本原则、基本方式、职权主体等要素。党的七大党章对党内法规责任追究基本原则的确立,标志着党内法规责任追究的制度雏形基本形成。具体而言,1922年,党的二大通过党史上第一部正式党章。党的二大党章首设“纪律”一章,其中第19条规定“下级机关须完全执行上级机关之命令;不执行时,上级机关得取消或改组之”,第25条第1款规定“凡党员有犯左列各项之一者,该地方执行委员会必须开除之”。取消、改组、开除等责任追究的基本方式首次在党章中得以明确。1923年,党的三大党章规定了党员的保密义务,并授权区执行委员会可“采用

---

〔1〕 段治文、李极:《中国共产党问责制度建设的百年进程与内在逻辑》,载《浙江社会科学》2021年第3期。

〔2〕 中央档案馆编:《中国共产党第一次代表大会档案资料》(增订本),人民出版社1984年版,第7页。

适当手段”对其进行监督问责,但未明确适当手段的具体类型和范畴。此时党内法规责任方式具有极大的模糊性和开放性。1927 年,党的五大首次将监察委员会写入党章,明确了党内法规责任追究的专责主体。1928 年,依据党的六大党章第 45 条的规定[1],党部可对不执行上级党部的决议和犯了党内认为有错误的其他过失的团体或党员个人问责,对团体的问责方式包括指责,指定临时委员会,解散组织和党员重新登记,对党员个人的问责方式包括各种形式的指责,警告,公开的指责,临时取消其党的重要工作,开除党籍或予以相当时间的察看。1945 年,党的七大党章进一步丰富了党内法规责任方式,规定了指责、部分改组、撤销和解散四种针对党组织的处分方式,以及当面的劝告或警告、当众的劝告或警告、撤销工作、留党察看、开除党籍四种针对党员的处分方式,并对相关责任的问责和救济程序进行了初步规定。同时,党的七大党章强调“党对党员一切奖励与处分的积极目的,是教育党员与人民群众,并教育受奖励者与受处分者本人;既不是提倡党内的风头主义,也不是实行党内的惩办主义……党对犯错误同志给予批评或处分,是为着惩前毖后,治病救人”,确立了党内法规责任追究机制教惩并重的基本原则,锚定了此后党内法规责任体系抓早抓小、防微杜渐的发展趋向。

(二)巡视制度进一步充实党内法规责任的类型和程序

巡视制度不仅是追究党内法规责任的线索来源,在特定情况下,还可直接作为追究党内法规责任的渠道落实党内处分。因此,新民主主义革命时期巡视制度的确立与发展,加速了党内法规责任的探索进程。

巡视制度的雏形可以追溯到建党初期的中央特派员制度[2]。1922 年,党的二大党章规定“中央执行委员会得随时派员到各处召集各种形式的临时会议,此项会议应以中央特派员为主席”,首次以根本法的形式确认了特派员制度,为巡视制度的确立与发展奠定了制度雏形。为了走出大革命失败的困境,中央在特派员制度基础上建立了巡视制度,为党内法规责任追究开辟了新渠

---

〔1〕 1928 年《中国共产党章程》第 45 条规定:不执行上级党部的决议和犯了党内认为有错误的其他过失,应由相当的党部予以纪律上的处分。党部执行纪律的方法,对于团体的是:指责,指定临时委员会,解散组织和党员重新登记。对于党员个人的是:各种形式的指责,警告,公开的指责,临时取消其党的重要工作,开除党籍或予以相当时间的察看。

〔2〕 参见蒋晶:《中国共产党巡视制度的百年发展历程与现实启示》,载《行政与法》2021 年第 7 期。

道。1928 年,党中央发布《中央通告第五号——巡视条例》[1],巡视制度得以正式确立。《中央通告第五号——巡视条例》规定了改组、批评、提出解决意见等党规责任方式,并对改组和提出解决意见的程序进行了初步规范。[2] 1931 年,党的六届四中全会通过《中央巡视工作条例》[3],其内容更为具体、程序更明晰、方法更规范,推动了巡视工作全面规范化发展。[4]《中央巡视工作条例》在《中央通告第五号——巡视条例》的基础上进一步丰富了党内法规责任类型,规定了批评、自我批评、纠正、制裁、向党中央负政治的责任等责任方式,并初步确立了上述责任方式的基本追责程序。

二、本阶段党规责任制度的基本特征

新民主主义革命时期,党在党规责任制度建设领域进行了开创性探索,但受艰苦的革命战争环境等诸多因素的影响,"相关法规制度建设往往出于应急需要",[5]党规责任制度建设系统性与整体性不足。本阶段的党规责任制度主要表现出以下特征。

(一)开创性强,周延性不足

开创性是指党内法规责任的建设无前期制度基础,也缺乏可参照的制度经验,经历了从无到有的开创性建设过程。同时受限于特定时期的革命任务和历史条件,新民主主义革命时期的党内法规责任制度建设侧重于以实践为导向,点对点地解决问题,难以全面考虑所有的追责情形,规范内容周延性不够,主要体现在以下三个方面:

1. 处分内容较单一。处分内容表明的是"对什么进行处分"。新民主主义革命时期,党内法规责任建设必须服务于革命需要,因而党规责任内容应急性较为突出,规范范围较为单一。这集中表现在两个方面:一是为了提高党在革

---

〔1〕 参见中共中央文献研究室、中央档案馆编:《建党以来重要文献选编(1921—1949)》(第 5 册),中央文献出版社 2011 年版,第 652 页。

〔2〕 参见《中国共产党组织史资料》第 8 卷,中共党史出版社 2000 年版,第 155、157 页。

〔3〕 参见中共中央文献研究室、中央档案馆编:《建党以来重要文献选编(1921—1949)》(第 8 册),中央文献出版社 2011 年版,第 374 页。

〔4〕 参见胡云生:《中国共产党巡视制度建设的百年历程》,载《中州学刊》2021 年第 8 期。

〔5〕 滕文浩:《中国共产党纪律建设制度化百年演进历程、动力与经验》,载《四川大学学报(哲学社会科学版)》2021 年第 4 期。

命斗争中的执行力，侧重于处分对上级路线方针政策执行不力的行为。如党的二大党章第19条强调下级机关必须“完全执行”上级机关的命令，并规定了对不执行命令行为的处分措施。二是为了保障党的凝聚力，侧重于处分对党不忠，可能有损党的革命事业的行为。如《中央巡视工作条例》强调“要随时随地检查各地的秘密工作，如发现有破坏或忽视秘密工作的事实，必须给以严重的批评与制裁”。

2. 处分对象较笼统。党员领导干部较之普通党员享有更多的党内权力，需受到更严厉的责任约束。但新民主主义革命时期的党内法规责任制度在对处分对象的设置方面，只划分了党组织的责任和党员的责任，未对党员领导干部的责任和普通党员的责任进行区分。1945年，在党的七大修改党章的过程中，刘少奇提出了要进一步细分领导责任的观点，他指出：“经验证明：许多下级组织和党员干部在工作中所发生的错误和缺点，其责任并不能由下级组织及党员与干部来担负，而应该由上级领导机关来担负。因为这些错误和缺点的造成，许多是因为上级领导机关没有及时地提出任务、指示政策，或者虽然提出了任务、指示了政策，但是没有系统地、彻底地解决问题，或者提出的任务，指示的政策本身就有错误。”[1]但受制于历史局限和党内法规的立规水平，党的七大党章并未对领导干部责任和普通党员责任进行区分。

3. 侧重于事后追责。新民主主义革命时期，相关党内法规文本对党内法规责任追究的标准多表述为“不执行”“有抵触”“有犯”“有违”“破坏”等对抗性用词，如党的七大党章第64条规定“凡不执行中央和上级组织的决议，及违犯党章、党纪者，各级党的组织，按照具体情况，得以下列方法给予处分……”可见，本阶段虽有“惩前毖后，治病救人”的责任追究观念，但党内法规责任的追究多以违规违纪为标准，带有事后追责的倾向，在制度建设上尚未形成对轻微违规违纪的苗头性行为的责任追究体系。

（二）开放性强，责任方式不明确

开放性和明确性是具有内在张力的两个特征，党内法规责任的开放性越强，即处分过程和处分结果的多样性和不可预测性越强，行为与责任的对应关

---

〔1〕 中共中央文献研究室、中央档案馆编：《建党以来重要文献选编（1921—1949）》（第22册），中央文献出版社2011年版，第427页。

系越不明确。从制度文本来看,新民主主义革命时期的党内法规责任承担方式呈现出较强的开放性特征,责任承担方式不明确,主要体现在以下两个方面:

1. 处分方式具有较大的不确定性。本阶段大部分与党内法规责任有关的文件都未明确具体的处分方式,或虽有规定,但保持了较大开放性,党组织对责任承担方式的选择适用具有较大的自由裁量权。党的二大党章至七大党章设“纪律”一章,明确了对违规违纪党组织的处分方式,但均属于不充分列举,并未排除适用其他处分方式的可能性。如党的三大党章虽在“纪律”一章明确了开除的处分方式,但同时授权区执行委员会可采取适当手段对待违反保密义务的党员,这里的“适当手段”显然不限于开除。此外,依据1938年中共扩大的六届六中全会《关于中央委员会工作规则与纪律的决定》的规定,对于违反纪律的中央委员、政治局委员、各中央局中央分局委员,相应组织可适当处分、决议处分或决定处理,但具体的处分方式未通过配套的制度文本进行明确。[1]

2. 各处分方式之间的逻辑关系较模糊。新民主主义革命时期,相关党内法规曾规定过批评、制裁、纠正等多种处分方式,但未明确适用上述党规责任方式的具体适用情形,以至于上述各种处分方式之间的逻辑关系较为模糊。《中央巡视工作条例》规定,“要随时随地检查各地的秘密工作,如发现有破坏或忽视秘密工作的事实,必须给以严重的批评与制裁”,“如有怠工或犯原则上的错误,地方党部必须执行自我批评,并将经过的详细情形,报告中央,以便纠正,或予以严格的制裁”。“批评”“纠正”是违纪者需接受的具体不利后果,属于带有惩戒性的处分方式,而“制裁”本身不具备具体的责任内容,属于多种惩戒性方式的集合。《中央巡视工作条例》将“批评”“纠正”与“制裁”并列规定,模糊了各种责任方式的种属关系,且在表述上将“批评”“纠正”剔出制裁方式的行列,否认了上述方式的制裁性,从而导致“批评”“纠正”定性模糊。[2]

(三)灵活性强,处分程序不规范

灵活性指可依据具体情形灵活适用不同的党内法规责任追究机制。新民

---

〔1〕 参见中共中央文献研究室、中央档案馆编:《建党以来重要文献选编(1921—1949)》(第15册),中央文献出版社2011年版,第766页。

〔2〕 参见中共中央文献研究室、中央档案馆编:《建党以来重要文献选编(1921—1949)》(第8册),中央文献出版社2011年版,第374页。

主主义革命时期,中国共产党面临着各种复杂的情况,需要不断根据新的情况调整自身以适应革命需要,因此党内法规制度体系建设以灵活快速地解决实际问题为导向,整体表现出轻程序、重实体的特征,党内法规责任制度建设也不例外。本阶段党内法规责任追究机制的程序的不规范主要体现在以下几个方面:一是缺乏程序性规范。新民主主义革命时期的党内法规虽对责任追究的主体、对象和内容等有了初步规定,但缺乏针对责任追究工作的专门程序性规范。二是各种责任追究制度交织。整体来看,新民主主义革命时期,党内监督、党内问责、纪律处分等工作交织在一起,没有各自独立为一项专门的工作。三是缺乏救济程序。早期的党内法规责任制度并未设置救济程序,直到党的七大党章[1]第66条规定:"对党的组织及党员个人给予处分,须将处分的理由通知被处分者。凡被处分后不服者,均可进行辩护,并可要求复议及向上级机关申诉。各级党委对于任何党员的申诉书,须迅速转递,不得扣压。"才首次规定了党规责任的救济渠道。但该时期,党内复议、申诉等救济方式的程序规则仍然有待补充。

第二节　党内法规责任制度的曲折发展

新中国成立后到党的十八大前是党内法规责任制度建设的曲折发展阶段。与党内法规制度建设同步,本阶段党规责任制度建设呈现出螺旋式发展的特征。党的十一届三中全会后,党内法规责任制度建设得到了高度重视,逐渐走上规范化的轨道,取得了明显的实效。

一、本阶段党规责任制度的具体实践

新中国成立后,"党领导人民在巩固新生政权的基础上,对社会主义革命和建设道路进行了艰辛探索,同时开始全面探索在全国执政条件下进行党内

[1] 《中国共产党党章》(1945 年 6 月 11 日七大通过),载共产党员网,https://fuwv.12371.cn/2012/09/21/ARTI/348215626066289.shtml。

法规制度建设的路子”,[1]党内法规责任制度建设随之得到发展。但1956年后,受反右派斗争扩大化等因素影响,党内法规责任追究制度建设逐渐陷入停顿。[2] 以1978年召开的党的十一届三中全会为起点,中国进入了改革开放和社会主义现代化建设新时期。在该时期,中国共产党深刻总结社会主义革命和建设过程中正反两方面的经验,在党内法规体系建构上取得了重大突破,党内法规责任制度开始进行全面建设,得到了长足的进步。整体而言,新中国成立后到党的十八大前,党内法规责任建设经历了新中国成立初期的稳步推进—“文化大革命”时期的停滞后退—改革开放后的重塑与进步三个阶段,在曲折中不断发展。

(一)新中国成立初期的稳步推进

新中国成立后,党成为全国范围内的执政党,在掌握党内权力的同时,全面嵌入行政系统,执掌国家权力。为了防止党员干部在党内领导职务和国家公职的双重身份中迷失自我,形成官僚主义作风、产生贪污腐败行为,党进一步丰富和完善了党内法规责任制度,主要表现在以下三个方面:

一是完善了责任追究的专职机构。新中国成立前,党的五大党章设立中央与省级监察委员会,作为责任追究的专职机构。但当时监察委员会的层级性尚未完全确立,部分地区未设立地方监察委员会。党的七大党章规定中央监察委员会及各地方监察委员会以“党的中央委员会认为必要”为成立条件,监察委员会的层级性初步确立。但实践中,地方监察委员会的工作程序及职权范围较为模糊。整体而言,新民主主义革命时期的党内法规责任追究专职机构建设尚处于初创阶段,缺乏体系性和规范性。1949年11月,中共中央作出《关于成立中央及各级党的纪律检查委员会的决定》,强调建立覆盖各中央局、分局、省委、区委、地委、县委各层级的纪律检查专职机构,并明确了中央和各级党的纪律检查委员会的任务与职权。[3] 1950年1月,中共中央发布《中共中央纪律检查委员会工作细则》,确立了纪律检查委员会的基本工作程序。同

[1] 中共中央办公厅法规局:《中国共产党党内法规体系》,载《人民日报》2021年8月4日,第1版。

[2] 参见吕永祥:《新中国成立70年党内问责制的历史沿革、现实困境与破解之道》,载《河南社会科学》2019年第7期。

[3] 中共中央党校党史教研室选编:《中央党史参考资料》(第19册),人民出版社1979年版,第81页。

年,中共中央发出《关于各级党的纪律检查委员会领导关系问题的指示》,厘清了党的各级纪律检查委员会与各级党委之间的关系和职能分工。[1] 至1950年年底,全国大部分县以上党委都建立了纪律检查委员会,各级纪律检查委员会均设立了相应的办事机构,纪律检查体系初具规模。

二是优化了责任追究的程序规则。为了应对革命环境的复杂和多变性,新民主主义革命时期党内法规责任制度建设呈现出轻程序、重实体的特征。新中国成立后,为了提高党内法规责任追究机制的可操作性和可预期性,各种处分方式的调查和决定程序规则逐渐建立。1950年,中共中央发布《关于在报纸刊物上展开批评与自我批评的决定》,详细规定了通过报纸刊物展开批评与自我批评的适用情形、审理责任、发表程序和救济措施等内容,极大提升了批评与自我批评的可操作性。[2] 1954年,中共中央制定《关于处分党的组织及党员的批准权限和手续的规定》,对纪律处分的批准权限、处分程序、取消程序等问题进行了规定。[3] 同年,中央纪委制定了《关于处理控告、申诉案件的若干规定》,明确了党员或群众向组织控告、申诉案件的范围、原则、批准权限及结案手续等问题。[4] 1956年,党的八大党章增设党员的亲自参加处分决议权及声明、申诉和控诉权,强化了党内法规责任追究程序对党员权利的保护。可见,与新民主主义革命时期相比,社会主义革命和建设时期,党的程序规范性意识得到增强,与党内法规责任有关的专门程序性规范逐渐增多,党内法规责任追究程序日趋完备。

三是纪律处分机制规范化发展。新中国成立后,党内法规责任制度的发展突出表现为纪律处分机制从相对宽泛的党内法规责任追究制度中独立出来。一方面,纪律处分的主体和程序与其他党内法规责任追究制度相区分。在相当长的一个时期,问责和党纪处分的边界不明晰,"二者内容和范围几乎

---

[1] 参见中共中央组织部、中共中央党史研究室、中央档案馆编:《中国共产党组织史资料(第9卷)文献选编(下)》(1949.10—1966.5),中共党史出版社2000年版,第19页。

[2] 参见中共中央党校党史教研室选编:《中共党史参考资料》(第19册),人民出版社1979年版,第127页。

[3] 参见中共中央组织部、中共中央党史研究室、中央档案馆编:《中国共产党组织史资料(第9卷)文献选编(下)》(1949.10—1966.5),中共党史出版社2000年版,第298页。

[4] 参见中共中央组织部、中共中央党史研究室、中央档案馆编:《中国共产党组织史资料(第9卷)文献选编(下)》(1949.10—1966.5),中共党史出版社2000年版,第206页。

可以等同”。[1] 如党的七大党章明确对党员个人的处分包括当面的劝告或警告;当众的劝告或警告上撤销工作;留党察看;开除党籍四种,但未进一步区分批评教育措施与严重的党纪处分。1949年至1950年,党中央建立了相对完善的纪律检查工作体系,使纪律处分与其他党内法规责任承担方式从责任追究主体、职权范围和工作程序上进行了区分。另一方面,纪律处分的种类实现类型化。1956年通过的党的八大党章是党领导新民主主义革命胜利并开始全面执政后修改完善的第一部党章,对此后历次党章的修改具有重要且良好的示范作用。八大党章明确党纪处分包括警告、严重警告、撤销党内职务、留党察看、开除党籍五种类型。上述五种纪律处分形式将纪律处分从批评、指责、撤职等其他党内法规责任追究方式中分离出来,且沿用至今。

(二)“文化大革命”时期的停滞后退

“文化大革命”期间,党的九大党章和十大党章取消了党的监察机关的相关条款,党的监察机关被撤销,监督执纪职责由各级党组织承担。但“由于当时特殊的社情党情,各级党组织实际上也无法运转,各级革命委员会、群众组织也都成了纪律审查的主体”,[2]党内法规责任制度要素基本处于空白状态,亟待整顿重组。

(三)改革开放后的重塑与进步

改革开放后,针对个别党员干部身上存在的官僚主义问题,邓小平强调:“在管理方法上,当前要特别注意克服官僚主义。……在管理制度上,当前要特别注意加强责任制。”[3]党内法规责任制度建设此时重新得到高度重视并恢复发展。中国共产党本着实事求是的精神,审视并恢复了社会主义革命和建设时期部分正确的党内法规责任规范,并结合历史经验和改革需要,完善了党内法规责任追究的基本程序,丰富了党内法规责任的处分方式,对各类党内法规责任追究机制进行了专业化探索,为党内法规责任制度的全面发展奠定了基础。主要表现在以下两个方面:

---

〔1〕 罗星:《建党百年来党内问责制的发展历程、主要成效与现实启示》,载《观察与思考》2021年第6期。

〔2〕 罗星:《中国共产党纪律处分的百年成就及基本经验》,载《中共杭州市委党校学报》2022年第2期。

〔3〕《邓小平文选》(第2卷),人民出版社1994年版,第149~150页。

一是处分方式初步类型化。1995 年,中共中央发布《党政领导干部选拔任用工作暂行条例》(已失效),明确“对违反本条例第四十七条规定的,必须给主要责任者以批评教育或者纪律处分。其中,对拒不服从组织调动和交流决定的,依照法律及有关规定就地免职或者降职使用”。该条例对批评教育和纪律处分进行了区分,且当时党中央已经认识到免职和降职等措施的特殊性,并有意识地将其从前述两种责任类型中分离。1998 年,中共中央、国务院联合印发《关于实行党风廉政建设责任制的规定》,第 12 条规定“领导干部违反本规定第六条,有下列情形之一的,给予组织处理或者党纪处分……其他违反本规定第六条的行为,情节较轻的,给予批评教育或者责令作出检查,情节较重的,给予相应的组织处理或者党纪处分……”该条明确提出了组织处理的概念,区分了组织处理和纪律处分,并将批评教育、责令作出检查等措施从上述两类处分方式中分离。纪律处分、组织处理和以批评教育为代表的警示处理措施三分的党内法规责任体系在该文件中初具雏形。

二是处分对象日趋精细化。新民主主义革命时期,党内法规责任的处分对象较为笼统,没有对普通党员责任和领导干部责任进行区分。社会主义革命和建设时期,《关于立即限期发动群众开展“三反”斗争的指示》明确了对推动落实“三反”运动不力的领导人员的相关责任,开创了党内法规追究领导责任的先河。但整体而言,该时期对领导干部责任追究的范围和领域有限,大部分党内法规责任条款未区分领导干部和普通党员。改革开放时期,领导干部逐渐成为党内法规责任追究的重点对象,党内法规的责任范围从直接责任向领导责任深入拓展。

对领导干部的严格要求始于经济领域,随后拓展至党内监督全域。1984 年,中共中央办公厅和国务院办公厅发布《关于党政机关在职干部不要与群众合办企业的通知》《关于严禁党政机关和党政干部经商、办企业的决定》,对在职干部办企业的行为进行了限制。但上述两个文件未区分普通干部和领导干部,因而未能有效防止权力对经商环境的影响。1986 年,中共中央和国务院联合发布《关于进一步制止党政机关和党政干部经商、办企业的规定》,指出“党政机关和党政干部经商、办企业,以权谋私,损公肥私,危害很大”,并对党政机关、党政干部及领导干部的子女、配偶经商办企业的行为进行了限制。1987 年,中央纪委《关于对党员干部加强党内纪律监督的若干规定(试行)》明确“党内纪律监督的重点,是各级党员领导干部,特别是主要领导干部”。

党内法规责任范围由直接责任向领导责任的扩张,反映出党对权力监督规律认识的进一步深化。在未对领导干部和普通党员进行区分的时期,党内法规的处分对象为违纪行为的直接行为人;在领导干部和普通党员身份的初步区分阶段,领导者需对本人的违纪行为承担比普通党员更为严格的直接责任;在领导干部和普通党员身份的深入区分阶段,领导干部在承担直接责任的基础上,需对其领导范围内他人的违纪失职行为承担领导责任。1988 年,中央纪委发布《党员领导干部犯严重官僚主义失职错误党纪处分的暂行规定》,首次以专门形式明确了领导干部的领导责任,并将负领导责任的人员细分为“直接领导责任者、重要领导责任者和一般领导责任者”。1997 年,《中国共产党纪律处分条例(试行)》[1]首次以条例的形式区分了违纪行为的直接责任者、主要领导责任者和重要领导责任者。1998 年出台的《关于实行党风廉政建设责任制的规定》在上述规定的基础上,基于领导干部的职级进一步细分了领导责任的处分对象,明确了领导班子的全面领导责任、领导班子的正职的总责任和领导班子其他成员职责范围内的直接领导责任。可见,党内法规的责任对象逐渐由笼统的“党员”“干部”走向对领导干部和普通党员干部的区分,甚至对领导干部进一步细分,处分对象逐渐精细化。

二、本阶段党规责任制度的基本特征

新中国成立后,中国共产党执掌政权,承担着经济重建、制度重构等历史重任。为了保障党和国家事业的顺利推进,中国共产党积极探索制定了一批党内法规责任制度规范,党内法规责任制度建设成效显著,各项党内法规责任追究机制的专业化水平得到了极大提升。由于现实需求的紧迫性与中国实践的独特性,本阶段党内法规责任制度建设具有以下鲜明特征。

(一)问题导向性强,全面性不足

问题导向性是指本阶段党内法规责任建设紧扣当时存在的实践问题,与

〔1〕 1997 年《中国共产党纪律处分条例(试行)》第 164 条规定:“有关责任人员的区分:(一)直接责任者,是指在其职责范围内,不履行或者不正确履行自己的职责,对造成的损失起决定性作用的党员。(二)主要领导责任者,是指在其职责范围内,对直接主管的工作不负责任,不履行或者不正确履行职责,对造成的损失负直接领导责任的党员。(三)重要领导责任者,是指在其职责范围内,对应管的工作或者参与决定的工作,不履行或者不正确履行职责,对造成的损失负次要领导责任的党员。”

本阶段党和国家的建设任务具有很强的关联性。新中国成立后，随着开始在全国执政，个别党员领导干部沾染了官僚主义、形式主义等不良作风，存在个别贪污腐败现象。为了整顿党内的贪污行为、浪费行为和官僚主义作风，1951年，中共中央作出《关于实行精兵简政、增产节约、反对贪污、反对浪费和反对官僚主义的决定》，规定“一切贪污行为必须揭发，按其情节轻重，给以程度不等的处理，从警告、调职、撤职、开除党籍、判处各种徒刑直至枪决”，由轻到重明确了警告、调职、撤职、开除党籍、徒刑、枪决等责任方式。[1] 1952年1月，针对国内“三反”运动的实践情况，中共中央发布《关于立即抓紧“三反”斗争的指示》，以撤职查办的处分方式压实了部长、行长、署长、处长、局长、科长、股长或经理等人的领导责任，推动“三反”运动在全国范围内普遍开展。[2] 20世纪末，针对各地在追求经济迅速发展过程中时有发生的重大安全责任事故，重大安全领域的党内法规责任追究制度快速建立。21世纪初，为规范选人用人制度，强化对违反干部政策、不按规定行事造成失误等行为的追责力度，《关于加强党的执政能力建设的决定》《关于实行党政领导干部问责的暂行规定》《党政领导干部选拔任用工作责任追究办法（试行）》等党内法规相继出台。

但问题导向的发展方式也意味着本阶段党内法规责任制度建设的系统规划性不足，制度建设主要集中在群体性事件、安全责任事故、党风廉政建设等领域，未覆盖全面从严治党的其他领域。这导致实践中，在上述领域发生的责任追究事件较多，而在其他领域的追责较少，很难满足对党员干部进行常态化监督追责的需要。

（二）地方探索性强，统一性不足

地方探索性是指在本阶段党内法规责任追究机制的建立健全过程中，党的地方组织发挥了重要的探索作用。1982年，党的十二大党章首次提出责任追究概念，开启了党内法规责任追究制度化阶段。以1998年《关于实行党风廉政建设责任制的规定》的出台为标志，各种责任追究制度快速发展。2002年我国香港特别行政区开始实行高官问责制，问责制度和问责概念逐渐取代责任

[1] 参见中共中央文献研究室、中央档案馆编：《建党以来重要文献选编（1921—1949）》（第3册），中央文献出版社2011年版，第7页。

[2] 参见中共中央文献研究室、中央档案馆编：《建党以来重要文献选编（1921—1949）》（第2册），中央文献出版社2011年版，第415页。

追究的表述，成为特定责任追究制度的规范性表述。为了推动问责制度的本土化进程，全国各地纷纷开展了地方问责制的实践探索。2004 年，在党的十六届四中全会“依法实行问责制”的政策推进[1]以及长沙等地问责制建设的示范效应下，各地紧密结合当地的实践问题和地方特征，相继出台《海丰县基层党委问责试行办法》《洞口县基层党建工作问责暂行办法》《庐江县党委系统问责制暂行办法》等党内问责的制度文本。

但由于缺乏中央统筹以及中央文件的顶层设计，本阶段以实践性和问题性为主导的党内问责制缺乏统一的标准，碎片化、多样化现象较为突出，主要表现在以下方面：一是规范文本位阶较低。本阶段党内问责工作多以“暂行办法”“试行办法”“暂行规定”等文本形式为制度载体，具有较强的暂行性与试验性，且制定主体多为县级党委，规范文本的效力位阶较低。二是追责的可操作性较弱。一方面，本阶段的问责制度以行政问责为主，“抓安全事故等行政问责多、抓管党治党不力问责少”；[2]另一方面，本阶段的问责制度带有行政问责与党内问责并轨的特征，问责对象边界不清，党内问责的可操作性有待提升。三是缺乏统一的追责标准。各地依据地方实践各自出台问责制度文本，其问责方式、标准、程序等各不相同，导致同一案件在不同地区可能产生不同的处理结果，影响监督追责的公平性。

（三）机制专业性强，衔接性不足

党内法规责任追究机制是一个涵盖事前提醒教育、事中监督巡视、事后追责处分全过程的工作体系，囊括了巡视监督、纪律处分、党内问责等各项工作机制。在新民主主义革命时期，党内巡视、纪律检查等在责任追究过程中相互交织，职能边界较为模糊。社会主义革命和建设时期，纪律检查工作初步专业化，但其规范性和体系性仍待强化；巡视工作深入推进，但在实践中仍表现为一种临时性的工作机制，未成为国家治理中常态性和专业化的制度安排[3]；党内问责表述为广义的责任追究，缺乏专业性的独立内涵和范围。改革开放后，

---

〔1〕 党的十六届四中全会在《关于加强党的执政能力建设的决定》中首次提出“依法实行党内问责制”。

〔2〕 中共中央文献研究室编：《习近平关于全面从严治党论述摘编》，中央文献出版社 2016 年版，第 235 页。

〔3〕 直至 2003 年《中国共产党党内监督条例（试行）》发布，才正式以党内法规的形式将巡视制度作为党内监督十项正式制度之一确定下来。

《中国共产党巡视工作条例(试行)》《纪律处分条例》《关于实行党政领导干部问责的暂行规定》《党政领导干部选拔任用工作责任追究办法》等党内法规相继颁布,纪律检查制度进一步完善,巡视工作逐渐规范化,党内问责从责任追究的宽泛概念中抽离出来,各类党内法规责任追究机制分别确立了特定的责任主体、专门的工作程序、较为清晰的职权范围和相对明确的处分方式,开启了精细化、专业化发展的进程。

但从系统论的视角来看,党内法规责任制度是一个完整的制度系统,"一切关系在其中同时存在而又互相依存",[1]并且"不同要素之间存在着相互作用"。[2] 因此,党内法规责任追究工作的展开,不仅要求作为系统要素的各类党内法规追责机制规范化、专业化运行,而且要求它们相互联系,形成统一的整体。在本阶段,虽然各类工作机制趋于独立化、专业化发展,但不同机制之间缺乏稳定的衔接配合渠道,不同工作主体各自为政的现象时有发生,难以形成制度合力,降低了监督追责的整体效率。

第三节 党内法规责任制度的健全优化

党的十八大之后,党内法规责任制度的发展进入快车道,日趋成熟。2012年,党的十八大召开,中国特色社会主义进入新时代。以习近平同志为核心的党中央始终坚持"动员千遍,不如问责一次"的马克思主义工作方法,强调牢牢抓住问责这个"牛鼻子",将权利和义务、责任与担当统一起来,党内法规责任体系在理论和实践方面发展到新的阶段。在这段时期,党内法规责任体系的主干性规范基本完善,配套性规范基本建立,各项党内责任追究专门机制深入发展并相互衔接,党内法规责任制度迈入初步完善阶段。

[1] 中共中央马克思恩格斯列宁斯大林著作编译局编译:《马克思恩格斯选集》(第1卷),人民出版社2012年版,第223页。

[2] 参见《马克思恩格斯全集》(第46卷)(上册),中共中央马克思恩格斯列宁斯大林著作编译局译,人民出版社1979年版,第37页。

一、本阶段党规责任制度的不断完善

党的十八大以来,《问责条例》《组织处理规定》等党内法规相继出台,相对完善的党内问责机制和组织处理机制基本确立,《纪律处分条例》《巡视工作条例》等党内法规相继修改完善,纪律处分机制和监督巡视机制深入发展。

(一)党内问责制度基本完善

党的十八大以来,党内问责制度规范位阶低和多元分散等问题相继解决,党内问责规范化、体系化水平发展到新的高度。2016 年,党中央制定了《问责条例》,这是党的历史上首次以条例的形式对党内问责制度进行系统性规定。2016 年《问责条例》整合并健全改革开放以来问责制度的地方性探索经验,围绕全面从严治党的基本要求,确定了 3 类问责对象[各级党委(党组)、党的工作部门及其领导成员、各级纪委(纪检组)及其领导成员]、6 类问责事项(党的领导弱化、党的建设缺失、全面从严治党不力等)、7 种责任承担方式(检查、通报、改组等 3 种针对党组织的问责方式和通报、诫勉、组织调整或者组织处理、纪律处分等 4 种针对党员领导干部的问责方式),从问责的主体、对象、内容、情形、方式、程序等各个方面全面规定了党内问责的基本构成,相对完善的党内问责制度要素基本确立。2019 年,为了适应新形势下的党内法规责任建设任务及其要求,针对一段时间以来党内问责工作中出现的问题,党中央对《问责条例》进行了修订,将原有的 6 类问责情形修改为 11 类,细化了党委(党组)、纪委和党的工作机关的职权分工,全面规范了启动、调查、报告、审批、实施等各个环节的问责程序,党内问责制度进一步完善。

(二)组织处理制度逐渐定型

前文述及,改革开放以来,组织处理的概念和基本方式已相对确定。但对组织处理的概念限定为对违犯党纪行为的处置[1],体现出较强的违纪追责特征,与党内法规责任追究向“纪前问责”发展的制度趋势及“有责必问”的发展理念具有一定的局限性。2021 年,中共中央办公厅印发《组织处理规定》,将组

---

〔1〕 2008 年中央纪委、中央组织部印发《关于在查处违犯党纪案件中规范和加强组织处理工作的意见(试行)》,将组织处理界定为“党组织按照干部管理权限,对涉嫌违犯党纪的党员干部,进行必要的岗位、职务调整的组织措施”。

织处理重新定义为“党组织对违规违纪违法、失职失责失范的领导干部采取的岗位、职务、职级调整措施，包括停职检查、调整职务、责令辞职、免职、降职”。该规定明确了组织处理的主体、对象、适用情形、基本程序和具体方式，完善了组织处理的制度要素，并将组织处理与党内其他处分方式进行了明确区分，使组织处理成为党内责任追究体制中相对独立的制度机制，其各种规定日趋成熟定型。

（三）纪律处分制度与时俱进

党的十八大以来，随着形势发展，2003 年制定出台的《纪律处分条例》已不能完全适应全面从严治党新的实践需要。对此，2015 年党中央依据党的十八大提出的党的建设“五位一体”总布局，印发了新修订的《纪律处分条例》。2015 年《纪律处分条例》以全面从严治党为重心，对党员提出了政治纪律、组织纪律、廉洁纪律、群众纪律、工作纪律和生活纪律六个方面的要求，并删除了 2003 年《纪律处分条例》中 70 多条与《刑法》《治安管理处罚法》等国家法律重复的规定，在体系架构和具体内容上都更科学化、规范化。2018 年，党中央对《纪律处分条例》再一次进行了修订。党的十九大明确提出党的政治建设是党的根本性建设，强调将党的政治建设摆在首位。对此，2018 年《纪律处分条例》特别突出政治纪律建设，将“两个维护”“四个意识、四种形态”等内容写入总则。2023 年，为贯彻落实习近平新时代中国特色社会主义思想和党的二十大精神，党中央再次修订《纪律处分条例》，将“中国式现代化”“初心使命”“自我革命”等内容写入总则，并在关于政治纪律、组织纪律、廉洁纪律等各项纪律的具体条款中，处处体现出对党的二十大精神和党章的贯彻落实。可见，随着新时代党的建设不断推进，纪律处分制度的内容不断更新完善，体现出鲜明的时代性特征。

（四）巡视制度体系化发展

2013 年中央政治局常委会会议审议通过《中央巡视工作 2013—2017 年规划》，对巡视中发现的问题进行有针对性的评判，对重要的整改、处置工作作出指示，对巡视的目标任务、方式方法、成果运用、队伍建设和制度建设提出明确要求。[1] 2015 年 8 月,中共中央发布《中国共产党巡视工作条例》,对 2009 年颁布的《中国共产党巡视工作条例(试行)》进行修订,确立了“巡视全覆盖、全国一盘棋”的工作要求,将被巡视地区(单位)领导班子主要负责人或者其他责任人员的巡视责任,由“责令书面检查、通报批评或者调整、免职、降职等组织处理;构成违纪的,按照有关规定给予纪律处分”,修订为“批评教育、组织处理或者纪律处分”,责任方式的类型化和层次性更为突出。2017 年 5 月,中央政治局审议通过《关于修改〈中国共产党巡视工作条例〉的决定》,对党中央和国家机关巡视工作、省市县巡察工作、在一届任期内巡视全覆盖等内容作出明确规定,强调着力发现党的领导弱化、党的建设缺失、全面从严治党不力、党的观念淡漠、组织涣散等问题,实现了巡视工作与《问责条例》的衔接。2024 年 2 月,为了推动巡视工作进一步规范化,党中央再次修订并印发《巡视工作条例》,首次明确了巡视领导体制和工作机制,并将对巡察工作的规定单列为章,把村(社区)党组织纳入县(市、区、旗)党委巡察范围,完善了以巡视带巡察的工作体系。纵观巡视制度发展历程,巡视制度的定位、内容、方式、程序等内容日趋规范化,且巡视范围横向覆盖各部门各领域,纵向覆盖中央至地方各层级,并与党内问责等其他党内法规责任追究机制相衔接,体系性日益突出。

二、本阶段党规责任制度的基本特征

党的十八大以来,在中央顶层设计的指导下,党内法规责任追究的范围逐步扩大,各项党内法规责任追究机制的衔接性不断增强,但在党内问责精准性、党内法规责任追究机制与容错机制协同性、党内法规责任条款覆盖面等方面仍有待完善。这充分说明,本阶段党内法规责任制度建设得到了极大优化,但还存在一些亟待完善的地方。

(一)党内问责的规范性增强,精准性仍待完善

党的十八大以来,党内问责的效力范围逐渐清晰、内容日益全面、程序日趋完善,党内问责制度体系的规范性不断增强。首先,整体来看,党内问责的范围经历了从定义模糊、规定情形宽泛到聚焦全面从严治党的变迁历程。在

[1] 参见罗宇凡、朱基钗:《高举巡视利剑　推进全面从严治党》,载《人民法院报》2017 年 6 月 22 日,第 1 版。

很长一段时期,我国尚未形成明确的问责概念,以“责任追究”为名的问责机制与纪律处分、组织处理等机制的制度边界较模糊,导致问责情形较宽泛。2009年《关于实行党政领导干部问责的暂行规定》明确了问责的边界,但问责范围较有限,主要集中在群体性事件、安全责任事故、党风廉政建设等领域。党的十八大以来,党中央将全面从严治党提升至新的战略高度,由此展开的党内问责制度也随之全面发展。2016 年《问责条例》将党内法规责任情形规定为 6 类,并且将责任形式区分为主要领导责任、重要领导责任、全面领导责任 3 种。2019 年修订的《问责条例》聚焦新时代党的建设总体布局设置,把 2016 年《问责条例》中的 6 类问责情形细化为 11 类,新增党的思想建设缺失、党的组织建设薄弱、党的作风建设松懈,履行管理、监督职责不力(重特大生产安全事故、群体性事件、公共安全事件等),在教育医疗等涉及人民群众最关系最直接最现实的利益问题上的失职失责行为等党内问责情形。相比 2016 年《问责条例》,前述新增内容不仅覆盖了党的建设、党的组织等方面,而且关注重特大生产安全事故、群体性事件等领域的党组织或者党员的重大失职失责事件,问责范围更加全面,重点更加突出。其次,随着《问责条例》及相关配套性规范的出台和修改,党内问责的程序逐渐规范化。2016 年《问责条例》对问责决定的作出、问责决定的执行等作了细致的规定,为党内问责程序提供明确的规范。2019 年修订的《问责条例》再一次丰富了党内问责程序,新增对问责调查程序,不予问责或者免予问责、从轻或者减轻问责、从重或者加重问责的情形,被问责对象权利救济途径等方面的规定。

当前,虽然党内问责制度体系逐渐全面化和规范化,但是在制度实践中,问责工作仍然存在精准性不足的问题,主要体现在以下两个方面:一是问责泛化和简单化。虽然《问责条例》的内容涵盖党的建设各个领域,问责程序逐渐规范,但是地方问责工作中存在党组织或者党员干部的责任确定有瑕疵、责任承担的方式与党规不符、党组织或者党员干部失职失责行为与责任后果之间的因果关系模糊等问题,导致“扶贫手册涂改和出现标点错误被通报批评”等问责泛化、简单化情况时有发生[1],这与党中央问责制度的设计初衷相背离。2019 年 1 月,中央巡视组公布中央脱贫攻坚专项巡视情况,明确指出多地存在

〔1〕 参见米博华:《精准有效用好问责利器》,载《中国纪检监察报》2019 年 4 月 15 日,第 2 版。

问责泛化、简单化,纪检监察机关运用四种形态不够精准等问题[1]。二是问责程序的设计有待改善。在《问责条例》中,问责审批程序、问责调查程序、被问责对象权利救济途径等程序仍存在完善的空间,亟须通过周密的制度设计、严密的审批程序、透明的调查及核查程序、事后的保障程序,完善党内问责的程序规定,实现精准问责。

(二)追责机制的体系性增强,容错性仍待完善

针对一段时间来各项党内法规责任追究机制协调性较弱、实践效能不足的问题,如何实现党内法规责任追究机制之间的衔接配套,保障责任追究工作的有效运行,使追责机制系统化、协调化,成为新时期党内法规责任建设的重要任务。党的十八大以来,随着监督执纪问责类党内法规的不断制定和修改完善,党内法规责任追究体系的衔接性和协调性明显增强。

一是党内责任追究的基础性法规不断完善,各项党内法规责任追究机制的衔接性增强。为解决党内法规责任追究制度体系的多元分散问题,进一步提升党内问责的制度化水平,《中央党内法规制定工作五年规划纲要(2013—2017年)》明确提出"保证问责制度与党纪政纪处分、法律责任追究制度有效衔接"的立规目标。为此,党中央启动一系列重要党规的制定与修改工作。例如,2016年《问责条例》第7条第2款第4项、第3款分别规定,"对失职失责应当给予纪律处分的,依照《中国共产党纪律处分条例》追究纪律责任","上述问责方式,可以单独使用,也可以合并使用",明确了党内问责和纪律处分的适用关系,保障了党内问责机制和纪律处分机制的衔接协调。同年,中共中央修订《党内监督条例》,明确规定:"党委(党组)、纪委(纪检组)应当加强对履行党内监督责任和问题整改落实情况的监督检查,对不履行或者不正确履行党内监督职责,以及纠错、整改不力的,依照《中国共产党纪律处分条例》《中国共产党问责条例》等规定处理。"该条例进一步厘清了党委(党组)在党内监督中的主体责任,并将党内监督与纪律处分、党内问责等追责机制衔接,为党委(党组)执纪的失职失责行为提供了问责依据。此外,党中央还先后完成了《廉洁自律准则》(2015年)、《问责条例》(2019年)、《纪律处分条例》(2023年)的修

[1] 参见《中央脱贫攻坚专项巡视公布反馈情况》,载《中国纪检监察报》2019年1月31日,第3版。

订工作。

二是配套性规定相继制定并完善，党内监督执纪问责工作实效增强。党的十八大以来，《党政领导干部生态环境损害责任追究办法（试行）》（2015年）、《廉洁自律准则》（2015年修订）、《领导干部自然资源资产离任审计规定（试行）》（2017年）、《党务公开条例》（2017年）、《纪律检查机关监督执纪工作规则》（2018年）、《重大事项请示报告条例》（2019年）、《干部选拔任用工作监督检查和责任追究办法》（2019年）、《党委（党组）落实全面从严治党主体责任规定》（2020年）、《党员权利保障条例》（2020年修订）、《信访工作条例》（2022年）等党内法规相继制定或修订，党务公开制度、党员权利保障制度、信访制度、重大事项请示报告制度等党内法规责任追究的配套机制相继完善，保障党内法规责任制度体系的良好运行，共同构成了"以党章为依循""以问题为导向"的党内监督执纪问责制度体系。

与党内法规责任追究机制相对完善形成对比的是容错纠错机制的相对滞后。容错纠错机制是指党政机关及其工作人员在改革创新过程中未能实现预期目标或者出现偏差失误，但符合法律法规和政策，未谋取私利，无主观故意，且能及时纠错改正，可免除相关责任或从轻、减轻处理的一种机制。[1] 为避免严格的党内法规责任追究机制导致领导干部因为害怕问责而不敢作为，影响党员干部工作积极性，有必要将容错纠错机制与党内法规责任追究机制统筹推进、一体建设。

2016年，习近平总书记在省部级主要领导干部学习贯彻党的十八届五中全会精神专题研讨会班上的讲话中提出"三个区分开来"，厘清了容错行为与违法违纪行为的界限。同年，党的十八届六中全会公报明确提出"建立容错纠错机制"。2017年，党的十九大报告再一次提出要建立容错纠错机制。2018年5月，中共中央办公厅印发《关于进一步激励广大干部新时代新担当新作为的意见》，再次强调建立健全容错纠错机制，宽容干部在改革创新中的失误错误，2019年《问责条例》设置了不予问责或者免予问责的情形，开启了容错纠错机制与党内问责机制相协同的制度建设。当前，《陕西省党政干部容错纠错办法（试行）》《沈阳市容错纠错实施办法（试行）》《关于激励干部担当作为实施容

〔1〕 参见薛瑞汉：《建立健全干部改革创新工作中的容错纠错机制》，载《中州学刊》2017年第2期。

错纠错工作办法(试行)》等地方规范性文件相继发布,容错纠错工作的地方性探索初步展开。但整体而言,中央层面关于容错纠错工作的专门性规范暂未制定,容错纠错机制的基本原则、适用范围、具体程序及其与责任追究程序的衔接协调等内容尚未统一,亟待出台中央层面有关容错纠错的专门性党内法规。

(三)责任体系建设的规划性增强,覆盖面仍待完善

党的十八大以来,党中央对党的制度建设、全面提高党的建设科学化水平作出了战略部署,从顶层设计上对党内法规的建设作出计划与统筹[1]。2013年和2018年,《中央党内法规制定工作五年规划纲要(2013—2017年)》《中央党内法规制定工作第二个五年规划(2018—2022年)》相继印发,体现了党对党内法规制定工作的统筹性思维,党内法规责任体系建设的规划性和科学性也随之增强。如党的十八大提出党的建设“五位一体”总体布局后,围绕党的建设新的要求,党中央有规划地制定或修订《纪律处分条例》《问责条例》《党内监督条例》《组织处理规定》等党内法规,形成全面从严治党制度合力。

但整体而言,无论是与党内法规义务条款相匹配,还是与国家法律责任条款相比较,党内法规责任条款在党内法规体系中的占比较低,具体体现在两个方面:一是党内法规责任条款的覆盖性不足。不同于国家法律体系的权利本位的价值取向,党内法规体系具有义务本位的特征,一个突出表现就是其义务条款在数量上超过权利条款。在传统的法学理论中,责任的产生来自义务的否定,即责任是不履行法定义务派生出来的“第二性义务”。可见,义务条款本身并不具有强制性,规范体系的强制性集中体现在与义务条款相联系的责任条款中。因此,理论上,责任条款在义务本位的党内法规体系中的比例应高于其在权利本位的国家法律体系中的占比。但事实恰好相反。“根据对北大法宝党内法规制度专题数据库的统计,截至2020年1月31日,党的中央组织、中央纪律检查委员会以及党中央工作机关制定的党内法规中包含责任条款的有146部,占比仅为58.4%。”[2]但早在2016年,“国家法律法规中设置法律责任

---

[1] 参见欧爱民:《中国共产党党内法规总论》,人民出版社2019年版,第90页。

[2] 伍华军、赵晨阳:《论党内法规责任条款及其规范设置》,载《河南社会科学》2020年第8期。

条款的比例就已经超过70%”。[1] 二是责任条款的具体化程度不够。在已经设置责任条款的党内法规中,多采用原则设定的表达方式[2],即只概括规定违规违纪行为和责任内容,缺乏对特定行为及其责任后果的具体规定。如《国有企业基层组织工作条例》第38条规定,“对违反本条例规定的,按照有关规定追究责任”。在原则设定的表达方式下,党内法规责任与党内法规义务的对应性不强,且表述过于简洁,导致很多义务条款在形式上表现为“应当”式的倡导性规定,其行为后果往往存在疏漏。

第四节 党内法规责任的未来展望

党的十八届四中全会将“完善的党内法规体系”纳入中国特色社会主义法治体系,形成了国家法律和党内法规“一体双轨”的中国式现代化法治模式。在这种法治模式下,党内法规责任和国家法律责任共同构成中国式现代化法治责任体系。当前,国家法律责任体系已基本健全,但党内法规责任体系尚处于发展阶段,与国家法律责任相比较,党内法规责任的体系化程度及制度效能还存在较大的提升空间。从静态层面看,党内法规责任的具体方式已基本规范化,但各种处分方式的界限、关系及定位仍较为模糊;从动态层面看,巡视巡察、党内问责等各类党内法规责任追究机制基本健全并初步体系化,但不同机制的职能定位及衔接配合方式仍有待明确。新时代要实现党内法规责任制度体系化,应在现有基础上,兼顾静态和动态两个层面的体系化要素,立足于中国式现代化法治责任体系的全局视角,推动党内法规责任与国家法律责任的衔接协调。展望未来,党内法规责任制度建设会呈现出如下发展趋势。

一、党内法规责任体系日益完善

“制度的成熟定型在其内涵上是以充分的体系化为特征的。”[3]因此,党内

---

〔1〕 李亮:《法律文本中责任条款的现状、问题与规范设置——以现行立法为实证考察对象》,载《上海政法学院学报(法治论丛)》2016年第4期。

〔2〕 参见庄德水:《党内法规责任规定的适用性分析》,载《理论探索》2021年第4期。

〔3〕 程竹汝:《论中国特色社会主义制度的体系化》,载《思想理论教育》2020年第9期。

法规责任体系的形成及完善，是党内法规责任制度持续发展的内在要求。首先，依据《监督执纪“四种形态”统计指标体系》的规定，对违规违纪行为的处理方式多达40余种，但并非所有处理方式都属于规范意义上的党内法规责任。可见，推进党内法规责任的体系化，应明确党内法规责任的范围，识别和排除部分具有违规违纪追责方式的外观，但不具备党内法规责任本质特征的处理方式，如谈话约谈等。其次，党内法规责任体系是一个系统化整体，“系”即组成系统各要素之间的联系，“统”即要素之间联系成为一个统一的有机体。[1]因此，党内法规责任体系不是各种责任方式的机械堆砌，而是各种责任方式在相互区分的基础上互相联系，构成的一个有机整体。对此，应在明确党内法规责任范围的基础上，以“责任核心内容和功能”为标准，对多种党内法规责任方式进行归类。归类是明确各种责任方式的基本特征，厘清其层次关系的重要途径。在百余年的制度变迁中，纪律处分和组织处理已经作为特定的责任类型逐渐确定下来，其处分程序、处分主体、处分对象以及具体处分种类等相对明确并自成体系。另有部分处分方式具有突出的轻微性和教育性特征，如通报批评、诫勉等，可进一步提炼其特征，将其归于统一的责任类型，并明确该类责任的标准和具体范围。最后，应厘清不同党内法规责任的区别和联系。党内法规责任具有多种类型，追责主体、适用对象、基本程序、处分后果等各具特征。但作为党内法规责任体系的组成部分，不同党内法规责任类型之间具有内在的逻辑关联，在党内法规责任追究中功能互补。需整体梳理不同党内法规责任类型的基本特征，在对其进行科学界分的基础上，明确其关联性，为不同案件中不同党内法规责任类型的选用以及同一案件中多种党内法规责任类型的并用提供系统性的理论指导。

二、党内法规责任追究机制更加协调

党内法规责任追究机制涵盖事前提醒教育、事中监督巡视、事后追责处分等多项工作机制，需要各项机制相互衔接配合。党的十八大以来，《巡视工作条例》《纪律处分条例》《问责条例》《组织处理规定》等党内法规颁布，党内巡视、纪律处分、党内问责、组织处理等追责机制相对分离，分别确立了特定的追

〔1〕 参见霍绍周编著：《系统论》，科学技术文献出版社1988年版，第24页。

责主体和追责对象、专门的工作程序、较为清晰的职权范围和相对明确的处分方式,专业性不断强化。但同时也应看到,由于缺乏事前系统的理论储备,各类追责机制独立发展,势必在追责主体、追责对象等制度要素存在重合现象,不同追责机制的职能定位易被混淆;且各类追责机制的衔接性规定散见于不同规范文本中,规定内容较为原则和抽象,导致各类党规责任的适用出现不匹配、不协调等情形。如某县纪委在处理受贿问题时,对受贿的党员应给予留党察看2年的重处分,但组织部门只是将他由副处级降为主任科员,导致出现"重处分轻处理"的情形。[1] 对此,未来应系统梳理相关党内法规文本,明确不同党内法规责任追究机制在目的、功能、对象、范围等方面的区别和联系,并以主体、程序、处分方式等制度要素为接口,构建不同机制之间的衔接协调通道,推动各类机制体系化发展,提升制度合力。

三、党规责任与法律责任衔接机制更加通畅

党内法规与国家法律"一体双轨",共同构成中国式现代化法治责任体系。因此,党内法规责任体系的健全,不应局限于党内法规责任体系的内在视角,而应立足于中国式法治责任体系全局,以实现党规责任与法律责任协调,发挥二者合力为目的,构建起党规责任与法律责任的协调机制。当前,虽然《纪律处分条例》《处分违纪党员批准权限和程序规定》等党内法规规定了"移送""核实"等党规责任和法律责任的衔接程序。但整体而言,现有衔接协调机制的可操作性仍待加强,如移送程序不完善、核实标准不统一等。对此,应紧扣党规责任和法律责任的基本特征,构建具有较强实践操作性的协调机制。

首先,系统梳理党规责任和法律责任的内在关联性,构建类型化的关系图谱。党规责任和法律责任的内在关系是二者衔接协调的基本前提,准确把握党规责任与法律责任的关系,是提高协调机制科学性和可操作性的前提保证。由于国家和社会管理涵盖的领域较为多样化,国家法律体系作为调整国家和社会事务的主要规范,分化程度较高。以调整的领域为区分标准,国家法律责任体系包括经济责任、刑事责任、行政责任和政务处分等责任类型,不同责任

[1] 参见李庆元:《我们是如何破解组织处理和纪律处分"不匹配"难题的》,载《中国纪检监察》2016年第13期。

类型的处分方式、处分内容、处分原则等差异显著,难以一概而论。因此,探析党内法规责任和国家法律责任的内在关联性,不能将不同国家法律责任类型概而论之,而应聚焦特定法律部门中责任追究的基本特征,分别建立经济责任、刑事责任、行政责任、政务处分等与党内法规的关系图谱。

其次,依据党规责任与法律责任的内在关联性,确立二者衔接协调的基本要素和具体机制。例如,依据纪律处分与政务处分在处分规则、处分类型等方面的密切联系,可将实体规则或处分类型的轻重程度作为二者协调的具体要素。再如,可依据党规责任与刑事责任在适用方式上的兼容性特征,确立二者衔接的程序性机制。在对类型化的关系图谱进行分析的基础上,注重抽象提炼出党规责任与法律责任衔接的基本要素,如程序要素、实体要素等,明确党规责任与法律责任协调的具体接口,并将其融入具体的衔接协调机制,如双向协调衔接机制、党政联动协调机制等,畅通党规责任和法律责任衔接协调的渠道。

最后,立足前端控制—中端纠错—末端调适的全周期管理视角,构建起党规责任和法律责任协调的保障机制。实现党规责任与法律责任的协调,不仅需构建专门的衔接协调机制,更需将党规责任与法律责任协调作为原则性理念融入党规责任与法律责任的制度建设全过程,推动党规责任与法律责任协调成为制度常态。具体而言,首先应构建立法立规统筹机制,协同党规和法律的立改废释活动,确保党规责任和法律责任在前端制度输出中的协调性;其次应构建备案审查联动机制,完善和充分发挥备案审查在确保中国特色社会主义法治责任体系的系统性、整体性、协同性、时效性方面的功能,对不协调的党规责任条款或法律责任条款予以及时纠正,以刚性手段保障中国特色社会主义现代化法治责任体系条款的质量和体系的和谐性;最后应构建衔接效果评估机制,及时评估党规责任条款和法律责任条款的实施效果,以制度实践为导向,解决二者存在的不适应、不协调、不衔接问题。

第三章　党内法规责任的类型化

党内法规责任作为管党治党的有力武器和制度支撑，在党的建设实践中发挥着至关重要的作用。因此，打造党规责任的类型化框架，对于构建清晰明确的党内法规责任制度体系，进一步推进全面从严治党纵深发展具有重要意义。目前，较完善的党内法规体系已经形成，但党内法规责任尚未实现高度体系化，“党内法规责任”一词亦未成为正式的概念用语；同时，党内法规责任在实践运行中也呈现多种形态，在党内法规责任究竟包括哪些类型等核心问题上，不仅现行制度文本未能给出一个明确答案，学术界亦众说纷纭，缺乏共识。因此，有必要运用类型化分析法，围绕类型化的一般理论、党内法规责任类型化的必要性、党内法规责任类型等内容展开系统阐述，厘清党内法规责任的具体形态，并在此基础上把握不同种类的责任应当遵循的规制路径。

第一节　党内法规责任类型化的提出

通常而言，作为一门规范科学，无论是法学还是党内法规学，概念分析都是不可或缺的。但高度涵摄的概念思维难免落入抽象化过度的境地，进而致使对事物的描述和认知变得空洞。为此，类型化分析方法的工具价值逐渐彰显并受到诸多学者青睐。党内法规责任的制度建构，应当以类型化分析方法为基点，厘清党内法规责任类型化的内涵、必要性，析出党内法规责任类型化的价值与功能,为党内法规责任体系化建构提供理论支撑。

一、党内法规责任类型化的内涵

近代以来,概念法学在相当长的时间内占据了法学研究的主流地位,其所倡导的抽象概念式思维——在某种规范标准的指引下抽取部分必要要素,同时舍去其余不重要的特征进而得出概念,是传统法律思维方式的代表。[1] 尽管概念分析在规范科学研究中不可或缺,但如果要使"党内法规责任"这一概念能够涵摄其所包含的所有对象,则必须在概念的描述上尽量使用强包容性、强概括性的语言。显然,如此做法可能导致党内法规责任的个性特征被忽略,难以对党内法规责任的具体面相予以精准把握。因此,当抽象后的一般概念及其逻辑体系不足以掌握某生活现象或意义脉络的多样化表现形态时,较佳的做法便是降低抽象程度,使用"类型"这一思考方式。[2] 党内法规责任类型化,即运用类型化思维,根据党内法规责任的特征进行类属划分,以可操作的标准将具有类似特征的责任划为一类,并依据不同类型之间的要素强弱与逻辑关系构建起统一的类型体系。具体而言,党内法规责任类型化具有以下特点:

其一,党内法规责任类型化以相似的方式将党内法规责任分类聚合。抽象概念式思维对事物采取的是一种下定义的方式,对象的根本特性通常蕴含在定义中。相比之下,类型并无严格意义上的构成要件,在根据对象所含某类要素的多少和特征的强弱将其归为特定类型时,只要求对象大体符合类型的整体形象。[3] 据此,概念与类型在如何将对象纳入这一问题上存在以下区别:概念采取的方法是涵摄,类型采取的却是相似这一弹性方式。[4] 党内法规责任类型化以相似的方式将党内法规责任分类聚合,能够使实践中样态繁多、错综复杂的党内法规责任化为有规律可循的整体,从而使复杂事物简单化、同质事物聚合化。

---

〔1〕 参见梁迎修:《类型思维及其在法学中的应用——法学方法论的视角》,载《学习与探索》2008年第1期。

〔2〕 参见[德]卡尔·拉伦茨:《法学方法论》,陈爱娥译,商务印书馆2003年版,第337页。

〔3〕 参见李可:《类型思维及其法学方法论意义——以传统抽象思维作为参照》,载《金陵法律评论》2003年第2期。

〔4〕 参见张斌峰、陈西茜:《试论类型化思维及其法律适用价值》,载《政法论丛》2017年第3期。

其二,党内法规责任类型化具有流动性和开放性。涵摄模式使得抽象概念式思维以一种非此即彼的方式划分此现象与彼现象之间的界限。然而,生活中的诸多事物与现象之间并不存在绝对明显的界限,而是一种流动式的过渡,非此即彼式的判断面对实践中错综复杂的党内法规责任样态难免具有割裂感和武断性。相比于概念,类型内部的要素始终处于更迭、流动之中,具有开放性的特点。这使党内法规责任类型化不仅能涵盖现有的、具有较高同质性的责任样态,在面对各责任样态与责任类型的中间地带和过渡形式以及未来出现的全新责任样态时,亦展现出强大的包容性、适应性和解释力。

其三,党内法规责任类型化更能展现党内法规责任的个性特点和整体面貌。抽象概念式思维基于概念提炼的需要,会舍弃党内法规责任本身丰富的个性特征,从而维持概念的归纳性和周延性,这也致使抽象概念式思维容易产生抽象化过度的问题。相比之下,由于类型并不要求对象与其本身特征完全符合,因而对于在抽象概念式思维中被舍弃的党内法规责任的个性特征,类型化思维能够尽可能全面地予以保留和展现。借由责任类型化思维对党内法规责任展开分析,更能展现责任的个性特点和整体面貌。

二、党内法规责任类型化的必要性

法的明确性和清晰性是法能够产生实效的基本前提,作为中国特色社会主义法治体系的重要组成部分,党内法规的制度建设亦是如此。如前文所述,党的十八大以来,党中央高度重视党内法规责任制度建设,目前基本形成了以党章为本,以《纪律处分条例》《组织处理规定》《问责条例》等党内法规为主干的党内法规责任制度体系,此外还有诸多关联的规范性文件也涉及党内法规责任的规定。通过对现有制度文本的分析梳理,可以发现党内法规责任存在种类繁多、边界模糊,文本表述不一致、不规范,种属关系不明确等问题,有必要借助类型化方法对之展开系统研究,并逐一加以解决。

(一)党内法规责任种类繁多、边界模糊

目前,涉及党内法规责任规定的文本数量较多,加之“党内法规责任”一词尚未成为正式的概念用语等多种原因,党内法规责任存在种类繁多、边界模糊,其规律性展现不足的问题,不利于理论研究与实际运用,亟待对之进行类

型化把握。

第一,党内法规责任措施[1]种类繁多。以专门、明确规定党内法规责任的《纪律处分条例》《组织处理规定》为例,二者规定的责任种类多达 14 种。[2]除上述 2 部专门党内法规,诸多党内法规还规定了其他党规处理措施,如批评教育、责令检查、诫勉、约谈等。中央纪委办公厅 2016 年印发的《监督执纪"四种形态"统计指标体系(试行)》,共计规定了监督执纪四种形态的 40 余种处理措施。以监督执行"四种形态"涉及的各项处理措施为关键词,以党内法规责任条文表述为判断依据,在"北大法宝—党内法规专题"中进行检索,可以发现截至 2024 年 1 月党内法规文本中规定的党内法规责任措施有 29 种。为便于统计与分析,可大体将之分为谈话/批评类、组织处理类、纪律处分类、责令类、撤销/取消类及其他类(见表 1)。

表 1 截至 2024 年 1 月党内法规部分制度文本中的党内法规责任措施种类

党内法规责任措施	部分制度文本
谈话、批评类:约谈、警示谈话(提醒谈话)、批评教育、通报批评(通报)、诫勉(诫勉谈话)5 种	《问责条例》《创建示范活动管理办法(试行)》《中国共产党政法工作条例》《社会主义学院工作条例》《农村基层干部廉洁履行职责若干规定(试行)》
组织处理类:停职检查、调整职务、责令辞职、免职、降职 5 种	《组织处理规定》
纪律处分类:警告、严重警告、撤销党内职务、留党察看、开除党籍,改组、解散,延长预备期、取消预备党员资格 9 种	《纪律处分条例》

[1] 需要特别指出的是,诸多制度文本规定的党规措施并不属于严格意义上党内法规责任的范畴,为了逻辑的严谨性,在对现行制度进行描述时姑且使用一个更具涵盖性的概念,即党内法规责任措施。

[2] 根据《纪律处分条例》的相关规定,对党员的纪律处分包括 5 种,分别是警告、严重警告、撤销党内职务、留党察看、开除党籍;对党组织的纪律处分包括 2 种,即改组、解散;对预备党员的纪律处分包括 2 种,即延长预备期、取消预备党员资格。根据《组织处理规定》的相关规定,组织处理措施共 5 种,分别是停职检查、调整职务、责令辞职、免职、降职。

续表

党内法规责任措施	部分制度文本
责令类:责令检查(检查、责令作出书面检查)、责令(立即)停止(责令停止侵权行为)、责令整改(限期整改、责令纠正、挂牌督办)、责令赔礼道歉(责令公开道歉、责令公开检讨)4 种	《问责条例》《党员权利保障条例》《党政领导干部生态环境损害责任追究办法(试行)》《公务员辞退规定》《创建示范活动管理办法(试行)》《湖南省重大生态环境问题(事件)责任追究办法》《湖北省安全生产党政同责实施办法》《农村基层干部廉洁履行职责若干规定(试行)》《福建省弘扬"马上就办、真抓实干"优良传统作风若干规定》
撤销、取消类:撤销创建示范活动、撤销荣誉或待遇、取消当选资格 3 种	《党内功勋荣誉表彰条例》《农村基层干部廉洁履行职责若干规定(试行)》《创建示范活动管理办法(试行)》
其他类:限制提拔使用、引咎辞职、效能问责 3 种	《中国共产党政法工作条例》《干部选拔任用工作监督检查和责任追究办法》《福建省弘扬"马上就办、真抓实干"优良传统作风若干规定》

综上,组织处理类、纪律处分类党内法规责任措施的种类较为清晰,两者的实体标准与程序规定较为明确,规范性较高,但谈话、批评类,责令类,撤销、取消类及其他类党内法规责任措施的性质定位及其种属关系不甚明了,形成了学术研究与实际运用的困惑。进一步分析还可发现,即便是《纪律处分条例》规定的延长预备期、取消预备党员资格等纪律处分措施的性质定位与种类归属也并不明确。面对如此情形,唯有运用类型化分析方法,将所有党规责任措施进行类型化处理,将之纳入或排除出特定党规责任类型,让每一个党规责任措施均有"安身立命之所",以便充分发挥各自的独特功能,彼此相辅相成,形成制度合力。

第二,党内法规责任与党内其他监督执纪措施界限模糊。在现行制度文本中"党内法规责任"一词尚未成为正式的概念用语,这种定义缺乏导致党内法规责任与党内其他监督执纪措施界限模糊,进而致使什么是党内法规责任、某一责任措施是否是党内法规责任等问题一直争议不断。目前来看,纪律处分和组织处理规定较为明确,学界和实务界对其属于党内法规责任范畴基本没有异议。然而,对于批评教育、诫勉等其他责任措施应当属于党内法规责任措施还是党内其他监督执纪措施，则存在较大争议。按照前述统计，党内法规责任措施至少存在 31 种，其中有些属于党内法规责任，有些则不属于党内法规责任。如果仅通过抽象概念式思维，简单地以不利制裁或不利后果为评判标准，将上述处理措施不加区分地认定为党内法规责任，显然难以对党内法规责任进行精准阐述和有效概括。因此，有必要以类型化思维为切入点，对党内法规责任措施进行识别和排除，进而厘清党内法规责任的外延。

（二）党内法规责任制度文本表述不一致、不规范

由于制度文本众多、制定主体不一，党规责任的条文表述难免会存在不一致、不规范等现象，进而引发了如下两个方面的问题：

第一，同一性质的处理措施存在多种不同表述，容易产生困扰与误读。例如，谈话类处理措施存在约谈、警示谈话、诫勉谈话等不同表述；针对诫勉这一处理措施，有的党内法规将之单独予以规定，有的党内法规则将之与"谈话"合并为"诫勉谈话"；批评类处理措施存在批评教育、通报批评等多种表述；而责令类处理措施的表述更是多样，如责令检查、责令立即停止、责令整改等。显而易见，同一性质的处理措施存在多种不同表述，难免在不同表述是否指向同一性质的处理措施等问题上产生分歧，不利于后续党规责任的理解与适用。

第二，责任措施排列顺序不一致，致使党内法规责任轻重程度模糊不清。《纪律处分条例》《组织处理规定》分别对纪律处分、组织处理类党内法规责任的轻重作出明确规定，但其他党内法规关于责任轻重的规定的明确性不足，存在模糊之处。例如，根据《问责条例》第 8 条第 2 款的规定，按照严厉程度，对党的领导干部采取的问责方式的顺序依次是通报、诫勉、组织调整或者组织处理、纪律处分，其中纪律处分最为严厉。然而，免职、降职等组织处理措施对党员干部的惩戒力度，明显高于警告、严重警告等纪律处分措施，这与《问责条例》中关于问责方式严厉程度的顺序规定互相矛盾[1]。而且，根据《问责条例》前述规定，诫勉的严重程度重于通报。然而，《工作机关条例》等党内法规规定通报批评的严厉程度要重于诫勉，这与《问责条例》存在明显的不一致。再如，《工作机关条例》规定了批评教育、责令作出检查、诫勉、通报批评等处理措施。仅就此规定而言，批评教育、通报批评并非指向同一性质的措施，且二

---

〔1〕 参见孟涛：《党内法规体系的形成与完善》，载《法学研究》2021 年第 6 期。

者的轻重程度亦存在显著差别。党规责任措施之间轻重不够明确,不利于党规责任的追究实践。因此,有必要运用类型化分析方法,将散乱的党规责任措施进行类型化处理,以便有效厘清各种党规责任种类的关系,为党规责任条款的表达提供立规技术支撑。

(三)党内法规责任种属关系不明确

目前,《纪律处分条例》《组织处理规定》分别对纪律处分、组织处理类党内法规责任种类作出明确规定,纪律处分和组织处理的内部种属关系基本明确。除此之外,由于目前党内法规责任尚未建立起"属 + 种"的框架体系,加之相关条款规定分散于不同的党规文本中,致使党内法规责任制度整体呈现出种属包含关系不够明确的局面,可能造成责任适用的问题。

第一,党内法规责任尚未整体建立"属 + 种"框架体系。根据逻辑学中的种属关系,党内法规责任作为一个整体的上位概念,其应当包括诸多不同党内法规责任类型的属概念(大类),而每一党内法规责任类型的属概念中,又应当包括具体责任的种概念(小类)。以纪律处分为例,纪律处分作为属概念,其包括警告、严重警告、撤销党内职务、留党察看、开除党籍等具体责任的种概念,同时又从属于党内法规责任这一整体上位概念。就现行规定而言,纪律处分和组织处理的内部种属关系已基本明确,但其他党内法规责任的种属关系尚不明晰。如以《监督执纪"四种形态"统计指标体系》的相关规定为例,29 种党规责任措施究竟分为多少大类,每一大类又分多少小类,缺乏明确依据,基本共识明显不足,不利于党规责任的追究。可见,构建科学合理的党内法规责任"属 + 种"框架体系势在必行。

第二,党规责任的种属概念的使用存在混同。以批评教育为例,有些党内法规将之作为种概念,而有些党规则将之作为属概念。如《基层组织选举工作条例》第 37 条规定"对有关党员给予批评教育直至纪律处分",显然是将批评教育作为与纪律处分并列的属概念;而《工作机关条例》第 26 条规定"给予批评教育、责令作出检查、诫勉、通报批评或者调离岗位、责令辞职、免职、降职等处理",此时批评教育则作为一个种概念使用。再以组织处理为例,根据《组织处理规定》第 3 条的相关规定,组织处理具体包括停职检查、调整职务、责令辞职、免职、降职 5 种。然而其他党内法规的责任条款在涉及组织处理时,存在对组织处理的属和种混同使用的现象[1],如《党政领导干部选拔任用工作条例》第60条第1款仅简单规定对违规者按照有关规定“作出组织处理或者纪律处分”,而《党政领导干部生态环境损害责任追究办法(试行)》第10条第1款则在规定组织处理的同时又列明了组织处理的具体类别。

第三,部分责任种属关系模糊不清。以责令道歉为例,其应当归为何种党规责任类型尚无定论,有实务界人士认为责令公开道歉是组织处理[2],《关于实行党政领导干部问责的暂行规定》也将责令公开道歉与停职检查、责令辞职等组织处理措施相并列,但《党员权利保障条例》则将责令赔礼道歉与批评教育、责令检查、诫勉等其他处理措施相并列。此外,《干部选拔任用工作监督检查和责任追究办法》规定了限制提拔使用的处理措施,然而诸如停职检查、责令辞职、免职等处理措施,事实上均包含了限制提拔使用的后果,故限制提拔使用在是否属于独立的党内法规责任类型、是种概念还是属概念等方面容易产生争议。为此,有必要通过类型化分析,对党内法规责任的种属关系予以明确,以便更加准确有效地追究党规责任。

三、党内法规责任类型化的现实价值

鉴于抽象概念式思维的弊端以及目前党内法规责任制度存在的问题,类型化思维在党内法规责任研究中的运用更应得到关注。事实上,相较于规范科学层面的概念分析,党内法规责任类型化研究不仅实现了方法论层面的创新与超越,更能彰显党内法规责任的制度特点与党规责任体系化的独特价值,对于推进党内法规责任制度理论研究与实践发展具有重要意义。

(一)有利于党内法规责任的厘清与规范

党内法规责任是党内法规条文的重要组成部分,但条文的繁杂众多影响着对党内法规责任的梳理和辨识。对党内法规责任进行分类处理,能够化解个别方法论带来的碎片化和冗杂化,防止党内法规责任的滥用与扩张,从而更

[1] 相比之下,或许是由于纪律处分的相关规定相对明确,因此其他党内法规的责任条款涉及纪律处分时,通常只规定纪律处分,而不规定纪律处分的具体种类。参见韩喜平、王晓波:《关于完善党内法规责任制度的思考》,载《广西大学学报(哲学社会科学版)》2020年第1期。

[2] 参见董芳:《纪检监察机关在办案中如何运用组织处理措施》,载《中国监察》2013年第13期。

加真实有序地揭示党内法规责任的全貌。[1] 具体而言,类型化分析方法可从如下方面厘清与规范党内法规责任这一庞大复杂的体系:

第一,有利于构建“属+种”的党内法规责任框架体系。党内法规制度体系不是体系内不同组成部分之间的物理叠加,而是按照一定标准形成的有序整体。[2] 功能各异的党内法规子系统之间相互衔接、互为补充,旨在构建具备价值一贯性、逻辑统一性、考量整体性和结构层次性的制度体系。在对党规责任的类型化研究过程中,应提炼党内法规责任的共同特征,将具备共同特征要素的责任归纳为属。根据表现特征的不同,属也存在多样性;同时,众多责任通过与属进行匹配,得以被归纳为某一属之内,进而成为种。“属+种”党内法规责任框架体系的构建,不仅可以有效识别党内法规责任与党内其他监督执纪措施,还能更科学清晰地展示不同属之下党内法规责任的内在构造。

第二,有利于推进党内法规责任文本的规范表述。党内法规责任条款的设置的科学化、规范化、类型化程度越高,党内法规的明确性、可预测性、执行性就越强。然而如前文所述,党内法规责任制度文本存在表述不一致、不规范的现象,对党内法规责任的严密性、稳定性、可操作性会产生负面影响。对此,有必要通过类型化分析方法,深度剖析不同党内法规责任的内核与作用机理,对责任文本表述予以类型化规整,进而保证党内法规责任文本表述的语言精确、逻辑严密,提高党内法规责任文本的规范化水平。

(二)有利于保障党内法规责任的适用与发展

作为党内法规中发挥监督保障作用的条款,党内法规责任条款的规定最终将会在党内法规的实施和执行过程中发挥显著作用,因而不同党内法规责任文本之间应当保持高度的匹配,否则会产生诸多适用中的困难和矛盾。具体而言,对党内法规责任进行类型化处理,能够在如下几个方面发挥重要的保障作用:

第一,有利于深化党内法规责任的理解与执行。正如前文所指出的,出于概念提炼的需要,抽象概念式思维以“不利制裁或不利后果”为核心要素对党

---

[1] 参见秦前红、周航:《通过制定技术规范完善党内法规的路径分析》,载《吉首大学学报(社会科学版)》2019年第6期。

[2] 参见伍华军、赵晨阳:《论党内法规责任条款及其规范设置》,载《河南社会科学》2020年第8期。

内法规责任进行概括归纳,而不同责任所具有的个性特点势必被忽略和抹去。但在类型化分析方法之下,不同责任的个性特点得以全面展现,如通报批评与停职检查虽都以不利制裁或不利后果为核心,但通报批评旨在使违纪者的社会评价降低,侧重于精神层面的惩戒,而停职检查则更多是针对职务的惩戒。可见,类型化分析方法作为概念研究的补充,能够更加全面准确地对党内法规责任制度的构造进行解读,更加细致地展现不同类型的党内法规责任独有的特点,进而深化实务工作者对党内法规责任的理解,便于在实践活动中的准确适用,提高党内法规的执行力。

第二,有利于党内法规责任体系的持续协调发展。近年来,尽管党内法规体系建设取得了一系列成就,但与国家法律体系相比,仍是个"新生儿"。尽管现有党内法规责任的种类已日趋丰富,但就党内法规责任体系的持续发展而言,未来无疑会出现更多新的责任样态,如果均采取列举式阐述,难免会出现挂一漏万的现象。而类型化分析方法所具有的开放性特点,不仅能够对现有党内法规责任进行高度容纳和有效概括,还能在面对未来出现的"全新责任样态"时,展现出强大的包容性和解释力。可见,通过类型化分析方法构建开放型的党内法规责任类型,更有利于党内法规责任体系的持续协调发展。

第三,有利于党规责任与法律责任的协调衔接。党内法规责任体系与国家法律责任体系共同构成了中国特色社会主义法治责任体系,然而欲充分发挥二者合力,既要求党规责任体系与法律责任体系能够充分实现自体协调,亦要求两大责任体系之间具有较高的匹配度与衔接性。通过对党内法规责任的类型化分析,不仅有利于实现党内法规责任体系的自体协调,更有利于深刻理解党内法规责任与政务处分、行政责任、刑事责任等法律责任之间的关系,进而明确需要党内法规责任与国家法律责任同步并举、协调追责的情形,解决法治实践中党规责任与法律责任的轻重配置缺乏明确指引等问题,从而全面构建党规责任与法律责任协调衔接的技术性框架,助力中国特色社会主义法治责任体系制度效能的发挥。

第二节　党内法规责任类型化的对象甄别

通常而言,类型化的基本内容主要包括以下三个方面:一是类型化的对象以及对象的内在结构;二是类型化的标准;三是类型化的结果,即类型本身及其相互关系。[1] 在着手对某些特定对象展开类型化分析时,必须首先确定并了解具体靶向,因此,科学厘清党内法规责任类型化的对象,是党内法规责任类型化研究得以顺利开展的基本前提,也是获得科学合理的类型化结果的有力保障。所谓类型化对象,是指类型化思维指向的所有客观存在,党规责任类型化的对象则具体指向所有党规文本所涉及的党内法规责任。党内法规文本所规定的处理措施种类繁多,其中既包括党规责任,也包括诸多具有党规责任外观,但实际上不属于党规责任的处理措施。要想实现党规责任的类型化,必须确保其类型化对象的精准化。为此,必须首先运用识别和排除的方式将党内法规责任予以明确,进而科学划定党内法规责任类型化的对象范围,做到既不包含过多,也不包含过少。

总体而言,某一党规处理措施是否属于党规责任,主要取决于其是否具备党规责任的基本特征。根据前文所述,党内法规责任的主要特征归结为三个方面,即制裁性、回溯性、威慑性。其中,制裁性是指党内法规责任的内容是课以一定的不利后果,回溯性是指党内法规责任是针对已然发生的违规行为,威慑性是指党内法规责任的本体功能主要在于惩戒。[2] 基于上述党规责任的主要特征,可建立起党内法规责任的三重识别标准,即制裁性、回溯性、威慑性。应当按照三重识别标准,对现行 31 种党内法规责任措施予以分析,将非党内法规责任予以排除,从而为党规责任的类型化构建奠定前提基础。由于组织处理、纪律处分的种类已有专门性的党内法规予以规定,将其划入党内法规责任范畴没有异议,因此,党内法规责任对象的厘定应当聚焦于谈话、批评类措施,

---

〔1〕 参见李可:《类型思维及其法学方法论意义——以传统抽象思维作为参照》,载《金陵法律评论》2003 年第 2 期。

〔2〕 参见欧爱民、何静:《论党内法规责任的类型化建构》,载《理论探索》2023 年第 2 期。

责令类措施,撤销、取消类措施及其他类措施的识别和排除。

一、谈话、批评类措施中的党规责任

谈话、批评教育类措施在党内法规文本中较为常见,其表述主要包括以下几种:约谈、[1]谈话、[2]提醒谈话、[3]警示谈话、[4]批评教育[5]等。就谈话而言,《关于组织人事部门对领导干部进行提醒、函询和诫勉的实施细则》第4条规定,"对领导干部的苗头性倾向性问题以及其他需要引起注意的情况,应当及时进行提醒";第6条第1款规定,"对领导干部进行提醒,一般采用谈话方式,也可以采用书面方式"。就提醒谈话而言,按照《党内监督条例》第21条的规定,提醒谈话针对"领导干部有思想、作风、纪律等方面苗头性、倾向性问题"的情况;第31条规定,"接到对干部一般性违纪问题的反映,应当及时找本人核实,谈话提醒、约谈函询,让干部把问题讲清楚"。可见,谈话类措施主要针对领导干部的苗头性、倾向性问题,其目的在于让领导干部把问题讲清楚,更多起到提醒、警示、预防的功能。党内法规责任具有制裁性的特点,要课以一定的不利后果,谈话类措施原则上不具备上述特征,不应纳入党内法规责任的范畴。就批评教育而言,其在党内法规文本中较为常见。自党的十八大以来,党中央强调各级党组织要经常开展批评和自我批评,让"红红脸、出出汗"成为常态。这使得批评教育更倾向于发挥关口前移、抓早抓小、防患于未然的作用,其主要功能在于教育与预防,而非制裁与威慑。因此,批评教育等批评类措施原则上也不能纳入党规责任的范畴。综上所述,提醒谈话、批评教育等谈话、批评类措施,通常情况下不应纳入党内法规责任的范畴。

批评教育不属于党内法规责任的范畴,但通报批评与上述措施不同,其是

---

[1] 如《机构编制工作条例》第28条第1款规定:"违反本条例第二十六条规定的……对有关责任人,可以采取约谈、责令说明情况、下达告诫书等处理措施。"

[2] 如《关于组织人事部门对领导干部进行提醒、函询和诫勉的实施细则》第6条第1款规定:"对领导干部进行提醒,一般采用谈话方式,也可以采用书面方式。"

[3] 如《党内监督条例》第21条规定:"……发现领导干部有思想、作风、纪律等方面苗头性、倾向性问题的,有关党组织负责人应当及时对其提醒谈话……"

[4] 如《农村基层干部廉洁履行职责若干规定(试行)》第21条第1款规定:"村党组织领导班子成员有违反本规定第二章所列行为的,视情节轻重,由有关机关、部门依照职责权限给予警示谈话……等处理。"

[5] 如《工作机关条例》第26条规定:"党的工作机关领导班子成员违反本条例有关规定的,根据情节轻重,给予批评教育……等处理……"

否属于党内法规责任则应深入剖析。根据《问责条例》《纪律处分条例》等相关党内法规的规定，通报批评主要是针对轻微违纪行为责令整改，并在一定范围内予以通报曝光，其既可针对党员，也可针对党组织。尽管相关党内法规并未直接规定受到通报批评后会面临诸如取消评优资格、不得提拔等不利后果，但从价值判断、实质效果两个方面而言，其具备党内法规责任的主要特征，应当将之纳入党内法规责任的范畴。首先，从价值判断而言，通报批评直接表现出的不是客观事实，而是具有谴责性和否定性评价的价值判断，立规者所追求的是，让被通报批评者面临名誉减损、社会评价降低等不利后果[1]。其次，从实质效果而言，通报批评在一定范围内实施，必然会降低被通报批评者在其社会关系网络中的名誉与认可度。因此，尽管批评教育不应纳入党内法规责任范畴，但通报批评的严重程度、适用情形等方面与之存在差别，包含制裁性的不利后果，其无疑属于党内法规责任的范畴。

需要特别注意的是，由于部分党内法规文本表述有待进一步规范，约谈、警示谈话、批评教育等表述除单独使用外，也常与其他措施和表述合并使用，如诫勉谈话等。正如本章第一节所述，这种表述的不一致和不规范不仅使得相关规定的明确性、清晰性有所下降，也带来了不同表述是否指向同一性质的处理措施等诸多疑虑，其是否属于党内法规责任范畴不能一概而论，需要逐一甄别。就诫勉谈话而言，虽然其将诫勉与谈话合并使用，但其性质和后果应当归为诫勉而非谈话。《关于组织人事部门对领导干部进行提醒、函询和诫勉的实施细则》[2]《问责条例》[3]等党内法规在涉及诫勉和谈话的合并使用时，均将谈话作为诫勉的一种方式。由此可见，谈话在党内法规责任构造中发挥的是一种方式性或手段性的工具价值，即提醒谈话是为了“提醒”，诫勉谈话则是为了“诫勉”。质言之，谈话本身作为一种方式并不产生责任后果，关键在于谈话的目的及其所服务的目标。相比于并未包含不利后果的提醒谈话，诫勉谈话则具备直接的制裁性特征，因为受到诫勉的领导干部，将面临取消当年年度考核、本任期考核评优和评选各类先进的资格，以及 6 个月内不得提拔或者重

〔1〕 参见朱芒：《作为行政处罚一般种类的“通报批评”》，载《中国法学》2021 年第 2 期。

〔2〕《关于组织人事部门对领导干部进行提醒、函询和诫勉的实施细则》第 15 条规定：“对领导干部进行诫勉，可以采用谈话方式，也可以采用书面方式。”

〔3〕《问责条例》第 8 条第 2 款第 2 项规定：“诫勉。以谈话或者书面方式进行诫勉。”

用等不利后果,不改正或者改正不明显者还将面临调离岗位、引咎辞职、责令辞职、免职、降职等组织处理。因此,谈话、提醒谈话等多数谈话类措施本身并不属于党内法规责任的范畴,但当谈话作为诫勉的一种方式使用时,诫勉谈话的本质应是“谈话式诫勉”,其在性质和后果上应当视同诫勉,应当属于党内法规责任的范畴。

综上,在谈话/批评类措施中,约谈、警示谈话、批评教育等多数措施不属于党内法规责任的范畴,但通报批评、诫勉谈话应被纳入党内法规责任的范畴。

二、责令类措施中的党规责任

责令类措施在党内法规文本中较为常见,其表述主要包括以下几种:责令检查〔1〕、责令停止侵权行为〔2〕、责令整改〔3〕(责令改正)、责令赔礼道歉(责令公开道歉〔4〕、责令公开检讨〔5〕)等。上述责令类措施中,有的属于党内法规责任,有的不属于党内法规责任,需对之进行识别和区分。从语义上来看,“责令”是命令某人或某机构负责做成某件事,其核心含义在于“做成”,如果没有做成,则不符合责令的含义。同时,做成本身并不包含价值判断,需视责令的内容而定〔6〕。

就责令整改而言,责令整改可以理解为党组织要求相关单位和人员整顿和改进,而责令改正不仅在语义中包含要求整顿、改进之意,还更加强调整顿、改进结果的正确性,即由错误状态改为正确状态。但无论是责令整改还是责令改正,指向的都是相关单位和人员没有履行党内法规责任的第一性义务,进

〔1〕 如《纪律处分条例》第19条第1款规定:“对于党员违犯党纪应当给予警告或者严重警告处分,但是具有本条例第十七条规定的情形之一或者本条例分则中另有规定的,可以给予批评教育、责令检查……”

〔2〕 如《党员权利保障条例》第47条第2款规定:“对于有侵犯党员权利行为的党员,其所在党组织或者上级党组织可以采取责令停止侵权行为……”。

〔3〕 如《问责条例》第8条第1款第2项规定:“(二)通报。责令整改,并在一定范围内通报。”

〔4〕 《党政领导干部生态环境损害责任追究办法(试行)》第10条规定:“党政领导干部生态环境损害责任追究形式有:诫勉、责令公开道歉……”

〔5〕 如《农村基层干部廉洁履行职责若干规定(试行)》第21条第1款规定:“村党组织领导班子成员有违反……由有关机关、部门依照职责权限给予警示谈话、责令公开检讨、通报批评、停职检查、责令辞职、免职等处理。”

〔6〕 参见叶晓川:《“责令改正”的规范性研究》,载《河北法学》2017年第8期。

而破坏了第一性义务旨在建构的理想秩序的行为[1]。质言之,责令整改(责令改正)是要求相关主体履行其本来就应该承担的义务。这种义务不是额外的义务,亦不是对其权利的剥夺或者限制[2],显然与党内法规责任第二性义务的特点有所区别。此外,在功能上,责令整改(责令改正)是基于恢复目的,主要用以防止违纪违法行为以后发生,其制度面是向后的,[3]与党内法规责任所具有的威慑性(基于威慑目的)、回溯性(制度面是向前的)存在明显区别。因此,责令整改(责令改正)不应被纳入党内法规责任的范畴。

就责令停止(责令停止侵权行为)而言,其类似于民法中的停止侵害,是指党组织针对正在实施侵权行为的党员,要求其立即停止侵权行为。以《党员权利保障条例》为例,其规定党员享有党内知情权、党内参加讨论权等权利。与此同时,党员还负有不得侵害其他党员权利的义务,义务主体需以作为或不作为的方式满足权利主体的合理主张,如不得以各种形式故意阻挠党员参加党内讨论。如果党员有所违反,则构成侵权行为,“其所在党组织或者上级党组织可以采取责令停止侵权行为……等方式给予处理”。因此,责令停止(责令停止侵权行为)是一种要求继续履行不得侵害他人权利的义务的强制性命令。与责令整改(责令改正)所要求履行的义务相类似,上述义务是相关主体本就该履行的义务而非额外的义务,即其属于第一性义务而非第二性义务。故责令停止(责令停止侵权行为)不应被纳入党内法规责任的范畴。

就责令检查而言,其是指党组织要求相关人员对自己的错误作出书面检查。就责令检查的适用情形而言,根据《纪律检查机关监督执纪工作规则》的规定,纪检监察机关发现被监督对象在思想、工作、作风、生活等方面存在“苗头性、倾向性问题或者轻微违纪问题”,可以对之采取责令检查;根据《纪律处分条例》的规定,对于党员违犯党纪应当给予警告或者严重警告处分,但是具有可以从轻、减轻处分的情形或者该条例分则中另有规定的,可以对之采取责令检查,免予党纪处分。就责令检查的轻重程度而言,《纪律处分条例》《纪律检查机关监督执纪工作规则》《创建示范活动管理办法(试行)》等党内法规均

---

〔1〕 参见黄锫:《行政执法中责令改正的法理特质与行为结构》,载《浙江学刊》2019年第2期。

〔2〕 参见李孝猛:《责令改正的法律属性及其适用》,载《法学》2005年第5期。

〔3〕 参见熊樟林:《行政处罚的种类多元化及其防控——兼论我国〈行政处罚法〉第8条的修改方案》,载《政治与法律》2020年第3期。

采取批评教育、责令检查、诫勉(诫勉谈话)的顺序排序,可见责令检查的轻重程度应当位于批评教育与诫勉之间。然前文已指出,批评教育不属于党内法规责任的范畴,而诫勉(诫勉谈话)属于党内法规责任的范畴,那么处于其二者之间的责令检查是否属于党内法规责任的范畴呢?结论是否定的,理由有二:一是从比较的角度而言,《政务处分法》《公务员法》等国家法律亦有责令检查的规定,但均将之排除出法律责任的范畴。例如,按照《政务处分法》的规定,公职人员违法行为情节轻微,且具有可以从轻、减轻给予政务处分情形的,可以对之采取责令检查,免予或者不予政务处分,由此可推测出责令检查与政务处分的排斥性。再如,《公务员法》采取责令检查与处分相并列的表述,显然责令检查不属于政务处分的范畴。二是从不利后果的角度而言,公职人员受到政务处分后还会面临不得晋升职务、不得晋升工资档次等不利后果,然仅受到责令检查并不会面临上述不利后果。此外,在党内法规责任体系中,相比受到诫勉(诫勉谈话)后将面临取消评优资格、6个月内不得提拔或者重用等不利后果,目前尚未有党规文本规定受到责令检查后会面临何种不利后果。综上所述,责令检查应被排除在党内法规责任的范畴之外。

就责令道歉而言,其主要存在责令赔礼道歉、责令公开道歉两种表述,看似二者核心均为"道歉",但实际上二者内容迥然不同。责令赔礼道歉主要规定于《党员权利保障条例》第47条第2款,即"对于有侵犯党员权利行为的党员,其所在党组织或者上级党组织可以采取……责令赔礼道歉……等方式给予处理"。此处的责令赔礼道歉指的是侵权党员向受害人赔礼道歉,其既可以使侵权党员悔过自新,也可以在一定程度上对受害人予以心理安抚,具有化解矛盾的积极意义。可以说,此种党员之间就权利侵犯行为的赔礼道歉更像是民事领域的赔礼道歉。责令公开道歉规定于《党政领导干部生态环境损害责任追究办法(试行)》《关于实行党政领导干部问责的暂行规定》《党政领导干部生态环境损害责任追究办法(试行)》等党内法规,其针对的主体是拥有公权力的领导干部,指向的是领导干部在行使职权过程中的失当失误,如决策严重失误、管理不力、工作严重失职等。责令公开道歉具有深厚的法理基础:[1]一方面,基于公权力的人民起源性,领导干部因权力运行的失当失误而造成不良

---

〔1〕 参见唐斌:《政府道歉:溯源、内涵及其责任逻辑》,载《晋阳学刊》2012年第4期。

后果,伤及人民委托存在的信任基础时,其应当负有承认、表达歉疚的义务;另一方面,基于权责一致的基本要求,领导干部必须承担权力运行带来的后果,其中包括通过道歉确认及承担的消极负面后果。由上可见,责令赔礼道歉与责令公开道歉之间存在显著差别。责令赔礼道歉以消除党员之间的矛盾、修复党员关系秩序为导向,与党内法规责任所具有的制裁性、威慑性等特点并不符合,不应被纳入党内法规责任的范畴。责令公开道歉则不同,其对领导干部的声誉、被评价程度、在人民心中的可信任度等都有所影响,符合党内法规责任的特点,应当被纳入党内法规责任的范畴。

就责令公开检讨而言,是指责令相关主体在一定范围内公开反省错误,并表明悔改之心。综合目前制度设计与执纪实践等各方面考量,不宜将责令公开检讨纳入党内法规责任范畴,具体理由如下:一是就责令公开检讨的制度依据与实践运行而言,目前通过检索仅发现《农村基层干部廉洁履行职责若干规定(试行)》《贵州省机关工作人员作风问题处理办法(试行)》中对责令公开检讨有所规定,且通过检索公布的违纪处分处理案例可知,2019 年之后责令公开检讨的运用甚少,可见责令公开检讨在制度规范与实践运用方面尚不成熟。二是就责令公开检讨的制度机理与实施方式而言,其与责令公开道歉具有较高的相似性。当领导干部因权力运行的失当失误作出公开道歉时,通常也包含对失当失误作出检讨之意。质言之,责令公开检讨在制度功能层面可能会为责令公开道歉所涵盖,且责令公开道歉在制度规范、实践运用等方面都更为成熟,因此在二者之间选择将责令公开道歉纳入党内法规责任范畴更为科学合理。

总之,在责令类措施中,责令检查、责令停止、责令整改、责令赔礼道歉等不属于党内法规责任的范畴,但责令公开道歉应被纳入党内法规责任的范畴。

三、撤销、取消类措施中的党规责任

撤销、取消类措施在党内法规文本中较少出现,主要包括撤销创建示范活动、[1]

---

〔1〕 如《创建示范活动管理办法(试行)》第 21 条规定:“对开展创建示范活动中存在违规违纪违法行为的单位,由主管机关给予通报批评;情节严重的,责令立即停止或者撤销创建示范活动。”

撤销荣誉或待遇、[1]取消当选资格[2]等。撤销、取消类措施以相关资格或荣誉的获取为前提，根据《创建示范活动管理办法（试行）》《党内功勋荣誉表彰条例》等相关规定，党员或党组织获得创建示范资格、功勋荣誉等需提交申请、提供相关材料，经有权机关审查/审核符合条件，则授予提出申请的党员或党组织以相应资格或荣誉。如果授予机关发现获得资格或荣誉的党员或党组织存在违纪违法行为、弄虚作假等情形的，则予以撤销处理。

表面上看，撤销、取消类措施意味着申请人相关资格或荣誉的丧失，会给申请人带来一定的不利后果和负面影响，看似符合党内法规责任的特点。但对撤销、取消类措施的逻辑基础进行仔细分析即可发现，撤销、取消类措施所带来的不利后果和负面影响与党内法规责任的“惩戒性”并不完全相同，需对之区分对待。大体而言，撤销、取消类措施背后的逻辑基础可分为以下三种：

一是申请人不符合获得资格、荣誉的条件或标准。例如，荣誉获得者本不符合荣誉的授予条件，但通过隐瞒情况、弄虚作假的手段骗取荣誉的，则其荣誉由授予的党组织予以撤销并在一定范围内通报，收回其证书及勋章、奖章、奖牌等，撤销其获得的待遇。可见，撤销、取消类措施的最终目的在于，通过纠正申请人的错误或者党组织失察的错误，来维护制度的公正性价值。因此，该种情形下的撤销、取消类措施在本质上属于恢复党内法规理想秩序的监督管理措施，不具备党内法规责任所应当具有的制裁性。

二是申请人继续享有荣誉会对该荣誉的声誉造成损害。该种情形与《国家勋章和国家荣誉称号法》第18条的规定[3]类似。如“七一勋章”作为党内最高荣誉授予作出杰出贡献的党员和党组织，其不仅是对获得者所作贡献的肯定和表彰，还能发挥模范人物的带头示范作用，有利于激励先进。如果“七一勋章”获得者事后实施了严重的违纪违法行为，尽管后面发生的违纪违法行

---

〔1〕 如《党内功勋荣誉表彰条例》第30条规定：“党内功勋荣誉表彰获得者有严重违纪违法行为、影响恶劣的，或者隐瞒情况、弄虚作假骗取功勋荣誉表彰的，由授予的党组织予以撤销并在一定范围内通报，收回其证书及勋章、奖章、奖牌等，撤销其获得的待遇，并追缴其所获奖金等物质奖励。”

〔2〕 如《农村基层干部廉洁履行职责若干规定（试行）》第22条第1款规定：“村民委员会成员有违反本规定第二章所列行为的，视情节轻重，由有关机关、部门依照职责权限给予警示谈话、责令公开检讨、通报批评、取消当选资格等处理……”

〔3〕 《国家勋章和国家荣誉称号法》第18条规定：“国家勋章和国家荣誉称号获得者因犯罪被依法判处刑罚或者有其他严重违法、违纪等行为，继续享有国家勋章、国家荣誉称号将会严重损害国家最高荣誉的声誉的，由全国人民代表大会常务委员会决定撤销其国家勋章、国家荣誉称号并予以公告。”

为与获得“七一勋章”并无直接关联性，但为了维护“七一勋章”的公信力、权威性，应当由授予的党组织予以撤销。在此情形下，撤销、取消类措施并不具有制裁性的特点，而是一种对原有秩序的恢复和补救，不应属于党内法规责任的范畴。

三是申请人利用获得的资格实施违纪违法行为。在该种情形中，申请人符合某资格的授予条件并按照规定获得某资格后，利用该资格实施违纪违法行为。例如，某人成为村民委员会成员后，在村级事务管理中滥用职权、损公肥私则应由有权机关取消当选资格；再如，某单位成为创建示范活动单位后，在创建示范活动中借机收费、变相收费等，则应由有权机关撤销创建示范活动。该种情形下，撤销、取消类措施是针对当事人违纪违法行为的制裁措施，其目的在于对当事人某种资格的取消、剥夺和限制。由此来看，该种情形下的撤销、取消类措施更像是一种党内法规责任。

综上不难发现，尽管撤销、取消类措施都采取了“撤销”“取消”等相似表述，但各措施的内涵和适用情形却不同：相比前两种情形中的撤销、取消类措施，第三种情形中的撤销、取消类措施在本质上显然更类似于行政法中的吊销，这种名为撤销实为吊销的情况在国家法律体系中亦存在。[1] 因此，从严格意义上而言，前两种情形中的撤销、取消类措施不具有制裁性，不属于党内法规责任的范畴，而第三种情形中的撤销、取消类措施应当属于党内法规责任的范畴。但是，由于目前撤销、取消类措施在党内法规责任中规定较少、表述尚有待规范，与其他党内法规责任难以兼容，而且行为人因违纪违法行为而被撤销资格并不影响其同时承担其他党内法规责任，因此将撤销、取消类措施排除出党内法规责任范围，不会产生漏洞。基于此，宜将撤销、取消类措施整体排除于党内法规责任之外。

四、其他类措施中的党规责任

除谈话、批评类措施，责令类措施，撤销、取消类措施外，一些党内法规条

---

〔1〕 如《证券法》第209条第1款规定：“证券公司违反本法第一百三十四条第一款的规定接受客户的全权委托买卖证券的，或者违反本法第一百三十五条的规定对客户的收益或者赔偿客户的损失作出承诺的，责令改正，给予警告，没收违法所得……情节严重的，并处撤销相关业务许可……”

文还规定了限制提拔使用、效能问责引咎辞职等其他三类措施,但不宜将以下两类归为党内法规责任。

其一,限制提拔使用不宜作为单独的责任措施种类。尽管《干部选拔任用工作监督检查和责任追究办法》等个别党内法规将限制提拔使用与停职检查、责令辞职、免职等组织处理措施并列规定,但诸如诫勉,免职、降职等组织处理措施,警告、严重警告等纪律处分措施均设有影响期,事实上均包含了一定期限内限制提拔使用的后果。同时,限制提拔使用在党内法规用语中并不常见。因此,若将限制提拔使用作为单独的党内法规责任,既缺乏必要性,还会造成相关党规责任措施之间的关系混乱。

其二,效能问责不属于一种具体的责任方式。通过北大法宝进行检索可以发现,仅《福建省弘扬"马上就办、真抓实干"优良传统作风若干规定》[1]将之写入责任条款,并与通报批评、组织调整或处理等措施一并列出。尚且不论地方性党内法规是否具有创设党内法规责任的权限,效能问责作为行政领域的一种责任追究机制,[2]本身即包含责任追究方式这一构成要素,因此将其定位为一种具体的责任类型极为欠妥,更遑论将之纳入党内法规责任范畴。

综上所述,《纪律处分条例》共规定了 9 种党规责任,即警告、严重警告、撤销党内职务、留党察看、开除党籍,改组、解散,延长预备期、取消预备党员资格;《组织处理规定》共规定了 5 种党规责任,即停职检查、调整职务、责令辞职、免职、降职。此外,根据三重识别标准,将谈话/批评类措施、责令类措施、撤销/取消类措施、其他类措施等进行全面甄别和排除后,诫勉(诫勉谈话)、通报批评(通报)、责令公开道歉应当被纳入党内法规责任的范畴,其他措施应不具备党规责任的基本特征,应予以排除。由此,党内法规责任的种类得以厘清,为党内法规责任的类型化建构框定了较为精准的范围。

---

〔1〕《福建省弘扬"马上就办、真抓实干"优良传统作风若干规定》第 45 条第 1 款规定:"各级各部门及党员、干部违反本规定,情节较轻的,给予批评教育、限期整改、责令作出书面检查、效能问责;情节较重的,给予通报批评、诫勉谈话;情节严重的,给予组织调整或处理,或者给予党纪、政务处分。"

〔2〕截至 2024 年 5 月 5 日,在北大法宝法律法规数据库中输入"效能问责",在"标题"项下搜索,发现有 23 部地方规范性文件对效能问责作出了规定,文本内容大致包含问责情形、问责程序、问责方式等内容。其中,《新乡市行政效能问责办法》第 3 条指出:"本办法……所称行政效能问责,是指国家行政机关及其公务员和国家行政机关任命的其他工作人员,因故意或过失而不履行或不正确履行职责,致使政令不畅、秩序混乱、效能低下、损害公共利益或行政管理相对人合法权益的行为,按照本办法,给予相应的责任追究。"

第三节　党内法规责任类型化的框架搭建

在厘定党内法规责任类型化对象的基础上，需要进一步根据对象的根本特征和属性确定科学合理、具有可操作性的类型化标准，并依据该标准对厘定的党内法规责任种类作出分类，将具备类似性的对象置于同一规范类型之下，达成党内法规责任类型化的结果，并最终搭建起党内法规责任框架体系。

一、党内法规责任类型化的标准

类型化的标准即类型化过程中应遵循的准则，是确立具体类型的逻辑起点。类型化标准之于类型化构建具有十分重要的意义：由于将不同事物置于同一类型意味着各事物在理论评价上应趋于一致、被同等对待，[1]因此，科学合理的类型化标准不但是类型得以维持其"整体形象"的基础，同时也是不同对象之间得以结合为一个可以统一把握的整体的关键所在。[2] 因此，为了避免产生诸如划分标准不同一或子项相容等逻辑错误[3]，确定科学合理的类型化标准对构建周延的党内法规责任体系至关重要。

通常而言，类型化是根据事物的根本特征对其进行类属划分，因此，类型化标准的确立应当体现事物的根本特征或本质属性。但同时，任何一个事物的特征均可以从多个维度加以认知，所以分类的标准往往可以有多个选择。例如，参考监督执纪"四种形态"，以责任轻重程度为标准，可以将党内法规责任由轻到重分为批评教育（第一种形态）、党纪轻处分和组织调整（第二种形态）、党纪重处分和重大职务调整（第三种形态）三类；再如，以适用对象为标准，可以将党内法规责任分为组织责任、领导责任、党员责任三类。

上述分类标准对相关理论研究能发挥一定的指导作用，但其没有紧扣党

〔1〕　参见李可：《类型思维及其法学方法论意义——以传统抽象思维作为参照》，载《金陵法律评论》2003 年第 2 期。

〔2〕　参见杜宇：《类型思维与刑法方法》，载中国法学创新网 2012 年 10 月 15 日，http://fxcxw.org.cn/dyna/contentM.php? id = 11072。

〔3〕　参见谷振诣：《论证与分析——逻辑的应用》，人民出版社 2000 年版，第 61 ~ 62 页。

规责任的根本特征或本质属性,在具体实践运用中势必会存在一定的弊端:以责任轻重程度为标准而得出的党规责任类型虽然与"实行惩戒与教育相结合,做到宽严相济"等执纪方针精神较为契合,但实践中面临党规责任类型之间流动性过强、难以固化,主观性过大等问题;以适用对象为标准产生的党规责任类型虽然具有较大的区分度,但难以彰显党规责任体系化的独特价值,对理论研究与党规实践的指导价值不高。为此,应当紧扣党规责任的根本特征或本质属性,以责任核心内容和功能为标准,对党内法规责任进行类型化建构,其理由有二:

一是有利于清晰勾勒出类型的典型特征与类型之间的差别。通常而言,某一具体的党规责任会在精神、物质、职务等多个层面对违纪者产生负面影响,但不同党规责任在内容和功能面向上存在差别和侧重。例如,通报批评侧重于使违纪者在精神层面受到惩戒,停职检查、调整职务侧重于对违纪者的职务进行惩戒,开除党籍则是针对违纪者的党员资格进行惩戒。可见,以责任内容和功能为标准,借鉴行政处罚的立法例,可建立起以精神罚、职务罚、资格罚为核心内容和功能的党规责任类型体系,既能体现出党规责任类型的周延性,也能提升党规责任类型的区分度、精准度。

二是有利于党规责任的制度建设。就当前的党内法规责任制度建设而言,《组织处理规定》规定的组织处理主要涉及领导干部的职务罚,具体包括5种责任种类,即停职检查、调整职务、责令辞职、免职、降职等;《纪律处分条例》规定的纪律处分主要涉及党组织、党员、预备党员的资格罚,具体包括9种责任种类,即警告、严重警告、撤销党内职务、留党察看、开除党籍,改组、解散,延长预备期、取消预备党员资格。只是涉及精神罚的措施散见于《关于组织人事部门对领导干部进行提醒、函询和诫勉的实施细则》《问责条例》等党内法规,有待相关专门党内法规的制定出台。可见,以责任内容和功能为类型化标准既符合党规责任的内在机理,也与现行党规责任制度体系具有较大的兼容度,不会与纪律处分和组织处理等现行制度产生割裂,是一种可行的类型化路径。

二、党内法规责任类型化的框架

经由类型化标准对类型化对象的分析,即可析出类型化的结果。具体而言,借鉴行政处罚的相应立法例,以精神罚、职务罚、资格罚为核心内容和功能，可将党内法规责任分为三大类，即警示处理、组织处理、纪律处分，从而构建起党内法规责任类型化的框架体系。

（一）警示处理

警示处理以精神罚为核心内容和功能，其类似于行政处罚中的申诫罚，是指有权机关对违纪者的名誉、荣誉、信誉或精神上的利益造成一定损害，以示警诫[1]。警示处理是惩戒力度较小的党内法规责任类型，其惩戒机理在于通过降低声誉对处理对象施加心理震慑等精神性影响，其通过对违纪者的提醒、警示进而使其停止、避免违纪行为。警示处理既可适用于违纪党员，也可适用于违纪的党组织，其主要包括诫勉、通报（通报批评）、公开道歉（责令公开道歉）等。其中，就诫勉而言，尽管违纪者在受到诫勉后还会面临取消当年年度考核、本任期考核评优、评选和各类先进的资格，六个月内不得提拔或重用等实质上的不利后果，但其更侧重于使违纪者在精神上受到惩戒；而通报批评、责令公开道歉等均会使违纪者面临名誉减损、社会评价降低等不利后果，进而使其在精神上受到惩戒。

（二）组织处理

组织处理以职务罚为核心内容和功能，其侧重于使违纪者在职务、职级等方面受到减损。组织处理规定于《组织处理规定》，其适用对象为违规违纪违法、失职失责失范的党员领导干部。因适用对象的特殊性，其规定的停职检查、调整职务、责令辞职、免职、降职 5 种处理类型均与权力所依附的岗位、职务、职级有关。长期以来，学界以及诸多党内法规文本认为引咎辞职也属于组织处理的一种方式，[2]但《组织处理规定》却将之排除于组织处理种类的范畴之外。从理论上而言，引咎辞职符合组织处理的构成要件，应将其纳入组织处理之中。据此，组织处理由轻到重应包含停职检查、调整职务、引咎辞职、责令辞职、免职、降职等 6 类。

（三）纪律处分

纪律处分以资格罚为核心内容和功能，其主要针对违纪者的某种资格予

---

〔1〕 参见罗豪才主编：《行政法学》，北京大学出版社 2001 年版，第 150 页。

〔2〕 参见《党政领导干部生态环境损害责任追究办法（试行）》第 10 条；本书编写组编写：《组织处理工作图解》，中国方正出版社 2020 年版，第 3～39 页；李沫、黄健：《论“两个责任”的实践困境及制度消解》，载《中南大学学报（社会科学版）》2016 年第 4 期。

以处罚,如是否拥有任职资格、是否具有行使选举权和被选举权资格、是否保有党员资格等[1]。纪律处分规定于《纪律处分条例》,其适用对象包括党员、党组织和预备党员,具体包括警告、严重警告、撤销党内职务、留党察看、开除党籍,改组、解散,延长预备期、取消预备党员资格9种。根据《纪律处分条例》的相关规定,党员受到警告、严重警告处分的,在一定期限内不得提升党内职务,即意味着其任职资格受到了间接影响,而撤销党内职务更是对党员的任职资格产生了直接影响;党员受到留党察看处分的,其党内职务自然撤销,更没有表决权、选举权和被选举权,即其任职资格、行使表决权资格、行使选举权和被选举权资格都受到影响;党员受到开除党籍处分的,即意味着其不再保有党员资格。此外,解散和改组、延长预备期和取消预备党员资格亦可分别视为针对党组织资格和预备党员资格的处罚。

三大类型党规责任各具优势,功能互补。警示处理适用于较轻微的违纪情形,其核心理念在于抓早抓小、防止小错变成大错,重在"亮黄灯"式的精神警醒;组织处理聚焦"关键少数",主要通过岗位或职务的调整,从而达到"治病救人"和惩戒的双重效果;纪律处分侧重于对全体党员和党组织纪律上的惩罚,主要凸显党的纪律的严肃性和不可触犯性。三大类型构成严密的"责任链",宽严相济,寓教于惩、以惩施教,既体现出执纪的"力度",又彰显出执纪的"温度",形成整个党规责任体系的综合效应。

[1] 参见郝铁川:《依法治国和依规治党中若干重大关系问题之我见》,载《华东政法大学学报》2020年第5期。

第四章　警示处理

警示处理位于党内法规责任体系的前端，是全面从严治党进程中“把纪律挺在前面”的重要体现，彰显着党规责任抓早抓小、防微杜渐的价值追求。在现行党规责任体系中，组织处理与纪律处分两大类型已经有专门党内法规予以规定，但除此之外，党内还存在其他诸多党规责任种类未被系统地梳理与归类。换言之，这部分责任追究措施在监督执纪实践中运用广泛，却尚未有专门的党内法规将其明确为独立的党规责任类型。据此，本书从党规责任的三重识别标准法入手，通过对以精神罚为核心内容和功能的党规责任进行分析与识别，总结出警示处理责任类型，作为与组织处理、纪律处分并列的属概念。为全面地了解警示处理，本章将围绕警示处理的内涵、警示处理的证立、警示处理的适用以及警示处理制度的建构等内容展开阐述。

第一节　警示处理概述

警示处理是以精神惩戒为核心内容和功能的党内法规责任的总称。虽然尚未有党内法规对警示处理这一责任类型进行专门规定，但是诸多此类措施已经在党规责任体系运行过程中发挥着不可替代的作用。下面将从警示处理的概念、种类及功能三个方面对之进行全景式阐述，明确警示处理的内涵，厘清其与其他党规责任类型的区别。

一、警示处理的概念

警示处理是党组织对存在轻微违纪问题的党员及党组织实施的,以精神层面的惩戒为主要内容的党规责任。警示即予以严肃告诫,警示处理类似于行政处罚中的申诫罚,“其惩罚机理在于对责任主体的名誉、荣誉、信誉或精神上的利益造成一定损害以示警诫”。[1] 将警示处理作为独立的党规责任类型,主要目的在于统辖以精神罚为核心内容和功能的党规责任种类。警示处理的适用情形广泛。总体而言,其具有惩戒力度较低、实施主体多元、适用情形广泛等特征。

其一,警示处理的惩戒力度较低。《党章》对党的纪律执行工作提出了“坚持惩前毖后、治病救人,执纪必严、违纪必究,抓早抓小、防微杜渐”的要求。全面从严治党,意味着在执纪过程中既要注重对严重违纪违法行为进行追责,严肃党的纪律,也要重视对轻微违纪问题的干预,防止小问题发展为大问题。基于过错与责任相称的现实需求,不同种类的党内法规责任构成了一个由轻到重的系统。其中,警示处理针对的是轻微违纪问题,因而惩戒力度极低。这可以通过与其他党内法规责任的对比得到体现。例如,组织处理主要体现党规责任的职务罚面向,会对被处理人的岗位、职务、职级产生影响。纪律处分主要体现党规责任的资格罚面向,会对被处理人的党员资格等产生影响。相比之下,警示处理则主要体现党规责任的精神罚面向,更注重通过精神层面的惩戒促使被处理人主动地认识错误、改正错误,对被处理人的实质性负面影响较低。

其二,警示处理的实施主体多元。与组织处理、纪律处分不同,警示处理尚没有专门的党内法规对其进行规定。通过梳理相关党内法规可以发现,党内多方主体均有权实施警示处理措施。例如,根据《问责条例》第 4 条、第 8 条的规定,党委(党组)、纪委、党的工作机关可以通过通报、诫勉、组织调整或者处理、纪律处分等方式开展问责工作。《关于对党员领导干部进行诫勉谈话和函询的暂行办法》也规定党委(党组)、纪律检查机关和组织(人事)部门有权对

[1] 欧爱民、何静:《论党内法规责任的类型化建构》,载《理论探索》2023 年第 2 期。

领导干部进行诫勉谈话。[1] 结合制度文本规定以及相关法治实践,可以将警示处理的实施主体分为三类:一是党委(党组)。作为管党治党的主体,党委(党组)承担着全面从严治党主体责任,既可以针对监督管理中发现的问题主动适用警示处理,也可以依据纪律检查机关或者党的工作机关中的组织(人事)部门的建议作出警示处理决定。二是纪律检查机关。作为党内监督专责机关,对于发现的轻微违纪问题,纪律检查机关应当及时向同级党委和上级纪委报告并提出建议,必要时可以直接对存在问题的党组织或党员实施警示处理。三是党的工作机关中的组织(人事)部门。组织(人事)部门如果在监督管理过程中发现本单位、本系统中的党组织或党员存在履职不当等现象,那么可以主动对其实施警示处理。

其三,警示处理的适用情形广泛。在党规责任体系中,警示处理发挥着抓早抓小、防微杜渐的作用。由于包括诸多难以被列举穷尽的轻微违纪情形,警示处理的适用范围相较于其他党规责任更广。对于《纪律处分条例》《组织处理规定》没有明确规定但是又违背了党组织对党员的要求,客观上造成了不良影响的行为,党组织可以通过警示处理进行惩戒。基于适用情形的覆盖面较广,警示处理的适用情形可以根据适用对象的不同进行细分。具体来说,对于普通党员,适用警示处理的情形包括轻微违纪行为和情节较轻的违法行为两类;对于党员领导干部,则需要在普通党员的基础上增加不履行或不正确履行领导职责的情形。同时,部分警示处理措施也可以适用于党组织,包括党组织违反党的纪律但能够自行改正以及党组织存在履职不当两种情况。

二、警示处理的种类

鉴于尚未有党内法规对警示处理的种类进行权威界定,因此警示处理的具体种类需要依据特定的标准进行识别。运用党规责任的三重识别标准,对现行党内责任措施进行分析与梳理,可将警示处理归纳为通报、责令公开道歉、诫勉三类。

---

[1] 《中央纪委、中央组织部关于对党员领导干部进行诫勉谈话和函询的暂行办法》第2条规定:"根据党委(党组)要求,纪律检查机关和组织(人事)部门按照干部管理权限,对党员领导干部进行诫勉谈话和函询。对下一级领导班子成员,根据具体情况,也可以委托其所在党委(党组)的主要负责人进行诫勉谈话。"

（一）通报

通报主要是指通报批评，即党组织对于违纪行为具有典型意义的党员或党组织，在一定范围内予以通报，提出批评的警示处理措施。通报意味着党组织对被通报人的行为作出否定评价，被通报人将会面临名誉减损、社会评价降低等不利后果。值得注意的是，并非任何违纪行为都适合处以通报，适用通报一般要满足两个条件：一是违纪行为具有典型意义，且经过通报能够起到警示作用；二是违纪细节不涉及党和国家秘密、个人和家庭隐私，在一定范围内通报后不会造成不良影响。通报可以点名，也可以不点名；可以在本单位、本系统内部通报，也可以向社会公开通报；可以在党内通报，也可以向党外通报。被处以通报批评的党组织应当及时通过书面形式作出检讨，并对整改计划进行说明。目前规定通报批评的党内法规包括《问责条例》《党政领导干部考核工作条例》等。

（二）责令公开道歉

责令公开道歉，是指党组织责令履行领导职责失当失误，在社会层面造成不良影响的党员领导干部向受害人公开道歉的警示处理措施。责令党员领导干部公开道歉，既可以从精神上给予其惩戒，促使其反思错误，又可以在一定程度上安抚受害人，使其受到创伤的心理得到恢复，挽回人民群众的信赖。党组织作出责令公开道歉决定的，应当明确公开道歉的方式、范围等内容。值得注意的是，责令公开道歉的根源在于，党员领导干部履职过程中的失当失误损及人民委托的信任基础，需要通过道歉承认错误等方式，修复伤害、表达后悔、承诺作出改变、请求谅解与宽恕等。[1] 因此，责令公开道歉仅适用于行使公权力的党员领导干部。如果党员领导干部的私人行为对特定的受害人造成了侵害，那么不应适用责令公开道歉。目前规定责令公开道歉的党内法规包括《党政领导干部生态环境损害责任追究办法（试行）》《关于实行党政领导干部问责的暂行规定》等。

（三）诫勉

诫勉，是指党组织发现党员干部在政治思想、履行职责、工作作风、道德品质、廉政勤政等方面存在轻微违纪行为，在一定范围内造成了不良影响，但根

[1] 参见王若磊：《政治问责论》，上海三联书店 2015 年版，第 310～314 页。

据有关规定可以免予党纪处分的,对其进行训诫的警示处理措施。“诫勉源于地方上对干部教育管理的一种改革性尝试,以应对一般教育手段效果有限但又不适用纪律处分的情况,体现了抓早抓小、让干部受监督的理念,使‘软性说教’变为‘刚性诫勉’”[1]。诫勉可以采取书面形式,也可以采取谈话方式。采用谈话方式进行诫勉的,应当根据诫勉对象的职务层次和具体岗位确定适当的谈话人。无论诫勉是采用书面形式还是谈话形式,受到诫勉的党员干部都需要结合自身存在的问题以及组织提出的诫勉要求提交书面检查。诫勉是最严厉的警示处理措施,受到诫勉的领导干部,取消当年年度考核、本任期考核评优和评选各类先进的资格,6 个月内不得提拔或者重用。目前规定诫勉的党内法规包括《推进领导干部能上能下规定》《纪律检查委员会工作条例》等。

三、警示处理的功能

警示处理作为一种独特的党规责任类型,其不仅具备党规责任的基本功能,还发挥着独有的功效。具体而言,警示处理具备如下三项功能。

其一,警示惩戒功能。警示惩戒功能主要是针对受到警示处理的当事人而言的。对存在轻微违纪行为的党员或党组织进行追责,能够将被处理人的错误思想根除在萌芽期,防止小问题发展为大问题。警示处理作为一种党规责任,是党组织给予被处理人的不利后果,具有鲜明的制裁性。被处理人不但会在名誉、荣誉、信誉或精神利益层面受到损害,如果是党员的还会在当年年度考核、本任期考核评优和评选各类先进的资格等方面受到影响。通过警示处理追究党规责任,说明被处理人所具有的不是通过“红脸出汗”就能解决的思想错误,而是已经实施了具体的违规违纪行为。作为最轻的党规责任,警示处理的惩戒可以视为一种尺度,不足该尺度的行为尚可以通过批评教育等方式处理,超过了该尺度则需要追究党规责任。

其二,教育预防功能。教育预防功能主要是针对被处理人以外的其他党员或党组织而言的。党规责任虽是对被处理人适用的,但同时是维护党的正常秩序的重要手段,因而警示处理不仅对被处理人发生作用,也会对党内的其他成员产生影响。对违规违纪的党员或党组织进行惩戒并非适用警示处理的

---

[1] 董开星:《诫勉的理解与适用初探》,载《中国纪检监察报》2019 年 10 月 9 日,第 8 版。

唯一目的，更重要的是通过对被处理人的恰当处理，达到“既要弄清思想，又要团结同志”[1]的效果，以此教育被处理人和其他党员。党的十八大以来，中央纪委和各级纪委查处了大量违规违纪问题，并对其中一些典型问题进行了指名道姓的通报，在惩戒被处理人的同时发挥了良好的教育作用。监督执纪实践是最好的“活教材”，给予违规违纪党员或党组织警示处理，可以督促其他党员或党组织自查自省，及时排查自己身上有无类似的问题，从而实现预防效果，提高党的纪律的严肃性。

其三，安抚稳定功能。安抚稳定功能主要是针对党外的人民群众而言的。党组织实施警示处理，不仅要注重纪法效果，更要注重社会效果。群众路线是党处理同人民群众关系问题的根本态度、工作方法和思想认识路线，全心全意为人民服务是党的根本宗旨，其具体表现为党内制度规范的义务本位价值取向和对党员领导干部更高的使命、能力和道德要求。对违规违纪的党员进行追责，是党不断自我净化，维持与人民群众血肉联系的重要方式。例如，对于在教育医疗、生态环境保护、食品药品安全、扶贫脱贫、社会保障等涉及人民群众最关心最直接最现实的利益的领域存在过错的党员，通过责令公开道歉等方式追究被处理人的党规责任，可以在一定程度上安抚受害人，防止矛盾激化，彰显党组织全面从严治党的决心。

第二节　警示处理的证立

包括党章在内的多部党内法规规定了通报批评、责令公开道歉、诫勉等责任追究方式，并广泛运用于监督执纪实践中。依据监督执纪“四种形态”的分类标准，通报批评、诫勉、责令公开道歉属于监督执纪“第一种形态”的重要内容。[2] 据统计，2023 年，全国纪检监察机关运用“四种形态”批评教育帮助和处理共 171.8 万人次。其中，运用第一种形态批评教育帮助 109.6 万人次，占

---

〔1〕 中央档案馆、中共中央文献研究室编：《中共中央文件选集（1949.10—1966.5）》（第 24 册），人民出版社 2013 年版，第 216 页。

〔2〕 参见欧爱民、何静：《论党内法规责任的类型化建构》，载《理论探索》2023 年第 2 期。

总人次的63.8%[1]。不难看出,对存在苗头性、倾向性问题以及轻微违纪行为的党员进行教育与警示是监督执纪工作的重点,通报批评、诫勉、责令公开道歉等严厉程度较低的措施在党规责任体系中占据着重要位置。

与此形成鲜明对比的是,至今理论界与实务界尚未提炼出一个概念,对上述党内法规责任措施进行涵摄。为此,亟须在总结全面从严治党伟大实践的成功经验的基础上进行理论创新。在纪律处分、组织处理等现行党规责任类型的基础上,提出一个全新的党规责任类型,即警示处理,无疑具有重要的理论价值与实际意义。当然,一种全新党规责任的提出不能仅凭借实践经验的总结,还需要从理论层面对之进行证立。本书运用追责强度进阶理论、追责方式闭环理论、追责功能互补理论,对增设警示处理这一党内法规责任类型进行论证,以期为警示处理的科学合理运行提供理论支撑。

一、追责强度进阶理论

追责强度进阶理论是指诸多党规责任措施虽然种类繁多,但作为一个有机体,其应当在责任配置上呈现由轻到重、宽严相济的理想状态。按照"权责一致、错责相当"的原则,对责任轻重序列进行科学设置,是保障追责结果公正性的制度基础,追责强度进阶理论无疑可为合理设计党规责任提供指导。据此,完整的党内法规责任体系应当是一个内部融贯的系统,包含由轻到重的一系列责任追究方式,不同追责方式之间构成强度递进的链条。

目前以组织处理与纪律处分为主要内容的党内法规责任体系对轻微违纪行为的重视程度、应对能力都待加强,尚未形成由轻到重的进阶关系,亟待完善。在实践中,监督执纪"四种形态"虽然构成了一个由轻到重依次递进的体系,但其语言风格较为口语化,内容表达规范化程度、区分度都待加强。如其中"第一种形态"对应的措施,既包括通报批评等党规责任措施,也包括谈话提醒、批评教育等党内管理措施。此种将党规责任与其他管党治党措施合并规定的表述方式,容易导致不同性质的措施之间的混同,模糊党内法规责任的边界。因此,党规责任体系的建构应当立足于海量的党规责任追究实践,以组织

[1] 参见《中央纪委国家监委通报2023年全国纪检监察机关监督检查审查调查情况》,载中央纪委国家监委网,https://www.ccdi.gov.cn/toutiaon/202401/t20240125_324375.html。

处理、纪律处分为基础，运用三重识别标准，从现行党规文本规定的其他党规责任措施中，析出具体的党规责任种类，并将之纳入“警示处理”的类型范畴，从而形成党规责任的三种基本类型，即警示处理、组织处理、纪律处分，初步构建起从轻到重的进阶结构。

就党规责任的轻重排序而言，警示处理的惩戒力度小于组织处理和纪律处分，是最轻的党内法规责任。虽然组织处理、纪律处分存在适用对象的差异，二者不存在绝对的轻重排序，但根据监督执纪“四种形态”统计指标体系，可以找到相对的轻重序列。在此基础上，依据《纪律检查委员会工作条例》《纪检监察机关监督执纪“四种形态”统计指标体系（试行）》等有关规定，可以勾勒出警示处理、组织处理、纪律处分三种党规责任类型共同构建的党规责任体系轻重结构。具体而言，警示处理中的通报批评、诫勉、责令公开道歉，纪律处分中的延长预备期应属于第一种形态；纪律处分中的警告、严重警告、改组、取消预备党员资格，组织处理中的停职检查、调整职务、引咎辞职、责令辞职、免职应属于第二种形态；纪律处分中的撤销党内职务、留党察看、开除党籍、解散，组织处理中的降职应属于第三种形态。三种形态间可以转化适用，如当适用警示处理无明显效果时，组织处理可以作为补强措施予以适用。通过对三类党规责任之间的轻重排序可以得出结论，警示处理总体更轻，组织处理与纪律处分各有侧重。增设警示处理这一党内法规责任类型，将实践中广泛运用的多种轻党规责任进行整合，能够弥补党规责任轻重序列模糊的不足，显著增强党规责任对轻微违纪行为的应对能力，从而建立起轻重有序、适用衔接的党内法规责任体系。

二、追责方式闭环理论

追责方式闭环理论，是指党规责任种类之间必须环环相扣，不能出现责任漏洞，形成有效且无漏洞的党规责任体系。追责强度进阶理论要求各种党规责任种类之间在责任配置上要轻重合理，形成一个坡度适当的进阶结构，而追责方式闭环理论则侧重于要求各种党规责任种类之间不能存在明显的空白，不能出现断链现象。

党的二十大报告指出，要“健全全面从严治党体系”。这意味着新时代全面从严治党要坚持内容上全涵盖、对象上全覆盖、责任上全链条、制度上全贯通,在全面从严治党的各个环节领域要统筹规划、一体推进,构成一个全面系统的有机整体。党规责任理论的首要任务是将实践中符合条件的党规责任措施纳入党规责任理论体系。从追责方式看,目前的党规责任体系主要由组织处理与纪律处分两大制度组成,二者分别侧重于职务罚和资格罚,且均出台了专门党规。但除此之外,还有部分党规责任措施散见于多部党内法规之中。事实上,在中国共产党的管党治党实践中,存在着大量以精神惩戒为核心内容和功能的措施。此类措施由于核心内容与功能的区别,难以被组织处理与纪律处分涵摄,进而导致在党规责任体系中,精神罚未能受到应有的重视。精神罚在监督执纪实践中的重要地位未得到充分重视,导致不能形成一个将纷繁复杂的党规责任追究方式囊括其中的闭环。基于此种现状,亟须提出一个类型化的概念即警示处理,对分散规定的精神罚进行统摄,从而形成党规追责方式的全链条,形成党规责任的闭环。

警示处理对应精神罚、组织处理对应职务罚、纪律处分对应资格罚的分类方式,能够在最大程度上覆盖实践中存在的党规责任类型。虽然以责任核心内容和功能为标准进行分类的思路在一定程度上参照了行政处罚的立法例,但这并不是对行政处罚分类的简单照搬,而是针对不同党规责任的特征进行的分类。具体而言,警示处理对应的精神罚类似于公法中的声誉制裁,“公法上的声誉制裁通常是指国家公权力主体在权力行使过程中,披露相对人负面信息、降低相对人社会评价的行为”。[1] 党员被处以警示处理会造成其党内声誉、社会声誉下降的后果,直接影响政治履历。相较之下,组织处理对应的职务罚,指向的是党员领导干部的职务。同法律责任进行类比,组织处理更类似政务处分,影响的是领导干部的政治权力。纪律处分所针对的是被处分人的资格,最为严厉。例如,被处以开除党籍的党员不再具有党员身份,党内所有职务自然撤销,且5年内不得重新入党。该措施剥夺了被处分人行使党员权利、履行党员义务的资格体现的是一种政治层面的惩戒。三种党规责任能够从不同的角度作用于违规违纪的党员或党组织,对应不同的情形,发挥不同的作用,从而实现精神罚、职务罚、资格罚三种追责方式的逻辑闭环。

---

〔1〕 王瑞雪:《声誉制裁的当代图景与法治建构》,载《中外法学》2021年第2期。

三、追责功能互补理论

追责功能互补理论，是指各种党规责任种类的功能相辅相成、相互支持、相互保障，形成相互补充的功能格局。功能互补要求各种党规责任种类彼此合作、相互补充，但在具体功能层面体现一定的区分度。从追责功能看，党内法规责任具有惩戒、预防、保障以及教育四大功能。从具体的党规责任来看，警示处理、组织处理与纪律处分在追责功能层面各有侧重，三重责任互相交织，缺少任意一种都不利于党规责任功能的全面实现。

已有的两类党规责任，适用的对象不同，在党规责任体系中发挥的功能也各有侧重。具体而言，组织处理更侧重于保障，纪律处分更侧重于惩戒。组织处理聚焦“关键少数”，通过对其岗位、职务、职级的调整，限制或者控制其拥有的政治权力，从而达到“治病救人”和惩戒的双重效果。党员领导干部是党和国家事业发展的“关键少数”，对全党全社会都具有风向标作用，将不合格的党员领导干部调离领导岗位，是推动党的路线方针政策贯彻落实的重要保障。组织处理通过从停职检查到降职的一系列措施对被处理人的岗位、职务、职级进行调整，既可以净化领导干部队伍，推动全面从严治党向纵深发展，也能让想干事、肯干事、能干成事的党员干部走上领导岗位，保障人民群众切身利益。纪律处分侧重于对全体党员和党组织纪律层面的惩罚，目的在于凸显党纪的严肃性和不可触犯性。加强党的纪律建设是全面从严治党的治本之策，对于严重违犯党的纪律的组织或党员，都要予以党的纪律处分，以严肃党纪、增强党的团结和战斗力、保持党的先进性和纯洁性。对党员的纪律处分从警告到开除党籍的递进，是逐渐剥夺被处分人党员身份的过程，最能体现党规责任的惩戒功能。由此可见，组织处理、纪律处分分别侧重于发挥党规责任的保障功能与惩戒功能，但对党规责任的教育与预防功能则着力不够，特别是对轻微违纪行为的应对能力较弱。

相较之下，警示处理适用于轻微违纪情形，其核心理念在于抓早抓小、防微杜渐，重在“亮黄灯”式的精神警醒，不涉及更深层次的岗位、职务、职级的变动，更注重党规责任的教育功能。同时，通过通报批评、责令公开道歉、诫勉等措施逐步加强对被处理人的心理震慑，既能够促使被处理人认识到错误并改正，又可以警示其他党员，促使其从中总结经验教训，不重蹈覆辙，能够更好发挥预防的功效。综合上述对三种党规责任类型的比较情况可知,警示处理、组织处理、纪律处分各自侧重于党规责任四大功能的不同方面,只有综合运用三类党规责任,才能将党规责任的功能完全发挥出来。当然,任何一种党规责任措施内部都蕴含着党规责任的全部功能,只是因为具体措施不同,可以四种功能发挥的程度有所差异。设置警示处理这一党规责任类型,能够进一步强化党规责任的预防、教育功能,与组织处理、纪律处分一同构成要素完备、功能互补的责任链,宽严相济,寓教于惩、以惩施教,既体现执纪的力度,又彰显执纪的温度,在功能上呈现不可替代性和互补性。

第三节　警示处理的适用

警示处理的适用是指警示处理主体依照规定的职权和程序,对存在问题的党组织或党员进行调查与研判,最终作出警示处理决定的过程。警示处理主体需要密切关注党组织以及党员的履职情况、遵守纪律情况,对履职不当、违规违纪等现象及时进行干预,将问题发现、解决在萌芽期,以发挥警示处理的最大效能。下面分别从警示处理的适用原则、适用情形以及适用程序三个方面进行理论阐述。

一、警示处理的适用原则

警示处理的适用原则,是指蕴含在相关党内法规中,指导警示处理主体进行警示处理活动的行为准则。警示处理适用过程中既表现出党规责任追究的共性,也具有警示处理独有的特征。具体而言,警示处理工作应当坚持以下三项原则:

(一)坚持全面从严治党原则

坚持全面从严治党原则是警示处理的指导原则。“党要管党、全面从严治党”是新的历史条件下党的建设遵循的基本规律,也是中国共产党长期执政必须坚持的基本原则。警示处理是坚持全面从严治党原则在党内法规责任制度中的重要体现。具体而言,中国共产党是中国工人阶级的先锋队,同时是中国人民和中华民族的先锋队，对党员的工作、生活都应适用严于普通公民的标准。因此，党规责任相较于法律责任要求更加严格，适用范围也更加广泛。从不同种类党规责任的适用范围看，组织处理更注重党员领导干部依法依规履职，纪律处分聚焦于党员以及党组织较严重的违纪情形。警示处理的适用情形相较于其他党规责任更广，涉及党组织、普通党员以及党员领导干部工作生活的方方面面。全面从严治党并不意味着“一有错就问责、一问责就动纪”，而是要根据违规行为的性质选择对应的党规责任。警示处理以精神罚的形式及时对轻微违纪问题进行遏制，既发挥了惩戒功能，又不至于责罚失当，从而实现纪严于法、纪在法前，更能体现全面从严治党的“严字诀”。

（二）惩戒、教育、预防相结合原则

所谓惩戒、教育、预防相结合原则，是指警示处理工作要坚持以惩戒为手段、以教育为目的、以预防为结果。在适用警示处理的过程中，既要严肃追查、惩处违规违纪行为，也要通过思想教育帮助违纪党员纠错改过、回归正途，还要注重通过警示处理提醒其他党员，预防同类情形再次发生。具体而言，警示处理属于党规责任，惩戒既是其最核心的功能，也是发挥后续教育、预防功能的前提。如果警示处理对被处理人而言不痛不痒，达不到惩戒的效果，自然就难以发挥教育和预防的功能。同时，适用警示处理不能一罚了事，还要重视警示处理后的思想建设工作，只有通过惩戒后的沟通引导，促使被处理人深刻认识到自己的错误，心服口服地纠正，并确保以后不会再犯，才算真正实现了警示处理的目的。在此基础上，预防主要针对的是被处理人以外的其他党员，通过对违纪党员进行惩戒，警示其他党员，督促其反思自身是否存在类似问题，以一次问责达到最好的预防效果。惩戒、教育、预防三者构成了完整的逻辑链条，不能片面地强调一个或两个方面，而忽视其余方面，其中任何一方的缺失都将影响警示处理的效果。

（三）抓早抓小、防微杜渐原则

抓早抓小、防微杜渐是警示处理的独有原则，也是警示处理工作的指导思想。抓早，就是注重预防，防患于未然，重在源头反腐；抓小就是从细节入手。党内监督是一项长期的工作，既要狠抓严重违纪的大问题，也不能忽视工作生活中的小问题。习近平总书记指出：“要把党的领导体现到日常管理监督中，

敢于较真,注重日常,抓早抓小,防微杜渐,体现组织严格要求和关心爱护,决不能坐看自己的同志在错误的道路上越滑越远。"[1]从轻微违纪到严重违纪违法是一个量变到质变的过程,通过及时适用警示处理,把问题掐灭在前端,防止老问题复燃、新问题萌发、小问题坐大,体现了中国共产党对党员一贯秉持的严管和厚爱结合的工作方针。落实抓早抓小、防微杜渐原则,需要警示处理主体积极落实全面从严治党主体责任,做好两个方面的工作:一是对所管理的党员持之以恒地进行政治上的关心、思想上的关怀、生活上的关注,在轻微违纪行为出现时第一时间进行干预,防止轻微违纪发展为严重违纪,实现抓早抓小;二是对发现的问题及时着手进行干预,通过给予警示处理的方式进行教育提醒,强化处理对象对党的认同,避免其思想滑坡,杜绝其进一步腐化的可能,达成防微杜渐。

二、警示处理的适用情形

警示处理位于党规责任体系的前端,针对的是轻微违纪问题,其适用情形相较于其他党规责任更为广泛。根据对象的不同,可以将警示处理适用的情形分为对党组织适用的情形与对党员适用的情形两大类,其中对党员适用的情形还可进一步细分为对普通党员适用的情形以及对党员领导干部适用的情形两种。

(一)对党组织适用的情形

党的力量源于组织,党的组织是党开展工作的基础与核心。党的全面领导、党的全部工作要靠党的坚强组织体系去实现,因此,无论是在纪律上还是在工作上,都必须对党的各级组织作出严格要求。对党组织适用警示处理的情形可以细分为两类:一是党组织违犯党的纪律,主要包括党组织内部多数党员集体违犯党纪,党组织以自己的名义实施了违纪行为等情形。[2] 对于违犯党的纪律情节较轻,自身能够纠正的党组织,可以免予纪律处分,给予通报批

[1] 习近平:《在第十八届中央纪律检查委员会第六次全体会议上的讲话》,载《人民日报》2016年5月3日,第2版。

[2] 《纪律处分条例》第9条规定:"对于违犯党的纪律的党组织,上级党组织应当责令其作出检查或者进行通报批评。对于严重违犯党的纪律、本身又不能纠正的党组织,上一级党的委员会在查明核实后,根据情节严重的程度,可以予以:(一)改组;(二)解散。"

评等警示处理措施。二是党组织履职不当，主要包括贯彻落实中央决策部署和各级党委要求不深入、全面从严治党主体责任落实不到位、巡视反馈问题整改不彻底、存在违反中央八项规定精神和“四风”问题、干部队伍建设力度不足、党建工作比较薄弱等情形。

（二）对普通党员适用的情形

中国共产党由中国无产阶级中的先进分子构成，其先锋队性质和先进性、纯洁性要求决定了党员要受到更加严格的纪律约束。对普通党员适用警示处理的情形可以分为两类：

一是党员违犯党的纪律。党的纪律是刚性要求，全体党员必须坚决遵守，党员违反党的纪律必须承担相应的责任。同时，对违纪党员进行责任追究必须遵循责任相称的原则，并非所有的违纪行为都要给予纪律处分。一方面，如果党员的违纪行为情节确实轻微，给予其纪律处分明显过重，又有必要追究其党规责任，可以通过警示处理进行追责。另一方面，《纪律处分条例》第 19 条第 1 款规定：“对于党员违犯党纪应当给予警告或者严重警告处分，但是具有本条例第十七条规定的情形之一或者本条例分则中另有规定的，可以给予批评教育、责令检查、诫勉或者组织处理，免予党纪处分。对违纪党员免予处分，应当作出书面结论。”因此，对于违犯党的纪律但可以免予纪律处分的，党组织可以通过诫勉等警示处理措施进行教育和惩戒。

二是党员违反相应国家法律。根据《纪律处分条例》第 4 章的相关规定，党员违反国家法律法规，受到政务处分、行政处罚的，党组织可以在对有关方面认定的事实、性质和情节进行核实后，依照规定给予相应纪律处分或者组织处理。结合警示处理抓早抓小、防微杜渐的原则，对于违法情节轻微，不适合给予纪律处分和组织处理的党员，可以通过警示处理进行教育和惩戒。值得注意的是，党规责任有自身的适用范围，虽然警示处理的适用情形广泛，但并非党员的一切违法行为都适合追究党规责任。对于没有直接危害党、国家和人民利益的违法行为，不适合追究其党规责任，自然也不能通过警示处理进行惩戒。例如，某党员实施了民事侵权行为，侵犯了他人的财产权益。此时虽然该党员实施了民事违法行为，但是并不适合追究其党规责任，不能对其进行警示处理、组织处理或纪律处分。

(三)对党员领导干部适用的情形

领导干部是全面从严治党过程中的“关键少数”,是具体行使国家权力,对全面依法治国战略的贯彻落实起关键影响的群体。对党员领导干部适用警示处理的情形,不仅包括对普通党员适用警示处理的情形,还包括党员领导干部履职不当的情形。对于党员领导干部履职不当的情形,有多部党内法规进行了规定。例如,《问责条例》规定了党组织、党的领导干部违反党章和其他党内法规,不履行或者不正确履行职责,应当问责的11种情形。《关于实行党风廉政建设责任制的规定》规定了领导班子、领导干部违反或者未能正确履行党风廉政建设领导责任,应当追究责任的7种情形。《党委(党组)落实全面从严治党主体责任规定》规定了党委(党组)及其领导班子成员未能落实全面从严治党主体责任,应当依规依纪追究责任的5种情形[1]。对于履职不当的党员领导干部,应当根据行为的性质情节、行为人的主观态度选择合适的党规责任。对于情节较轻的,可以适用警示处理;对于情节较重的,可以适用组织处理和纪律处分。

三、警示处理的适用程序

虽然目前尚没有党内法规对通报批评、责令公开道歉等警示处理措施的程序进行规定,但是《关于组织人事部门对领导干部进行提醒、函询和诫勉的实施细则》对诫勉的程序进行了规定,因此可以参考诫勉的程序对警示处理的程序进行一般性设计。一般而言,警示处理的程序应当简便可行,以便党组织及时发现问题,并对之进行干预。具体而言,警示处理的适用程序包括四个步骤。

(一)发现问题线索

发现问题线索,是指纪律检查机关、组织(人事)部门等警示处理主体依照规定职权,发现违规违纪行为的过程。发现问题线索是适用警示处理的前提,根据问题线索的不同来源,可以分为主动发现和被动发现。主动发现线索是指警示处理主体在履行职责的过程中发现可能涉嫌违规违纪行为的活动。对

[1] 详见《问责条例》第7条;《关于实行党风廉政建设责任制的规定》第19条;《党委(党组)落实全面从严治党主体责任规定》第22条。

于主动发现的问题线索，有关主体应当及时进行研判。对于情节轻微的，可以启动警示处理程序；对于性质较为严重的，应当启动调查程序。被动发现线索是指警示处理主体通过其他组织或者个人检举、控告、主动报告（说明）、移交等行为发现问题线索的活动。对于被动发现的问题线索，有关主体应当及时进行核实，必要时可以通过谈话、约谈、函询等方式对问题线索的细节进行了解。对于情况属实的，应当及时进行处理；对于情况不实的，应当予以了结并提醒党员本人和机关党组织注意。

（二）提出处理意见

提出处理意见，是指纪律检查机关、组织（人事）部门根据前期的调查结果拟定处理意见并提交至党委（党组）的过程。经过调查核实，发现被调查人存在轻微违纪行为的，纪律检查机关、组织（人事）部门可以向党委（党组）提出予以警示处理的处理意见。在拟定处理意见时，应当根据违纪行为的性质和情节选择合适的警示处理方式。例如，对于具有典型意义的违纪行为，有必要以通报的形式提醒、教育其他党员的，可以适用通报批评。再如，党员领导干部履职不当或工作失误，在社会层面造成不良影响、伤害人民群众感情的，可以适用责令公开道歉。又如，党员领导干部在政治思想、履行职责、工作作风、道德品质、廉政勤政等方面存在轻微违纪行为，在一定范围内造成了不良影响的，可以单处诫勉或在追究其他党规责任的基础上并处诫勉。

（三）作出警示处理决定

作出警示处理决定，是指党委（党组）根据处理意见以及相关材料，批准适用警示处理的过程。警示处理的决定主体一般为提出处理意见部门的同级或上级党委（党组）。警示处理决定应当在民主讨论基础上作出，党委（党组）可以通过会议等形式集体讨论案件的事实、证据、定性等内容。作出警示处理决定前，党委（党组）应当听取拟被处理人的陈述。违纪事实清楚、证据确实充分，决定适用警示处理的，应当制作警示处理决定书，并送达被处理人及所在单位。警示处理决定书应当包含警示处理的依据、适用方式、批准机关、生效时间、被处理人的申诉期限等内容。

（四）执行警示处理决定

执行警示处理决定是指在警示处理决定作出后，实施主体落实处理决定的过程,主要包括两个方面的内容:一是警示处理的实施。执行部门应当根据警示处理决定书的内容给予被处理人相应的警示处理措施。适用通报批评的,应当依据警示处理决定书的内容,确定通报的范围以及方式。适用责令公开道歉的,应当要求被处理人在规定时间内通过报刊、新闻发布会等方式向受到损害的群众进行道歉。适用诫勉的,应当采取谈话或书面的方式进行。警示处理实施完毕后,受到处理的党员或党组织应当作出书面检讨,并在民主生活会、组织生活会或者党的其他会议上作出检查。组织(人事)部门要将警示处理的相关资料记入被处理人的档案进行留存,并将有关情况作为考核、任免、奖惩的重要依据。二是警示处理效果的评估。警示处理执行6个月后,组织(人事)部门应当采取适当方式,对被处理人的改正情况进行了解。被处理人没有改正或者改正不明显的,应当根据情节轻重,给予调离岗位、调整职务、引咎辞职、责令辞职、免职、降职等组织处理。

第四节　警示处理制度的建构

坚持抓早抓小、防微杜渐,在违纪前端运用警示处理,把问题解决在萌芽状态,是建立轻重有序、适用衔接的党内法规责任体系的必然要求,也是推动全面从严治党向纵深发展的重要举措。在尚没有专门党内法规作为规范依据的背景下,建构警示处理制度,可以从如下三个方面入手。

一、厘清警示处理内涵

警示处理作为严厉程度最低的党规责任类型,其所针对的问题可能会与其他管党治党措施存在重合之处。因此,在建构警示处理制度的进程中,首先要厘清警示处理与其他管党治党措施之间的关系,划定警示处理的概念边界。目前组织处理与纪律处分均有相应的党内法规对其概念、适用主体、适用范围等内容进行了较为详尽的规定,降低了二者与其他管党治党措施发生混淆的可能性。但是由于警示处理的概念尚未被党内法规进行权威界定,容易与其他管党治党措施产生混淆。例如,从监督执纪"四种形态"所对应的措施种类看,警示处理措施与谈话提醒等教育类措施同属于"第一种形态"。从相关党内法规的规定方式看,警示处理常与党内调查措施等不同性质的措施并列出现。[1] 尽管警示处理是一个开放性的概念,仍有必要凸显警示处理的特征,从而将警示处理与其他管党治党措施相区分。

首先,要厘清警示处理与教育类措施的关系。教育类措施是监督执纪"第一种形态"的重要内容,包括谈话提醒、责令纠正、批评教育等。《中国共产党章程》第40条规定,"运用监督执纪'四种形态',让'红红脸、出出汗'成为常态"。在党员管理工作中,教育类措施通过沟通、对话等方式将部分党性失灵的党员拉回正轨,全过程体现出"让好人继续做好人,避免好人沦为坏人"的人文关怀。因此,教育类措施的内核与党内法规责任所蕴含的制裁性明显不同。若忽视党规责任的制裁性特征,将谈话提醒等教育类措施均纳入党内法规责任范畴,容易导致党内法规的责任门槛过低,从而解构党内法规责任所具有的惩戒功能。

从适用情形看,根据《党内监督条例》《纪律检查委员会工作条例》等党内法规的规定,谈话、批评教育等教育类措施一般适用于党员在思想、作风、纪律等方面有苗头性、倾向性的问题,但尚未构成违规违纪,可以免予追究党规责任的情形。不难看出,教育类措施与警示处理虽然在适用范围层面较为接近,但并非无法区分。具体而言,是否构成违纪是选择适用教育类措施还是警示处理的决定性判断标准。如果只是存在违纪倾向,可以通过谈话提醒等教育类措施解决;如果已经实施了违纪行为,即使是轻微违纪行为,也需要对其进行追责。区分警示处理与教育类措施,本质上是区分党内法规责任与日常管理党员的手段。如果混淆二者的概念,容易产生以惩戒代替管理与教育,导致党内法规责任追究范围过大的弊端。因此,有必要对"第一种形态"所囊括的措施种类进行梳理,将其涵盖的管党治党措施区分为党规责任与教育类措施两类,防止两种性质不同的概念发生混同,以便在执纪实践中根据实际情况选择适用不同性质的措施。

其次,要厘清警示处理与党内调查措施的关系。党内调查措施,是指谈话

---

[1] 例如,在《关于对党员领导干部进行诫勉谈话和函询的暂行办法》《关于组织人事部门对领导干部进行提醒、函询和诫勉的实施细则》等党内法规中,诫勉与提醒、函询等措施并列出现。从措施性质上看,诫勉属于党规责任,而函询等措施属于党内调查措施,将这几种措施并列规定容易模糊警示处理的概念边界。

函询[1]、调查核实等党组织在审查调查过程中了解被调查人情况的措施。虽然《关于对党员领导干部进行诫勉谈话和函询的暂行办法》《关于组织人事部门对领导干部进行提醒、函询和诫勉的实施细则》等多部党内法规将提醒[2]、函询与诫勉并列规定,但是这三个概念在性质上具有显著的区别。谈话函询是指党委(党组)、纪律检查机关、组织(人事)部门为进一步处置问题线索,通过谈话或者函询的方式,对可能存在违纪行为的党员干部进行调查了解的措施。在党内调查工作结束后,应当根据调查结果对被调查人作出相应处理。对于反映不实,或者没有证据证明存在问题的,应当予以了结,并通知被调查人。对于确实存在违纪行为的,应当综合考虑违纪问题的性质、严重程度等因素追究被调查人相应的党规责任。虽然实施谈话函询通常意味着党组织对该党员作出了否定性评价,会对被调查人的声誉造成一定的影响,但这并非党内调查措施的直接后果,谈话与函询本身不会对被调查人直接造成不利影响,不具有制裁性,可见其并非党规责任。党内调查措施是追究党规责任的前提,警示处理等党规责任是党内调查措施可能导致的结果,在监督执纪实践中,应当对二者进行严格的区分,可以通过约谈函询等方式对被调查人进行提醒,但不能以调查措施代替追责措施。

二、丰富警示处理措施种类

以党内法规责任的三大主要特征为标准,结合目前党内法规相关规定,警示处理措施主要有三种,即通报批评、责令公开道歉、诫勉。随着全面从严治党向纵深发展,以上三种责任追究方式可能难以囊括所有以精神罚为主要内容的党规责任。作为一种新的党规责任类型,警示处理措施的种类还有待结合监督执纪实践进一步丰富。在开展监督执纪工作的过程中,可以根据实际需要,将已经成熟的党规责任追究方式纳入警示处理的范畴。因此,在建构警示处理制度的过程中,要依据警示处理的识别标准,进一步丰富警示处理的种

[1] 谈话函询是问题线索的一种处置方式,具体分为谈话、函询两种。其中,谈话是指党组织直接或者委托有关机关、人员与被反映问题的党员干部当面谈话,要求其说明情况的一种方式。函询则是采取书面形式向被反映问题的党员干部了解情况的一种方式。

[2] 与谈话函询不同,提醒是一种最终的处理方式,即党组织对反映问题轻微、不需要追究党规责任的党员干部采取的一种告诫方式,提醒可采取谈话或书面方式进行。

类。具体而言,将一种责任追究方式纳入警示处理需要满足三个层次的标准。

首先,该责任追究方式应该符合党规责任的一般标准。从整体层面看,识别一种责任追究方式是否属于警示处理,首先要确定其是否能够被囊括进党规责任此一上位概念。从构成要件层面看,一种责任追究方式要满足制裁性、回溯性、威慑性三项关键要素才能够被识别为党规责任。党规责任的三个主要特征是识别党规措施是否属于党规责任的核心标准。例如,教育类措施因为不具有制裁性而不属于党规责任,党内调查措施因为缺少制裁性、威慑性同样被排除在党规责任的范围之外。一种责任追究方式被纳入警示处理,首先要具有党规责任的一般特征,即属于由有权党组织依据党内法规规定,对违犯党内法规的党组织和党员作出的、具有惩戒性的制裁。

其次,该责任追究方式应该符合警示处理的特征。从具体层面看,在满足党规责任一般标准的基础上,一种责任追究方式要被纳入警示处理还应当具备精神罚特征。党内责任追究方式种类繁多,并且随着实践的发展还会进一步丰富,因此有必要依据核心内容和功能对现有的以及未来出现的责任追究方式进行识别。警示处理的运作机理是通过对被处理人的名誉、荣誉、声誉等方面造成影响,使被处理人遭受精神层面的惩罚,如果该责任追究方式并非以精神层面的惩罚为核心内容和功能,则不应归为警示处理。例如,撤销荣誉或待遇、限制提拔使用等措施虽然在党员领导干部责任追究领域运用广泛,但是因为核心内容和功能不同,因而不能纳入警示处理的范畴。

最后,该责任追究方式应当经过实践的检验。从实践层面看,一种责任追究方式从开始运用到逐渐成熟并最终发展为一种党规责任措施,要经历从特殊到一般的归纳过程。设置党内法规责任措施,要本着于法周延、于事简便的原则,坚持便利管用,防止烦琐重复。因此,在满足形式要件的基础上,将一种责任追究方式纳入警示处理还需要满足以下两点:一是要具有普遍性。该责任追究方式应当能够在不同层级、不同单位、不同系统的党组织中普遍适用,其应当是在众多党组织管党治党长期实践中提炼出的一种党规追究方式,仅能适用于某领域某系统的责任追究方式不能称之为党规责任。二是要具有实效性。法律的生命力在于实施,党内法规亦是如此。设置党内法规责任的目的是解决现实存在的问题,不能搞“空对空”,将没有实践意义的责任追究方式纳入党规责任。

需要指出的是,警示处理作为一种党规责任具有鲜明的特征和独特的运作机理,不能将其视作责任追究措施的"大杂烩",将凡是不属于组织处理、纪律处分的责任追究方式都纳入其中。党规责任种类纷繁庞杂,以核心内容和功能为依据对其进行分类是为了构建清晰的党内法规责任类型框架,推进党内法规责任体系内部的融贯统一,因此将任何一种责任追究措施纳入警示处理都需要满足上述三个层次的标准。

三、出台警示处理党内法规

党的二十大报告提出:"完善党内法规制度体系,增强党内法规权威性和执行力,形成坚持真理、修正错误,发现问题、纠正偏差的机制。"作为全面从严治党、推进党的自我革命的制度武器,党内法规是一套注重自我实施的制度体系,其执行力愈发得到重视。但与国家法律相比,党内法规在实施程度、实施程序、强制力等方面均有待提升,应对之加以健全完善,以便从源头上保证党规顺利实施〔1〕。有规可依是依规治党的重要前提。构建警示处理制度,当务之急是出台警示处理党内法规,解决警示处理制度建设面临的两个重要问题。

一是提高警示处理制度的规范性。出台专门的警示处理党内法规有助于从概念、主体、程序等方面对警示处理制度进行整体性构建,填补规范缺失,提升警示处理的规范性、可操作性。就现有的党内法规而言,部分警示处理措施缺乏规范依据,警示处理制度整体的规范程度较低。

一方面,诫勉的相关规定散见于多部党内法规,内容不够系统。目前《党员领导干部诫勉谈话暂行办法》《中央组织部关于组织人事部门对领导干部进行提醒、函询和诫勉的实施细则》等多部党内法规均对诫勉的相关内容进行了规定,此种分散规定的方式增加了执纪人员适用党内法规的难度,不利于提升诫勉工作的效率。未来出台的警示处理党内法规,应当将不同党内法规中有关诫勉的规定进行归纳与总结,进一步提升诫勉制度的规范性。

另一方面,通报批评、责令公开道歉缺乏内容详细、可操作性强的规范依

〔1〕 参见韩强、周雨晴:《加快构建完善的党内法规制度体系——学习党的二十大精神》,载《中共宁波市委党校学报》2023年第1期。

据，亟待完善。对于通报批评，目前尚未有党内法规对通报范围、通报程序等内容进行专门规范。通报批评涉及被通报对象的个人信息甚至隐私的披露，在推进通报批评法治化的进程中，应当遵循比例原则，按照类型化的思路进行完善。例如，可以将通报批评分为三类，即党组织内部通报、党内通报、全社会通报，在此基础上，分别规定相应的通报批评适用范围与实施程序等内容。对于责令公开道歉，由于缺乏具体的党内法规规定，其适用方式、适用范围、适用程序不甚明确，严重影响其效能发挥。领导干部公开道歉在特定情形下对于增强党的公信力、密切党同人民群众的关系、维护社会稳定具有重要价值，应当在党内法规责任制度后续的完善过程中重点予以关注，以提高其规范化、法治化水平。

二是推动警示处理与其他党规责任的衔接协调。党规责任体系内部不同责任之间有效衔接协调是追责效果最大化的必然要求。从整体的视角看，警示处理与其他党规责任的衔接协调机制尚不明确，党内法规责任体系的融贯性有待加强，制度合力有待提升。

适用警示处理是为了将党规责任追究的关口前移，将违纪问题遏制在萌芽状态，因此警示处理与其他党规责任类型的协调衔接显得尤为重要。但从党内法规责任体系的内部逻辑来看，由于多种警示处理措施尚未被系统归类，相关规定散见于多部党内法规中，且不同党内法规之间时间跨度大，针对的问题亦有不同，所以警示处理与组织处理、纪律处分等体系化程度较高的党规责任之间存在制度张力。出台专门的警示处理党内法规，将分散规定的具体党规责任条款进行归纳整合，提炼出警示处理此一新型党规责任类型，再对其与组织处理、纪律处分之间的并处规则、轻重排序等衔接协调内容进行规定，既能节约立规成本，也有助于提高党内法规责任体系内部的协调性、衔接度，提升不同党规责任间的制度合力。

第五章　组织处理

组织处理是党内法规责任体系的重要组成部分，也是监督和管理广大党员领导干部的必备手段。党的十八大以来，组织处理作为中国共产党监督执纪的重要措施，运用日益广泛，并深刻影响着党和国家的政治生活。为规范组织处理工作，《中央党内法规制定工作第二个五年规划（2018—2022 年）》明确提出要重点制定组织处理党内法规。在中央顶层设计指引下，2021 年 3 月 19 日，中共中央办公厅发布《组织处理规定》。自此，第一部专门规范组织处理制度的党内法规诞生。该部党内法规明确了组织处理的正式概念、组织处理的种类、组织处理的主体和对象等内容，标志着组织处理制度进入制度化、规范化轨道。为全面了解掌握组织处理制度的运行逻辑，下文将围绕组织处理的内涵、组织处理的适用以及组织处理制度的完善等进行阐述。

第一节　组织处理概述

组织处理是党内法规责任体系的重要构成部分，在推进党的自我革命、全面从严治党等方面发挥着不可替代的作用。下面从组织处理的概念和特征、种类与功能三个方面对组织处理进行阐述。

一、组织处理的概念和特征

作为一种干部监督管理措施，在中国共产党成立初期，党内就存在与组织处理功能相近的处理方式，但是此类处理方式一直未有正式党规依据。直到21世纪初，组织处理才被先后纳入《纪律处分条例》《党内监督条例》《巡视工作条例》等重要的党内法规。[1] 2008年中央纪委、中央组织部印发的《关于在查处违犯党纪案件中规范和加强组织处理工作的意见(试行)》，将组织处理定义为："党组织按照干部管理权限，对涉嫌违犯党纪的党员干部，进行必要的岗位、职务调整的组织措施。"这是党内法规首次对"组织处理"一词进行明确界定。

值得注意的是，该意见将组织处理的适用前提限定为"在查处违犯党纪案件中"。质言之，此处所指"组织处理"并非一般的组织处理，其适用情形或者适用条件具有特定性，不具有"普适性"，不能适用于组织处理的一般工作。2021年发布的《组织处理规定》将组织处理进一步定义为"党组织对违规违纪违法、失职失责失范的领导干部采取的岗位、职务、职级调整措施，包括停职检查、调整职务、责令辞职、免职、降职"。这是党内法规首次对一般意义上的组织处理进行权威界定，标志着组织处理"法定概念"的正式生成。根据上述法定概念，可以将组织处理的主要特征归纳如下。

其一，组织处理的内容为职务变动。《组织处理规定》将组织处理措施明确为停职检查、调整职务、责令辞职、免职、降职五种，不同措施之间的共同之处是对领导干部的岗位、职务、职级进行调整。可见，职务变动是组织处理的核心内容，也是组织处理不同于其他党规责任的核心标准。这种变动表现为被处理人的岗位、职务、职级由高到低、从有到无、从持续到中止的"向负面方向"发展的变化。需要指出的是，组织处理的对象虽然是党员领导干部，但是该领导干部受到调整的"职务"，既包括党内职务，也包括党外职务。[2] 具体而言，由组织处理引起的职务变动包括三种形态：一是职权行使的暂时中止；二是由领导职务变化为非领导职务；三是由较高级别的职务降为较低级别的职务或者免去现任职务。上述三种职务变动是组织处理导致的直接后果，即组

---

〔1〕 参见阳平：《组织处理的概念及历史沿革》，载《中国纪检监察报》2021年10月14日，第8版。

〔2〕 《组织处理规定》第5条规定："本规定适用于各级党的机关、人大机关、行政机关、政协机关、监察机关、审判机关、检察机关以及事业单位、群团组织中担任领导职务的党员干部。对以上机关、单位中非中共党员领导干部、不担任领导职务的干部，以及国有企业中担任领导职务的人员进行组织处理，参照本规定执行。"

织处理与职务变动紧密相关。从表面上看,其他党规责任类型也会对被处理人的岗位、职务、职级产生影响。例如,诫勉等警示处理,警告、严重警告、留党察看、开除党籍等纪律处分等均会影响领导干部的职务晋升,具有职务相关性。但从实质上看,上述几种党规责任所体现的职务相关性仅是追究党规责任的间接影响,而非直接后果,故不能将之纳入组织处理的范畴。

其二,组织处理的对象为党员领导干部。对象范围的不同也是组织处理与其他党规责任的重要区别。具体来说,组织处理对象的特殊性表现为三个方面:一是组织处理的对象包括各级党政机关、事业单位、群团组织中担任领导职务的党员领导干部,不包括普通党员。相较之下,警示处理与纪律处分并未对适用对象的身份进行特殊要求。二是组织处理的对象不限于确认违规违纪的领导干部,还包括涉嫌违规违纪的领导干部。对于经过调查确认存在违规违纪行为的领导干部,组织处理可以作为终局性措施适用。对于涉嫌违规违纪正在接受调查的领导干部,组织处理可以作为暂时性措施适用。三是组织处理的对象是党员领导干部个人,不包括党组织。《组织处理规定》第 3 条将组织处理的对象限定为违规违纪违法、失职失责失范的领导干部。组织处理作为以职务变动为核心内容的党规责任,只有作用于领导干部个人才能发挥作用,党组织虽然拥有承担党规责任的能力,但其不存在"岗位、职务、职级"的概念,因此不属于组织处理的对象。

其三,组织处理的决定主体为党委(党组)。与其他党规责任不同,组织处理的决定主体具有唯一性,即只有党委(党组)可以作为组织处理的最终决定主体。根据相关规定,纪律处分的决定主体既可以是党委(党组),也可以是纪律检查机关,具有二元性;警示处理的实施主体具有多元性,包括党委(党组)、纪律检查机关以及党的工作机关中的组织(人事)部门。在监督执纪实践中,组织处理遵循"党委统一领导、纪检监察机关和组织(人事)等部门相互协调的工作机制"。[1]《组织处理规定》第 10 条将组织处理程序分为调查核实、提出处理意见、研究决定以及宣布实施四个步骤。与此对应,可以将组织处理的参与主体分为三类:一是调查主体,包括组织(人事)部门、纪律检查部门等;二是建议主体,主要是指组织(人事)部门;三是决定主体,即党委(党组)。组织处

[1] 本书编写组编写:《组织处理工作图解》,中国方正出版社 2020 年版,第 4 页。

理涉及党员领导干部岗位、职务、职级的调整或处理,程序较严格、复杂,是一项综合性较强的工作;因此从提出组织处理建议到最终执行,需要多个部门参与或者配合,但是最终的决定主体却是唯一的,即党委(党组)。

二、组织处理的种类

长期以来,组织处理的具体种类一直没有明确,各类党内法规规定的组织处理方式有10余种。《组织处理规定》的颁布,在明确组织处理内涵的基础上,实现了组织处理类型划分的统一,既回应了组织处理法治化的实践之问,也满足了全面从严治党的实践之需,彰显出"依规治党""制度治党"向纵深发展的实践逻辑。

以《组织处理规定》对组织处理种类的规定为基础,结合监督执纪工作中运用组织处理的实践,可将组织处理的方式归纳为停职检查、调整职务、引咎辞职、责令辞职、免职、降职六种。该六分法与《组织处理规定》五分法的不同之处在于,将引咎辞职纳入了组织处理的范围。其理由是:引咎辞职与《组织处理规定》所明确的五种措施具有一致的适用原理,均体现为对党员领导干部岗位、职务、职级的处理处置,将之纳入组织处理种类,既可以避免引咎辞职"无处安放"的制度尴尬,又可以使组织处理制度更加完善。

(一)停职检查

停职检查,是指党组织对党员领导干部作出的暂时停止其所担任的职务的一种组织措施,具有强制性、暂时性等特征,在实践中多用于案件审查调查过程中。停职检查是调查过程中的一种阶段性措施,对象是涉嫌违规违纪的领导干部。停职检查有两个方面的作用:一是通过暂停违规违纪领导干部的职务,减少受调查人继续任职的负面影响,防止损害扩大,促使其反省;二是防止接受调查的领导干部利用职务之便对抗、阻挠、干扰、破坏案件调查或组织审查工作。从适用方式看,停职检查属于暂时性的组织处理措施,仅适用于调查工作或组织审查期间。对于违规违纪事实已经查清的领导干部应当依法依规追究相应的责任,不能以停职检查为终局性的惩罚措施。根据《组织处理规定》第11条的规定,停职检查的期限一般不超过6个月。

(二)调整职务

调整职务,是指党组织将违规违纪的党员领导干部从现工作岗位或单位调离的组织处理措施,包含调离原工作岗位、调离原工作单位等方式。从适用方式看,调整职务既可以作为暂时性措施,也可以作为终局性措施。如果有证据证明领导干部存在违规违纪问题,但短时间内难以完全查清,党组织通过调整职务的方式将被处理人调离领导岗位,以便进一步开展调查工作,此时的调整职务就属于暂时性措施。如果被处理人的违规违纪行为已被查实,党组织通过调整职务的方式对其追责,此时的调整职务就属于终局性措施。在监督执纪实践中,对于一些重大、复杂、疑难的案件,系统性、塌方式腐败案件,党组织可以对首要人员先采取调整工作岗位、调离原单位的方式,分化、削弱违纪人员的对抗力量,以便更有利于突破案件。根据《组织处理规定》第 11 条的规定,受到调整职务处理的领导干部,1 年内不得提拔职务、晋升职级或者进一步使用。

(三)引咎辞职

引咎辞职,是指党员领导干部因工作严重失误、失职造成重大损失或者恶劣影响,或者对重大事故负有重要领导责任等,不宜再担任现职,由本人主动提出辞去现任领导职务,党组织予以同意的组织处理措施。虽然《组织处理规定》没有将引咎辞职纳入组织处理的范畴,但《党政领导干部选拔任用工作条例》《党政领导干部生态环境损害责任追究办法(试行)》等党内法规明确规定组织处理的类型包含引咎辞职。值得注意的是,引咎辞职的触发机制虽然是本人主动申请,但适用前提是存在一定的过错或过失行为,且最终作出“同意辞职、不同意辞职或者暂缓辞职”决定的主体为党委(党组)。因此,应当将引咎辞职视为一种以职务调整为内容,具有一定强制性、惩戒性的责任承担方式,符合组织处理的一般特征。党委(党组)应当自接到干部引咎辞职申请 3 个月内予以答复。同意引咎辞职的,应当在一定范围内公布。党员干部及公职人员引咎辞职之后,可以根据工作需要以及本人特长等,安排适当工作任务。根据《党政领导干部选拔任用工作条例》第 56 条的规定,引咎辞职的党政领导干部,1 年内不安排领导职务,2 年内不得担任高于原任职务层次的领导职务。

(四)责令辞职

责令辞职,是指党组织认定存在违规违纪行为的党员领导干部不再适合担任现职,通过一定程序责令其辞去现任领导职务的组织处理措施。领导干部应当引咎辞职而不提出辞职申请的,党组织可以责令其辞职。党委(党组)作出责令辞职的决定应当以书面形式通知领导干部本人。领导干部应当在接到责令辞职通知后15日内向任免机关提出书面辞职申请。对于拒不服从组织决定、拒不辞职的领导干部,党组织应当予以免职或者提请任免机关予以罢免。被责令辞职的领导干部若对责令辞职的决定不服,可以在接到通知后15日内,向作出决定的党委(党组)提出书面申诉。党委(党组)接到申诉后,应当及时组织人员进行核查,并在1个月内作出复议决定,以书面形式通知干部本人。根据《组织处理规定》第11条的规定,受到责令辞职的领导干部,1年内不得安排领导职务,2年内不得担任高于原职务层次的领导职务或者晋升职级。

(五)免职

免职,是指党组织认为领导干部不适宜担任现职,主动免去或者建议免去其担任的党内领导职务的组织处理措施。广义的免职可以分为非惩罚性免职与惩罚性免职。非惩罚性免职是指党组织对领导干部的职务进行正常调整,例如,领导干部晋升职务后按照规定免去原任职务。此类免职不具有惩罚性,因而不属于组织处理。惩罚性免职是指党组织认为领导干部不适宜继续担任现职而免去其职务。例如,领导干部因违纪违法应当免职的,对其按照规定程序及时予以免职。此类免职具有惩罚性,因而属于组织处理。从适用方式看,免职既可以作为辅助案件侦查或组织审查的暂时性措施适用,也可以作为惩戒领导干部的终局性措施适用。根据《组织处理规定》第11条的规定,受到免职的领导干部,1年内不得安排领导职务,2年内不得担任高于原职务层次的领导职务或者晋升职级。

(六)降职

降职,是指领导干部存在严重违规违纪行为,党组织因此降低其一个及以上职务层级安排的组织处理措施。降职属于监督执纪"四种形态"中的"第三种形态",即重大职务调整类措施,是最严厉的组织处理措施。在监督执纪实践中,降职一般会与撤销党内职务、留党察看等纪律处分配套使用。若领导干部受到开除党籍处分,但是没有同时被开除公职的,则应当给予降职(级别降低两个以上)处理。[1] 值得注意的是,应当注意区分降职与降级,降级属于政务处分的种类之一,是指降低公务员的级别工资,一般不涉及职务的变动。受到降职处理的领导干部,2 年内不得提拔职务、晋升职级或者进一步使用。

需要说明的是,组织处理除影响领导干部的岗位、职务、职级外,还对其年度考核等级产生影响。《组织处理规定》第 11 条第 2 款规定:"领导干部受到组织处理的,当年不得评选各类先进。当年年度考核按照以下规定执行:受到调整职务处理的,不得确定为优秀等次;受到责令辞职、免职、降职处理的,只写评语不确定等次。同时受到党纪政务处分和组织处理的,按照对其年度考核结果影响较重的处理处分确定年度考核等次。"

三、组织处理的功能

不同党规责任的核心内容各有侧重,共同组成结构严密、功能互补的党规责任体系。具体而言,组织处理的功能主要体现为调查、制裁、净化三个方面。

其一,调查功能。组织处理既可以作为辅助案件调查的暂时性措施,也可以作为对被处理人进行追责的终局性措施,其调查功能主要体现在作为暂时性措施的组织处理中。组织处理重在"处理",处理具有"处置""安排"之意,当其作为暂时性措施适用时,一般不具有实质意义上的惩罚性。鉴于组织处理对象身份的特殊性,直接对其开展调查可能影响有关工作的开展。为了避免被调查人利用职权对抗调查,在系统性、塌方式腐败案件的审查调查过程中,党组织可以通过停职检查、调整职务、免职等措施,将不适宜担任现职务或者妨碍案件调查的领导干部从领导岗位调离,从而限制其权力,防止被调查人利用职务之便对抗组织审查调查。

其二,制裁功能。组织处理引起的职务调整本质上是党组织对违犯党内法规以及国家法律法规义务者的事后制裁,其目的不仅在于课以处理对象一定的不利后果,还在于间接性地保障党内法规以及国家法律法规的良好施行。作为从严治党的重要措施,《组织处理规定》第 1 条即开宗明义地指出其立规目的是"落实全面从严治党要求",充分彰显出组织处理的功能定位。依据《组织处理规定》第 3 条对组织处理的定义,组织处理的启动以领导干部"违规违

[1] 参见本书编写组编:《严肃党的纪律简明读本》,中国方正出版社 2020 年版,第 136 页。

纪违法、失职失责失范”为前提条件，因此组织处理引起的职务调整必须是负面的，即职务或者职级由高到低、从有到无、从持续到中止的“向不好的方向”的发展变化。同时，为了更好发挥组织处理的制裁功能，被处理人在职务变动的基础上还将在一定时期内受到提拔职务、晋升职级以及评选先进等方面的限制。

其三，净化功能。党的十八大以来，以习近平同志为核心的党中央在全面依法治国、全面从严治党等各方面工作中，都一以贯之、始终强调必须抓住“关键少数”。“党员领导干部手持权力利剑、掌握和控制大量公共资源，理应受到更多义务规范的约束和限制，从而承担更重的政治责任……”[1]党员领导干部不仅应当按照相关规定主动承担责任，还应当尽其所能履行好职位职责，从而产生良好的政治效果和社会效果，完成对人民的承诺。组织处理区别于警示处理与纪律处分，警示处理聚焦于党组织与党员的轻微违纪违法问题，纪律处分关注的是对所有党组织与党员违纪的监督制裁，而组织处理是专门针对党员领导干部的监督问责，体现出对党员领导干部更加特殊的要求。通过对不称职、不合格、不能胜任当前领导职务的领导干部进行职务调整，层层阻断更大违纪违法行为发生的可能性，达到及时有效处理对党不忠、从政不廉、为官不为、品行不端等违法违纪行为的效果，从而净化领导队伍。

第二节 组织处理的适用

组织处理的适用是指组织处理主体依照规定的职权和程序，对组织处理对象依法依规作出组织处理决定的过程。当党组织发现领导干部存在违法违规违纪行为时，应当在组织处理原则的指导下依据规定程序作出组织处理决定。下面将分别从组织处理的适用原则、适用情形、适用方式、适用程序四个方面进行具体阐述。

---

〔1〕 欧爱民：《党内法规与国家法律关系论》，社会科学文献出版社2018年版，第47页。

一、组织处理的适用原则

组织处理的适用原则,是指由《组织处理规定》所明确,贯穿于组织处理全过程,指导党组织进行组织处理活动的行为准则。这些适用原则既是党在长期的组织工作中积累的实践总结与智慧结晶,也是党对组织处理工作的内在规律与基本遵循进行的总结与概括,对各级党组织开展组织处理工作具有普遍的指导意义。根据《组织处理规定》第 4 条的规定,组织处理工作应当坚持以下原则。

(一)从严治党与从严管理监督干部相结合原则

从严治党与从严管理监督干部相结合是组织处理工作的指导思想。党的十八大以来,以习近平同志为核心的党中央守正创新,坚持全面从严治党的主基调不动摇,以各级党组织为全面从严治党的重要依托,进一步夯实党的组织建设,坚持不懈把全面从严治党向纵深推进。全面从严治党,关键是从严管理干部。坚持从严管理监督干部,要以严的标准要求干部,以严的措施管理监督干部,以严的纪律约束干部,尤其要抓住“少数关键”,把对“一把手”的监督管理作为重中之重。在全面从严治党的重大战略部署中,“党员领导干部也正因为肩负政治使命、位于党的机关和国家机关重要岗位、手握管党治党权力,是政治权力的领导核心,也是实现中华民族伟大复兴的责任担当者和具体组织者”,[1]其行为起着“牵一发而动全身”的牵引动力作用,所以尤其需要将其拥有的权力关在制度的笼子里。为此,作为专门针对党员领导干部的党规责任,组织处理在全面从严治党制度体系中占据重要位置,发挥独特作用。组织处理的最大特色是将党员领导干部所拥有的特定岗位、职务的权力与其应当履行的特定岗位职责相互关联,紧紧围绕“关键少数”的权力和责任运行,通过对领导干部行使权力进行限制,凸显出更加鲜明的权责统一价值追求。可以说,组织处理是全面从严治党、从严管理监督干部的重要制度装置,在具体的制度设计与实践运行中必须凸显严的基调,以从严管理监督干部为切入口,推动全面从严治党向纵深发展。

---

〔1〕 段治文、李极:《中国共产党问责制度建设的百年进程与内在逻辑》,载《浙江社会科学》2021 年第 3 期。

（二）集中领导与分级负责相结合原则

集中领导与分级负责相结合体现组织处理的制度逻辑。集中领导是民主集中制在组织处理工作中的体现，即由党委（党组）全面领导组织处理工作，下级执行部门要对党委（党组）的组织处理决定贯彻落实。一方面，《中国共产党章程》第10条第5项规定："党的各级委员会实行集体领导和个人分工负责相结合的制度。凡属重大问题都要按照集体领导、民主集中、个别酝酿、会议决定的原则，由党的委员会集体讨论，作出决定；委员会成员要根据集体的决定和分工，切实履行自己的职责。"在组织处理工作中，党委（党组）作出组织处理决定必须经过集体讨论，禁止任何个人单独作出组织处理决定。另一方面，党的上级组织与下级组织是领导与被领导的关系。下级执行机关对上级党组织作出的决定有不同意见，可以保留，也可以根据规定向上级反映或请求重新审查调查，但在上级组织改变处理决定之前，必须严格执行。因此，在组织处理决定作出后，下级执行部门需要在党委（党组）的统一领导下，遵循相互协调沟通的工作机制，保障组织处理工作运行顺畅。

分级负责制是党明确各级党组织权责和作用，做好党和国家各项工作，推进治理体系和治理能力现代化的重要原则。《纪律检查机关监督执纪工作规则》第7条规定："监督执纪工作实行分级负责制……"该条明确了纪检监察机关对监督执纪事项管辖的一般性原则，即按照干部管理权限管辖本辖区内的监督执纪事项。在组织处理工作中，各级组织（人事）部门需要按照分级负责制的要求，按照干部管理权限对不同层级的党员干部和行使公权力的公职人员进行监督，切实做好本级领导干部的管理工作，提高组织处理的系统性、协同性、有效性。

（三）实事求是与依规依纪依法相结合原则

实事求是与依规依纪依法相结合是开展组织处理工作的基本要求。实事求是是中国共产党思想路线的核心。习近平总书记指出："实事求是，是马克思主义的根本观点，是中国共产党人认识世界、改造世界的根本要求，是我们党的基本思想方法、工作方法、领导方法。"[1]组织处理工作的任何环节都要坚持以事实为依据，在综合考虑行为的性质情节、行为造成的后果、行为人的主

---

〔1〕 习近平：《习近平谈治国理政》，外文出版社2014年版，第25页。

观态度等因素的基础上给予组织处理，不能夸大或缩小行为的严重程度，做到“罚当其罪”，避免责任“畸轻”或“畸重”。依规依纪依法是指党组织必须严格按照党内法规、党的纪律以及国家法律的规定开展组织处理工作。具体而言，依规依纪依法体现为如下两个方面：一是“责任规定”，即对领导干部进行组织处理的依据应当是党内法规、党的纪律以及国家法律的具体规范；二是“程序规范”，即组织处理主体必须严格依照党章和相关党内法规规定的职责、权限、流程、步骤进行责任追究。只有坚持实事求是原则，依规依纪依法开展组织处理工作，才能不断提高组织处理的科学性、实效性和公信力，使组织处理结果经得起时间的考验，实现政治效果、纪法效果、社会效果相统一。

（四）处理与教育相结合原则

处理与教育相结合彰显了组织处理的价值追求。在组织处理的过程中，既要严肃追查惩处违规违纪行为，也要注重教育帮助领导干部纠错改过、回归正途。处理与教育相结合原则源于党内法规责任追究“惩前毖后、治病救人”的指导思想。“惩前毖后、治病救人”的方针自1942年毛泽东在《整顿党的作风》的报告中首次提出以来，经过长期实践检验，已然成为党通过解决自身问题巩固和发展党的团结和统一的历史经验和优良传统。正如习近平总书记所指出的：“惩治，治是根本，惩是为了治。”[1]在对违规违纪领导干部的处置工作中，要把握好“树木”与“森林”的关系，既要坚决拔除“烂树”，也要着力救治“病树”，保护好“森林”的生态健康；[2]既不能对违规违纪的领导干部一律“一罚到底”，也不能因为领导干部的特殊身份而放松要求。惩戒只是组织处理的功能之一，而非最终的价值追求。在实施组织处理的过程中，党组织不但要对违规领导干部加以惩戒，更要在客观、全面、具体地分析违规违纪行为的性质情节和严重程度的基础上，以耐心的思想教育帮助违规违纪的领导干部，使其认识到自身行为的错误，督促其主动改正错误，回归正轨，切实挽救“跌倒干部”，充分发挥挽救犯错同志的功能。

---

〔1〕《习近平：在第十八届中央纪律检查委员会第六次全体会议上的讲话（2016年1月12日）》，载《人民日报》2016年5月3日，第2版。

〔2〕参见中共中央纪律检查委员会法规室、中华人民共和国国家监察委员会法规室编写：《〈中国共产党纪律处分条例〉释义》，中国方正出版社2018年版，第67页。

二、组织处理的适用情形

组织处理的核心是对被处理人进行岗位、职务、职级调整，会直接对领导干部目前的工作产生不可逆转的影响，因此组织处理的适用范围既不能过宽，也不能过窄。为此，《组织处理规定》在政治观念、职责履行、工作作风、遵守组织制度、生活作风、其他情形等六个方面对组织处理的适用情形进行了明确。

（一）政治观念淡化的情形

中国共产党作为马克思主义政党，旗帜鲜明讲政治是其最突出的特点和优势，没有强力的政治保证，党的团结就难以实现。对于政治建设抓得不实，政治立场不够坚定等忽视政治、淡化政治、不讲政治的领导干部应当给予组织处理。该类情形主要包括：在重大原则问题上不同党中央保持一致，有违背"四个意识""四个自信""两个维护"错误言行的；理想信念动摇，马克思主义信仰缺失，搞封建迷信活动造成不良影响，或者违规参加宗教活动、信奉邪教的；贯彻落实党的基本理论、基本路线、基本方略和党中央决策部署不力，做选择、打折扣、搞变通，造成不良影响或者严重后果的；面对大是大非问题、重大矛盾冲突、危机困难，不敢斗争、不愿担当，造成不良影响或者严重后果的。

（二）不履行职责的情形

依法治国是党领导人民治理国家的基本方略，依法执政是党治国理政的基本方式，领导干部履行法定职责是党的各项工作开展的重要保证。对于工作中严重不负责任，不履行规定职责，导致公共利益、群众利益受到损害的领导干部应当给予组织处理。该类情形主要包括：工作不负责任、不正确履职或者疏于管理，出现重大失误错误或者发生重大生产安全事故、群体性事件、公共安全事件等严重事故、事件的；工作不作为，敷衍塞责、庸懒散拖，长期完不成任务或者严重贻误工作的。

（三）工作作风建设懈怠的情形

党员领导干部工作作风建设懈怠，主要是指工作中存在形式主义、官僚主义等现象。领导干部忽视工作作风建设的根源在于弱化群众观念，丧失为民信念，模糊执政理念，长此以往将会损害党与人民群众的血肉联系，动摇党的执政根基。对于作风建设松懈，形式主义、官僚主义问题突出的领导干部应当给予组织处理。该类情形主要包括:背弃党的初心使命,群众意识淡薄,对群众反映强烈的问题推诿扯皮,在涉及群众生产、生活等切身利益问题上办事不公、作风不正,甚至损害、侵占群众利益,造成不良影响或者严重后果的;形式主义、官僚主义问题突出,脱离实际搞劳民伤财的“形象工程”“政绩工程”,盲目举债,弄虚作假,造成不良影响或者重大损失的。

(四)不遵守组织原则的情形

科学严密的组织是中国共产党的光荣传统和独特优势,是维护党的团结统一,发挥“党总揽全局、协调各方”领导核心作用的根本保障。对于工作中不遵守组织原则,违规开展组织工作的领导干部,应当给予组织处理。该类情形主要包括:违反民主集中制原则,个人或者少数人决定重大问题,不执行或者擅自改变集体决定,不顾大局闹无原则纠纷、破坏团结,造成不良影响或者严重后果的;在选人用人工作中跑风漏气、说情干预、任人唯亲、突击提拔、跑官要官、拉票贿选、违规用人、用人失察失误,造成不良影响或者严重后果的;搞团团伙伙、拉帮结派、培植个人势力等非组织活动,破坏所在地方或者单位政治生态的;无正当理由拒不服从党组织根据工作需要作出的分配、调动、交流等决定的;不执行重大事项请示报告制度产生不良后果,严重违反个人有关事项报告、干部人事档案管理、领导干部出国(境)等管理制度,本人、配偶、子女及其配偶违规经商办企业的;诬告陷害、打击报复他人,制造或者散布谣言,阻挠、压制检举控告,造成不良影响或者严重后果的。

(五)生活作风存在重大问题的情形

《中国共产党章程》规定,中国共产党党员永远是劳动人民的普通一员。除了法律和政策规定范围内的个人利益和工作职权以外,所有共产党员都不得谋求任何私利和特权。反对腐败,建设廉洁政治,维护党的纯洁性是我们党一贯坚持的鲜明立场;因此,对于不注重党风廉政建设和反腐败工作,生活作风问题突出的领导干部,应当给予组织处理。该类情形主要包括:违反中央八项规定精神、廉洁从政有关规定的;违背社会公序良俗,造成不良影响或者严重后果的。

(六)其他应当适用组织处理的情形

坚持从严治党,就是要以严的标准要求党员,以严的措施管住干部。领导干部作为“关键少数”,党组织对其提出的要求要远远高于一般群众,因此对于应当适用组织处理的情形难以列举穷尽。同时,除了《组织处理规定》中规定的情形,还有多部党内法规中有对领导干部进行组织处理的规定。[1] 为了防止上述适用情形出现“挂一漏万”的缺陷,《组织处理规定》第7条中专门设立了兜底条款,即“其他应当受到组织处理的情形”。通过设置兜底条款,不仅能够有效统合不同党内法规对于适用组织处理情形的规定,还能避免列举不穷尽的缺陷,真正达到“法网恢恢,疏而不漏”的规则效果。

三、组织处理的适用方式

在监督执纪实践中,通过不同的方式适用组织处理可以发挥不同的作用。一方面,组织处理既可以作为一种党规责任单独适用,也可以与纪律处分、政务处分等党规责任、法律责任合并适用。另一方面,组织处理既可以在审查调查过程中作为辅助调查的暂时性措施适用,也可以在查清事实后作为惩罚性的终局性措施适用。

(一)单处模式与并处模式

单处模式是指党组织只通过组织处理追究领导干部的党规责任,不再同时适用其他党规责任、法律责任。不同性质的违规行为表明了不同的危害程度,对领导干部进行追责,应当确保党规责任措施与违规违纪行为的性质、危害程度相匹配,对于通过组织处理可以达到追责目的的领导干部,可以采取单处组织处理的方式结案。《纪律处分条例》《中央纪委、中央组织部关于对党员领导干部进行诫勉谈话和函询的暂行办法》等党内法规均规定了可以单处组织处理的情形。[2] 在领导干部违纪的案件中,党组织决定对其免予纪律处分,单处组织处理的,应当作出书面结论。在监督执纪实践中,单处组织处理同样

---

〔1〕《问责条例》《关于实行党风廉政建设责任制的规定》《推进领导干部能上能下规定》《党政领导干部生态环境损害责任追究办法(试行)》等党内法规中规定了对领导干部进行组织处理。

〔2〕《纪律处分条例》第19条第1款规定:“对于党员违犯党纪应当给予警告或者严重警告处分,但是具有本条例第十七条规定的情形之一或者本条例分则中另有规定的,可以给予批评教育、责令检查、诫勉或者组织处理,免予党纪处分。对违纪党员免予处分,应当作出书面结论。”

《关于对党员领导干部进行诫勉谈话和函询的暂行办法》第5条规定:“纪律检查机关和组织(人事)部门应当采取适当方式,对诫勉谈话对象存在的主要问题的改正情况进行了解。对于没有改正或者改正不明显的,应当根据党委(党组)的意见,予以批评教育并督促改正,或者作出组织处理。”

能起到较好的效果，彰显出组织处理的独特价值。

并处模式是指党组织在给予领导干部组织处理的同时，追究该领导干部其他党规责任或法律责任，以发挥综合惩戒效应。并处组织处理可以分为三种情况：一是组织处理内部并处。党组织可以在调查过程中先对被处理人适用停职检查、免职等暂时性措施，待到案件调查完毕后再予以降职等终局性措施。例如《中央纪委、中央组织部关于在查处违犯党纪案件中规范和加强组织处理工作的意见（试行）》规定停职、调整、免职等组织处理方式可以单独使用，也可以合并使用。二是组织处理与其他党规责任并处。具体而言，是党组织根据实际需要将组织处理与纪律处分搭配使用。例如，《组织处理规定》第 8 条规定："组织处理可以单独使用，也可以和党纪政务处分合并使用。"三是组织处理作为党规责任与法律责任共同适用。例如，《政务处分法》第 17 条规定："公职人员有违法行为，有关机关依照规定给予组织处理的，监察机关可以同时给予政务处分。"

（二）暂时性措施与终局性措施

组织处理作为暂时性措施，是指党组织在进行组织审查或调查核实事故责任时，为了避免涉嫌违规违纪的领导干部利用职务之便干扰、对抗审查调查，通过暂时性组织处理措施对其权力进行限制，待调查程序结束后再根据调查结果对其进行追责。作为暂时性措施的组织处理具有"限权性"和"可复原性"的特征。"限权性"即暂时性措施对党员领导干部的权力是限制而非剥夺，此种限制是一种暂时性行为，且具有"可复原性"。例如，为了案件调查需要而给予某干部免职处理，免职前的职权处于"原状态"，免职后的职权则处于"被限制状态"，相应的职务和权力被"冻结"，处于不可使用的限制状态；待处理到期或者案件查清后，被限制的职权又会恢复到处理前的"原状态"。即使最终需要对处理对象进行问责，也是在限制前的职权基础上进行职务调整。对于调查审查过程中给予暂时性措施的，如果调查结束后认为不需要给予处分，则暂时性措施自动解除。如果违规违纪行为查证属实，需要给予处分的，则依规依法给予相应处分。

组织处理作为终局性措施，是指党组织对于违规违纪事实已被查实的领导干部，通过组织处理进行追责，此时的组织处理可以单独适用，也可以与其他责任追究方式并处适用。受到组织处理的领导干部根据组织处理措施的不同会在任职、晋升等方面受到不同程度的影响。

四、组织处理的适用程序

组织处理的适用程序是指党组织开展组织处理工作必须遵循的步骤。在执纪监督实践中，组织处理基本遵循党委统一领导、纪检监察机关和组织（人事）部门相互协调的工作机制。根据《组织处理规定》第10条和第12条的规定，组织处理的程序通常由五个主要阶段组成。

（一）调查核实阶段

对领导干部存在的问题进行调查核实，主要由组织（人事）部门进行。组织（人事）部门在监督管理工作中发现领导干部存在违规违纪问题的，应当按照干部管理权限，及时开展调查核实工作。如果其他执纪执法机关对被调查领导干部的违规违纪行为已有认定结果，组织（人事）部门也可以不再进行调查。调查核实阶段包括三个步骤：一是听取被调查人所在单位及纪检监察机关的意见。组织（人事）部门应当就受调查领导干部的一贯表现、存在的问题以及所应担负的责任等内容认真听取其所在单位的意见。如果该领导干部已经接受过纪检监察机关的调查，还应当听取纪检监察机关的意见。二是听取被调查人的陈述。组织（人事）部门应当与被调查人谈话，听取其对自身存在问题的陈述说明以及相关问题的申辩，对于被调查人的申辩应当如实记录。三是决定是否提出组织处理意见。根据调查核实情况以及其他执纪执法机关的认定结果、有关建议，由组织（人事）部门决定是否需要向党委（党组）提出组织处理意见，必要时还可以联合有关部门共同拟定组织处理意见。

（二）提出处理意见阶段

对于有权提起组织处理意见的主体，不同党内法规的侧重点略有区别。《组织处理规定》第10条第2项规定，组织（人事）部门根据调查核实情况或者执纪执法等机关认定结果、有关建议，以及领导干部一贯表现、认错悔错改错等情况，综合考虑主客观因素，研究提出组织处理意见报党委（党组）；而根据《中央纪委、中央组织部关于在查处违犯党纪案件中规范和加强组织处理工作的意见（试行）》第3条第1项的规定，纪检机关在查处违犯党纪案件的过程中，认为需要采取组织处理措施的，应当向组织（人事）部门书面通报情况，提出建议,与组织(人事)部门共同研究提出处理建议方案,按照干部管理权限报批。综合上述规定,有权提起组织处理意见的主体包括组织(人事)部门和纪检监察机关。其中,组织(人事)部门有权独立提出组织处理意见,纪检监察机关经过调查认为需要对党员干部采取组织处理措施的,应当在与组织(人事)部门沟通后共同提出处理意见。

提出组织处理意见时,需要注意两点:一是综合权衡各种因素。组织(人事)部门应当根据调查核实情况或者执纪执法机关的认定结果、有关建议,以及领导干部一贯表现、认错悔错改错等情况,综合考虑主客观因素,研究拟定组织处理意见上报党委(党组)。二是提交相应的佐证材料。为了贯彻实事求是与依规依纪依法相结合原则,组织(人事)部门向党委(党组)提出组织处理意见时,应当提供佐证材料和情况说明,以及需要提供的其他材料。

(三)研究决定阶段

党委(党组)接到组织处理意见后,应当根据相关规定召开会议集体研究,作出组织处理决定。研究决定阶段包括三个步骤:一是集体研究。党委(党组)应当以组织处理建议中附带的有关材料和情况说明为依据,对案件的事实、证据、定性等内容进行集体讨论。二是作出组织处理决定。在充分考虑违规违纪行为的性质、拟被处理人的认错态度等各项因素的情况下作出组织处理决定。在作出决定前,党委(党组)应当听取拟被处理人的陈述。对于双重管理的领导干部,主管方在作出组织处理时还应事先征求协管方意见。三是制作组织处理决定书。组织处理决定作出后,党委(党组)应当制作组织处理决定书,其中应当写明事实依据、规范依据、适用方式、批准机关、生效时间、被处理人的申诉期限及受理机关等。

(四)宣布实施阶段

党委(党组)作出组织处理决定后,进入宣布实施阶段,主要包括三个步骤:一是组织处理决定的送达。组织处理决定作出后,党委(党组)应当及时向被处理人本人及其所在单位的组织(人事)部门送达组织处理决定书。二是组织处理决定的执行。组织(人事)部门在接到组织处理决定后,应当将组织处理决定书和相关材料归入被处理人的干部人事档案,并在1个月内为被处理人办理调整职务、职级、工资以及其他有关待遇的手续。手续办理完毕后应当及时将处理结果向党委(党组)报告,并根据工作需要将处理结果抄送有关部门。党委(党组)认为有必要向社会公开组织处理结果的,可以按照相关规定予以公开。三是相关法律程序的履行。组织处理涉及党外职务变动的,应当由有关部门按照相应的法律规定进行处理。对依法选举和任免的领导干部,还应按照有关规定履行任免程序。

(五)申诉救济阶段

为了保障党员的权利,增强党的生机活力,《中国共产党章程》明确赋予党员申诉权。《党员权利保障条例》第 18 条第 1 款规定:“党员有党内申诉权,对于党组织给予本人的处理、处分或者作出的鉴定、审查结论不服的,有权按照规定程序逐级向本人所在党组织、上级党组织直至中央提出申诉。”为此,《组织处理规定》规定了组织处理的申诉制度,其主要流程包括三部分:一是申诉的提起。领导干部对组织处理决定不服的,可以在收到组织处理决定后,向作出组织处理决定的党委(党组)提出书面申诉。二是申诉的处理。党委(党组)应当在收到申诉的 1 个月内作出申诉处理决定,以书面形式告知干部本人以及所在单位。三是申诉的复议。领导干部对申诉处理决定不服的,可以向上级组织(人事)部门提出书面申诉。上级组织(人事)部门应当在 2 个月内予以办理并作出答复,情况复杂的不超过 3 个月。

同时,为了保障组织处理决定的权威性,及时发挥组织处理的功效,《组织处理规定》也明确规定了申诉不停止执行原则,相关党组织不能因为申诉的启动,而中止组织处理决定的执行程序。当然,本着实事求是的原则,对领导干部组织处理存在事实认定不清楚、责任界定不准确的,应当重新调查核实。处理不当的,应当及时予以纠正。必要时,上级党委(党组)可以责令作出组织处理决定的党委(党组)予以纠正。

第三节 组织处理制度的完善

全面从严治党永远在路上,组织处理制度也需要顺应时代的要求不断地发展。由于是首次立规,在制定《组织处理规定》时,相关实践经验还不够丰富,相关理论研究还未真正展开,需要先行先试,予以探索完善。据此,现行有关组织处理的党内法规的名称冠以“试行”字眼。按照《党内法规制定条例》第30条的规定,试行党内法规的试行期一般为5年,试行期届满后要出台正式党内法规。为此,需要及时总结经验,吸取相应理论成果,从组织处理的程序、期限、主体的职权职责等方面提出修改完善建议,以提升组织处理工作的科学化、规范化、法治化水平。具体而言,可以从以下四个方面对组织处理制度进行完善。

一、健全组织处理措施

健全组织处理措施,主要是指将引咎辞职纳入组织处理的范畴。对于引咎辞职是否属于组织处理的类型,不仅理论界多有争议,相关党内法规的表述也不尽相同。《组织处理规定》将责令辞职纳入组织处理范畴,而将引咎辞职排除在外,但《党政领导干部辞职暂行规定》《党政领导干部选拔任用工作条例》《党政领导干部生态环境损害责任追究办法(试行)》等党内法规明确规定组织处理的类型包含引咎辞职。

引咎辞职,是指党员领导干部因工作严重失误、失职造成重大损失或者恶劣影响,或者对重大事故负有重要领导责任等,不宜再担任现职,由本人主动提出辞去现任领导职务的一种党规责任措施。从语义的角度看,引咎辞职存在主动辞去领导职务之义,更强调领导干部自我问责的属性,与党组织为了惩戒党员领导干部而实施的组织处理在性质上存在区别。但是从实践的角度看,目前我国的引咎辞职的适用过程并非单纯由相关党员领导干部自责、愧疚而引发,与纯粹的道德自律式的引咎辞职差异较大,具有道德责任制度化的特征,是一种具有一定强制性、惩戒性的责任承担方式。通过分析《党政领导干部辞职暂行规定》第14条、第15条规定的引咎辞职的适用情形可以发现,引咎辞职与因公辞职、自愿辞职的根本区别在于适用条件的不同。引咎辞职的适用前提是存在一定的过错或过失行为,因而从形式上看其虽是一种行为,实质上却代表着一种责任承担方式。此外,尽管引咎辞职的启动是由责任承担者本人主动提出申请,但该程序的运转并不只是单纯依靠“当事者的良心发现”[1]而完成的,程序启动前的体制压力及其后续“不引咎辞职就会导致责令

〔1〕 吕尚敏:《引咎辞职:法理阐释与制度构建》,载《法学》2002年第4期。

辞职”的程序设计，体现出一种外在的强制力量。实践中亦是如此，在一些案例中“被要求引咎辞职”的字眼时常见诸报端，此情形与引咎辞职本身所具备的主动性有较大差别。如因疫苗事件，相关领导干部被要求引咎辞职等。[1]

基于引咎辞职在实践中呈现的特殊性，不能通过文字含义将其识别为领导干部自我问责的方式。甄别一种责任追究措施是否属于党规责任，属于哪种党规责任，应该穿透表象，对该措施的核心内容与功能进行分析。通过上述分析不难看出，无论是职务变动为核心内容，还是适用对象为党员领导干部，乃至党委(党组)在引咎辞职过程中的决定性作用，引咎辞职均符合组织处理的一般特征。将引咎辞职纳入组织处理的范畴，从而建立起停职检查、调整职务、引咎辞职、责令辞职、免职、降职由轻到重的六大组织处理类型，既可以避免引咎辞职“无处安放”的制度尴尬，又可以使组织处理的内涵与外延更加丰富。

二、细化组织处理规定

由于组织处理制度目前仍处于探索完善的过程中，《组织处理规定》中的不少具体规范选择了概括性表达，需要对之进行细化处理，以提高精确性与可操作性。

其一，细化程序性规定，提高组织处理的可操作性。对于组织处理的程序，《组织处理规定》以时间顺序为标准将之梳理为调查核实、提出处理意见、研究决定、宣布实施、申诉救济等阶段。从具体内容看，《组织处理规定》对每个阶段的具体规定过于简略，仅涉及该阶段的责任主体及其职责内容，相关工作内容与操作步骤缺乏精细化的规定。此种概括式规定为组织处理工作预留了较大的制度空间，但也在一定程度上降低了程序性规定的可操作性，导致目前组织处理工作的规范化、法治化水平都待提高。因此，在出台正式组织处理党内法规时，应对调查核实、提出处理意见、研究决定、宣布实施等阶段内部的工作内容进行更为周延细致的程序设计，以提升各部门各阶段开展组织处理工作的可操作性。

---

〔1〕 参见《长春长生疫苗案件：吉林省副省长被免职要求长春市市长引咎辞职》，载《黑龙江晨报》2018年8月17日，第7版。

其二,明确组织处理期限规定,提高组织处理工作效率。期限是指一个时间段,其意义在于强制要求特定人在规定的时间内完成特定的行为,以提升相关工作的效率。明确组织处理的期限,是提高组织处理工作效率的保障。现行党内法规有关组织处理期限的规定不多,且存在两方面的问题:一是相关规定分散。除《组织处理规定》,多部党内法规也涉及组织处理的期限问题,例如《问责条例》第 13 条第 1 款规定:"问责决定作出后,应当及时向被问责党组织、被问责领导干部及其所在党组织宣布并督促执行……涉及组织调整或者组织处理的,相应手续应当在 1 个月内办理完毕。"二是相关规定不甚全面。《组织处理规定》作为专门党内法规,其关于期限的规定聚焦于组织处理决定作出后的阶段,包括组织处理的影响期、被处理人的申诉期与答复期以及组织处理的办理期等,缺少对组织处理前端各项工作的期限规定。未来出台正式的组织处理规定时,应当进一步统合不同党内法规的相关规定,对诸如调查核实期限、党委(党组)作出组织处理决定的期限、组织处理决定执行的反馈期限、档案部门的归档期限等内容作出更细致的规定。在此基础上,还应明确组织处理从调查核实到决定执行等整个过程的期限。通过明确各个阶段的期限与组织处理工作的总期限,推动组织(人事)部门主动调查、党委(党组)积极研究决定、执行部门认真贯彻落实,切实提高组织处理工作的效率。

其三,明确不同主体的权责分工,发挥不同部门的职能优势。为了凸显组织(人事)部门在组织处理工作中的主导作用,《组织处理规定》并未涉及组织处理工作中纪检监察机关的职权职责,仅规定执纪执法机关对于违纪行为已有认定结果的,组织(人事)部门可以不再进行调查。然而,过于强调单一主体的制度设计,不但与《中央纪委、中央组织部关于在查处违犯党纪案件中规范和加强组织处理工作的意见(试行)》等现行有效的党内法规相抵牾,也忽视了纪检监察机关在组织处理工作中发挥的重要作用。在干部监督和管理过程中,组织(人事)部门与纪检监察机关各有优势,只有明确二者的职权关系,加强二者在组织处理工作中的合作,才能够形成合力,进一步提升组织处理的制度效能。未来出台正式的组织处理规定时,应当对组织处理工作中纪检监察机关的职权职责进行规定,例如,组织(人事)部门拟定组织处理建议时是否需要听取纪检监察机关的意见,纪检监察机关如何对组织处理工作开展监督等。

三、健全组织处理与政务处分的衔接

党的十九届四中全会提出，要“坚持和完善党和国家监督体系，强化对权力运行的制约和监督”。组织处理是党的监督体系的重要内容，政务处分是国家监督体系的重要内容，二者并行不悖，互为补充。根据《政务处分法》第 17 条的规定，对公职人员的违法行为可以同时予以组织处理和政务处分。《组织处理规定》第 8 条也规定组织处理可以和党纪政务处分合并使用。政务处分的对象为行使公权力的公职人员，组织处理的对象为党员领导干部，但党员领导干部不仅仅指党内领导干部，多数党员又是内嵌于公权力机关中行使公权力的公职人员，若该公职人员同时具备领导干部身份，那么其也属于组织处理的适用对象范畴，势必会产生组织处理与政务处分的轻重如何匹配、违规与违法行为事实认定等衔接协调问题。具体而言，组织处理与政务处分的衔接应当遵循以下两大原则。

其一，轻重匹配衔接。组织处理与政务处分轻重匹配得当，既可以避免二者畸轻畸重，也可以防止两者互相取代，有利于保障党的监督与国家监督衔接贯通。目前对于二者轻重如何匹配的问题尚缺乏相应的党内法规或者法律法规的明确规定，但是可以从相关规范中获得可行的解决办法。例如，《党内监督条例》第 7 条规定了监督执纪“四种形态”的具体内容，〔1〕结合《监督执纪“四种形态”统计指标体系》对每一种形态的具体分类，可以推知，政务处分中的警告、记过、记大过、降级〔2〕与组织处理中的停职检查、调整职务、责令辞职、免职同属于第二种形态，政务处分中的撤职、开除与组织处理中的降职同属于第三种形态。同时，结合《政务处分法》第 18 条的规定〔3〕可知，被予以免职、责令辞职的党员领导干部，可以配套予以警告、记过、记大过或降级的政务处分；被予以降职的党员领导干部，可以同时被予以撤职或者开除政务处分，如

---

〔1〕《党内监督条例》第 7 条规定：“党内监督必须把纪律挺在前面，运用监督执纪‘四种形态’，经常开展批评和自我批评、约谈函询，让‘红红脸、出出汗’成为常态；党纪轻处分、组织调整成为违纪处理的大多数；党纪重处分、重大职务调整的成为少数；严重违纪涉嫌违法立案审查的成为极少数。”

〔2〕《监督执纪“四种形态”统计指标体系》于 2016 年发布，其在第二种形态规定行政警告、行政记过、行政记大过、行政降级为政纪轻处分同样适用于政务处分，因为政务处分是伴随着国家监察体制的改革由政纪处分演变而来的。

〔3〕《政务处分法》第 18 条规定：“担任领导职务的公职人员有违法行为，被罢免、撤销、免去或者辞去领导职务的，监察机关可以同时给予政务处分。”

此可以兑现"轻轻、重重"的匹配原则。[1] 当然,对于组织处理与政务处分二者轻重匹配衔接的细节问题,如具体的匹配原则以及如何解决二者之间的实效问题等,还有待未来组织处理以及政务处分相关制度的进一步完善。

其二,衔接情形认定。组织处理与政务处分需要衔接协调的前提是二者同时适用,且适用前提是基于同一违法违规违纪行为。那么,如何认定同一违法违规违纪行为是必须解决的难题。具体而言,可以从以下几个方面对衔接协调的具体情形加以判定:第一,在具体案件中,若同时适用政务处分与组织处理,必须满足"同一行为事实"的条件,即同一行为既违反法律法规,又违反党规党纪。换言之,"行为对象或者客体以及行为表现必须一致,只要其中之一发生变化,就不能归为同一事实",[2]应当单独适用组织处理或者政务处分。第二,在具体规范中,若组织处理的适用情形与政务处分的适用情形重合,触犯该类规范的行为应当同时予以组织处理与政务处分。例如,《组织处理规定》第 7 条第 9 项规定"违反民主集中制原则,个人或者少数人决定重大问题,不执行或者擅自改变集体决定……"与《政务处分法》第 30 条第 1 项规定"违反民主集中制原则,个人或者少数人决定重大事项,或者拒不执行、擅自改变集体作出的重大决定的"基本重合。第三,对于党的领导干部,党内法规所提出的要求往往高于国家法律,因此实践中也会存在可以免予政务处分,但是需要给予组织处理的情形。相应的执纪执法机关在认定时,应当严格厘清行为事实的性质,明确是单独适用组织处理还是在适用组织处理的基础上并处政务处分。此外,组织处理在调查核实阶段,相关执纪执法机关对行为事实已经有认定结果的,可以不再进行调查。因此,在具体的案件事实认定中,相关执纪执法机关应当信息共享,在工作机制上实现衔接协调。

四、区分组织处理与相似概念

清晰的概念是开展党内法规研究的基石。在党内法规制度文本中,存在数种与组织处理相似的概念。要提高组织处理制度的规范性,要将组织处理

---

〔1〕 参见贾轶凡、王浩臣:《如何理解和把握〈政务处分法〉规定的政务处分与党纪处分的匹配适用?遵循"轻轻、重重"的匹配原则》,载《中国纪检监察》2020 年第 16 期。

〔2〕 秦前红、张晓瑜:《政务处分与党纪处分适用衔接的若干问题》,载《中南民族大学学报(人文社会科学版)》2021 年第 1 期。

与这些相似的概念进行区分。在党内法规制度文本中,组织处理、组织调整与组织处置是三个高频词,文字上的相似性导致三者在某些场景存在混用的情形,有必要对之进行甄别,明晰彼此的差异。

其一,组织处理与组织调整。按照目前的普遍理解,组织处理与组织调整的内涵存在部分重叠,容易导致适用上的混乱。例如,《问责条例》第 8 条将组织处理与组织调整并列,[1]《公务员考核规定》第 21 条将组织处理与组织调整作为公务员连续 2 年确定为基本称职等次的后果,[2]《党员权利保障条例》第 47 条将组织处理与组织调整作为对侵犯党员权利情节严重的党员的惩罚措施。[3] 为了避免此种混乱,有必要对组织调整的内涵进行限缩,即将惩罚性组织措施排除在组织调整的范畴之外,如此方可清楚划定组织调整与组织处理的楚河汉界。质言之,将组织调整限定于非惩罚性组织措施,而惩罚性组织措施则专属于组织处理。

就此而言,判断某一特定组织措施的属性,关键在于其是否具有惩罚性。例如,《党政领导干部选拔任用工作条例》第 54 条规定:"党政领导干部有下列情形之一的,一般应当免去现职:(一)达到任职年龄界限或者退休年龄界限的;(二)受到责任追究应当免职的;(三)不适宜担任现职应当免职的;(四)因违纪违法应当免职的;(五)辞职或者调出的;(六)非组织选派,个人申请离职学习期限超过一年的;(七)因健康原因,无法正常履行工作职责一年以上的;(八)因工作需要或者其他原因应当免去现职的。"上述第 1 项、第 5 项、第 6 项、第 7 项、第 8 项规定的免职情形,没有惩罚性,应当属于组织调整的范畴;而第 2 项、第 3 项、第 4 项规定的免职情形,具有惩罚性,应当属于组织处理的范畴。因此,即便同一名称的党内法规措施,也应从目的与功能出发,对其属性进行甄别。例如同样是"免职",没有惩罚性的免职是组织调整,具有惩罚性的免职则是组织处理。

---

[1] 《问责条例》第 8 条第 2 款第 3 项规定:"组织调整或者组织处理。对失职失责、危害较重,不适宜担任现职的,应当根据情况采取停职检查、调整职务、责令辞职、免职、降职等措施。"

[2] 《公务员考核规定》第 21 条第 5 项规定:"连续两年确定为基本称职等次的,予以组织调整或者组织处理。"

[3] 《党员权利保障条例》第 47 条第 2 款规定:"对于有侵犯党员权利行为的党员,其所在党组织或者上级党组织可以采取责令停止侵权行为、责令赔礼道歉,以及批评教育、责令检查、诫勉等方式给予处理;情节较重的,按照规定给予组织调整或者组织处理、党纪处分。"

其二,组织处理与组织处置。党员是构成党的最基本单位,是党的活动、生命、形象主体。组织处理与组织处置都是管党治党的重要措施,但是二者的性质并不相同。组织处理作为一种党规责任,是党组织对违规违纪的领导干部实施的惩戒措施,核心是对被处理人进行岗位、职务、职级的调整。组织处置是党组织基于党章及有关规定对党员身份作出的处理措施,其核心是党组织对不合格党员的身份进行调整。

党的十九大提出,稳妥有序开展不合格党员组织处置工作。根据党章和有关规定,不合格党员主要是指那些丧失了共产主义信念、革命意志衰退、不履行党员义务、长期不参加党的组织生活、不缴纳党费、不接受党组织分配的工作、没有发挥党员作用等不符合党章规定的条件和标准的党员。组织处置以党员身份调整为核心内容,是党组织对不合格党员实施的管理措施,包括限期改正、〔1〕劝其退党、〔2〕除名〔3〕等。从以上规定可以看出,同样是对身份进行调整,组织处理与组织处置存在以下数个方面的区别:一是措施性质不同。组织处理属于党内法规责任,具有惩罚性;而组织处置是一个组织概念,并不具有惩罚性,属于党组织自我净化的一种组织措施。二是种类名称不同。组织处理包括停职检查、调整职务、引咎辞职、责令辞职、免职、降职;而组织处置包括限期改正、劝其退党、除名。三是适用对象不同。组织处理的对象为党员领导干部,而组织处置适用于全体党员以及预备党员。四是适用情形不同。组织处理的适用情形是被处理人违规违纪、失职失责,不再适合继续担任现领导岗位。组织处置的适用情形是被处置人不符合党章和有关党内法规规定的党员标准,不具备党员应有的先进性、纯洁性,不能发挥党员的模范引领作用,需要将其清除出党员队伍。

---

〔1〕《党员教育管理条例》第30条规定:"对缺乏革命意志,不履行党员义务,不符合党员条件,但本人能够正确认识错误、愿意接受教育管理并且决心改正的党员,党组织应当作出限期改正处置,限期改正时间不超过1年……"

〔2〕《党章》第9条第2款规定:"党员缺乏革命意志,不履行党员义务,不符合党员条件,党的支部应当对他进行教育,要求他限期改正;经教育仍无转变的,应当劝他退党……"

〔3〕《党员教育管理条例》第31条第1款规定:"党员具有下列情形之一的,按照规定程序给予除名处置:(一)理想信念缺失,政治立场动摇,已经丧失党员条件的,予以除名;(二)信仰宗教,经党组织帮助教育仍没有转变的,劝其退党,劝而不退的予以除名;(三)因思想蜕化提出退党,经教育后仍然坚持退党的,予以除名;(四)为了达到个人目的以退党相要挟,经教育不改的,劝其退党,劝而不退的予以除名;(五)限期改正期满后仍无转变的,劝其退党,劝而不退的予以除名;(六)没有正当理由,连续6个月不参加党的组织生活,或者不交纳党费,或者不做党所分配的工作,按照自行脱党予以除名。"

第六章　纪 律 处 分

纪律处分是党内法规责任体系中最具严厉性的责任类型，是维护党章和其他党内法规，保障党的纪律全面贯彻的“最后一道防线”。自 1997 年中共中央发布《中国共产党纪律处分条例（试行）》以来，此条例历经 3 次修订，[1]日趋完善。纪律处分作为党内法规责任的特定类型，已具有较高的规范性和体系性。但现有研究偏重于对纪律处分的条文“注释”式研读或价值“宣示”式阐述，缺乏体系性的理论建构，对纪律处分制度实践的指导力有不逮。为此，需要紧扣现行《纪律处分条例》的文本，结合纪律处分的演进趋势和实践经验，遵循“概论—实体论—程序论”的基本思路，从基本内涵、适用规则、运行程序三个维度构建纪律处分的理论框架，以期为纪律处分制度科学化、规范化、精准化运行提供系统的理论指导。

第一节　纪律处分概述

纪律处分是具有相同特征的多种党内法规责任种类的合集，是区别于其他党内法规责任的一种特定责任类型。下面从纪律处分的概念、特征、功能、种类四个方面对纪律处分进行阐述，以厘清纪律处分与其他处分类型的边界，

---

〔1〕 2003 年颁布了第一部正式的《纪律处分条例》，此后该条例经 2015 年、2018 年、2023 年 3 次修订。

确立纪律处分的基本范畴。

一、纪律处分的概念

不同于其他党内法规基本概念，当前，纪律处分不存在统一的正式定义。作为党的“纪律”的附随性概念，纪律处分从字面上可以理解为违犯党的纪律所应当承担的党内处分。但在实践中，纪律处分作为独立的基本概念，具有区别于其他党内处分的特定内涵和外延。整体来看，随着党的纪律建设的规范化、体系化发展，纪律处分经历了“非特定概念—不确定性概念—确定性概念”三个阶段的转型与发展。

具体而言，在党的一大党纲发布后至党的八大党章发布前的一段时期，纪律处分属于非特定概念，其基本内涵较为模糊。1921 年，党的一大通过中国共产党的第一个纲领，规定了“保守秘密”等政治纪律，但未规定违反纪律的不利后果，亦未明确提出“纪律”概念。1922 年，党的二大在党章中首设“纪律”一章，并设置了“取消”“改组”“开除”等违纪处分方式，但没有提出“纪律处分”这一概念。党的六大和七大党章文本提出了“处分”概念，但该时期，纪律处分与其他处分措施不存在明显的区分性特征。新中国成立以后，党内法规制度得到了高度重视，党的纪律建设也取得了长足的发展，《关于成立中央及各级党的纪律检查委员会的决定》《关于处分党的组织和党员的批准权限和手续的规定》《中共中央监察委员会工作细则》等党内法规相继发布，中央及地方各级纪律检查机制相对完善，纪律处分逐渐从主体、程序、权限等方面与其他处分方式相区分，具备了成为一个特定概念的基本条件。

1956 年，党的八大首次在党章中使用了“纪律处分”这一概念，并将纪律处分划分为五类，即警告、严重警告、撤销党内职务、留党察看和开除党籍，标志着纪律处分正式在规范意义上成为一个相对独立的基本概念。党的十一届三中全会后，为了克服党内组织涣散、纪律松弛等情况，党中央出台了多项纪律处分规定。该时期“纪律处分”所指代的处分方式虽然相对清晰，即“纪律处分”概念的外延相对明确，但由于涉及纪律处分的党内法规较多，纪律处分具体的标准和适用情形尚不统一，因此此时“纪律处分”概念的内涵仍存在一定的模糊性，属于不确定性概念。

1997 年，中共中央发布《中国共产党纪律处分条例(试行)》，首次全面、系统地明确了纪律处分的定性量纪规则,统一了纪律处分的适用原则、适用对象、适用情形、适用标准及程序等内容。从此“纪律处分”正式成为一个确定性概念,拥有了相对明确的内涵和外延。此后,随着《中国共产党章程》《纪律处分条例》等党内法规的不断修改和完善,以及纪律处分制度实践的纵深发展,“纪律处分”概念在其范围和边界相对明确的前提下,内容不断丰富和发展。

可见,作为非定义性概念,“纪律处分”的内涵和外延取决于党章和相关党内法规的具体规定,在不同历史时期具有不同的具体含义。为了保障概念的普遍性、稳定性和同一性,依托现行有关党内法规的规定,借鉴相关理论成果,可将纪律处分界定为执纪主体依照特定的职权和程序对违犯党纪的党员和党组织给予的党内制裁。

二、纪律处分的特征

纪律处分的特征即纪律处分区别于其他党内法规责任的基本标志,塑造了纪律处分的基本范畴和主要内容。与其他党内法规责任类型相比,纪律处分在权限、内容、性质和程度四个方面特征显著。

(一)权限的明确性

虽然纪律处分与警示处理的权力主体在范围上具有高度重合性,但与警示处理相比,不同纪律处分主体之间的权责分工更为明确。具体表现在以下两个方面:其一,纪律检查机关的专责主体地位突出。虽然党委(党组)、党的工作部门、党的基层组织等主体都具有纪律处分权限,但作为党内监督的专责机关,纪律检查机关配置了专业化的监督、执纪、问责队伍,并依据《中国共产党章程》《纪律处分条例》等党内法规专责行使监督、执纪、问责职权。其二,不同处分主体的权责分工明确。《中国共产党章程》《处分违纪党员批准权限和程序规定》等党内法规确定了分级负责的纪律处分工作机制,并依据处分对象及处分程度的不同,对不同主体的具体权限进行了配置。如依据《中国共产党章程》第 42 条第 2 款的规定,对党的中央委员会委员、候补委员的警告、严重警告处分,由中央纪律检查委员会常务委员会行使审议权,由党中央行使批准权;对地方各级党的委员会委员、候补委员的警告、严重警告处分,由上一级纪律检查委员会行使批准权,并报同级党委备案。

（二）内容的规范性

《纪律处分条例》在党内法规中具有牵一发而动全身的关键作用，且因与《刑法》在形式、性质和地位上的三重相似性，素有党内法规体系中的“刑法”之称。[1] 因此，与“罪刑法定”的刑法基本原理相似，为了规范纪律检查权力的行使，保障被追责人的基本权利，作为党内“刑法”的纪律处分，必须严格依循相关党内法规的规定。因此法律处分具有突出的规范性特征，主要体现在以下两个方面。

一是种类规范性。纪律处分是对党员和党组织造成重大影响的党规责任类型，其具体种类的设定需严格遵循《中国共产党章程》的规定，不能随意增设或改设。《中国共产党章程》第41条第1款将对党员纪律处分的具体方式限定为五种，即警告、严重警告、撤销党内职务、留党察看和开除党籍。该规定蕴含了一个立规原则，即党章保留原则。按照该原则，除《中国共产党章程》外，其他任何党内法规均不得创设、变更、删减纪律处分的具体种类。《纪律处分条例》等以“条例”为名称的主干党内法规也不例外，其只能在《中国共产党章程》规定的基础上，进一步细化纪律处分种类的具体条件、特定内涵和不利后果。

二是程序规范性。不同于组织处理和警示处理，纪律处分作为最早确立责任种类和专责主体的责任类型，其处分程序也最早开启规范化和体系化进程。当前，《中国共产党章程》《纪律检查机关监督执纪工作规则》《纪律检查机关案件检查工作条例》《处分违纪党员批准权限和程序规定》《纪律检查机关控告申诉工作条例》等党内法规共同构建起包括一般程序、特殊程序和救济程序在内的纪律处分程序规范体系，涵盖从线索处置到执行纪律处分决定全过程。

（三）行为的特定性

纪律处分所制裁的具体行为是党内法规规定的特定行为。一方面，纪律处分制裁的行为是违反党的纪律规定的行为。从党的纪律和党内法规的关系看，党的纪律是党的各级组织和全体党员必须遵守的行为规则，是党内法规的重要组成部分。因此，并非所有违反党内法规的行为都是违纪行为，即并非所

---

〔1〕 参见石伟：《党内法规中的“刑法”——新修订版〈中国共产党纪律处分条例〉解读》，载《马克思主义与现实》2016年第4期。

有违规行为都需以纪律处分的形式施加制裁。《中国共产党章程》将党的纪律划分为政治纪律、组织纪律、廉洁纪律、群众纪律、工作纪律、生活纪律六种特定类型,《纪律处分条例》等党内法规在此基础上明确了各类党的纪律的具体内容。因此,纪律处分所针对的具体行为是违反上述党内法规纪律条款的行为。另一方面,只有达到一定程度的违纪行为才会受到纪律处分。依据行为与责任相适应的基本原则,并非所有违纪行为都需以纪律处分为责任承担方式。如依据《纪律处分条例》第9条的规定,党组织的一般违纪行为可以"责令其作出书面检查或者给予通报批评"的方式进行处理,只有当其行为"严重违犯党纪、本身又不能纠正"时,才需对其进行纪律处分。此外,《纪律处分条例》专章设定了纪律处分运用规则,如果具备规定的情形,可对违纪主体从轻、减轻处分甚至免予处分,而处以警示处理、组织处理等其他制裁措施。

(四)程度的严厉性

纪律处分直接影响处分对象的任职资格,甚至会导致其丧失党内"生命",故与其他党规责任类型相比,其处罚力度更大,后果更为严厉。如前所述,警示处理具有精神罚的特征,会导致违纪人面临名誉减损、社会评价降低等不利后果,但对其身份、财产等实质性利益的影响较弱,是处分程度最轻微的责任类型。如责令公开道歉是对党政领导干部的警示处理措施,其不利后果集中表现为该年度评优评先资格丧失,影响处分对象的个人荣誉和社会评价,但不会对其岗位、职务、职级产生实质性影响。组织处理具有职务罚的特征,会使处分对象在职务、级别等方面受到惩戒,但不利影响主要表现为"降低"或"暂停"而非"丧失"。如降职是性质最严重的组织处理措施,其不利后果表现为职级的降低,但不会导致其领导身份或党员身份的丧失。纪律处分属于资格罚,轻则影响处分对象特定时间内的任职资格,如受到警告处分的党员1年内不得在党内提拔职务和向党外组织推荐担任高于其原任职务的党外职务,重则导致处分对象直接丧失党员资格、党组织资格,其后果最为严重。

三、纪律处分的功能

由于纪律处分在整个党规责任体系中处于核心位置,除具备一般党规责任的基本功能外,其惩罚、威慑和保障功能尤为突出。

(一)惩罚功能

作为党规责任的基本类型,与一般党规责任相同,纪律处分兼具惩罚与教育功能。但如前所述,纪律处分针对的行为是具有一定严重程度的违纪行为,依据过罚相称的基本原则,其处罚力度和处分后果相较于其他类型的党规责任更严厉。因此,相较于其他以教育或教育性惩罚为主要目的的党规责任类型,纪律处分的惩罚功能更突出。如警告处分是程度最轻微的纪律处分种类,其在外观上与通报批评相似,都是通过公开警告劝诫的方式教育责任主体,但警告处分的否定性评价更强烈,且相较于通报批评,受警告处分的责任主体在1年内不得在党内提拔职务和向党外组织推荐担任高于其原任职务的党外职务,突出了警告处分的惩罚性。

(二)威慑功能

威慑功能指纪律处分能使潜在的违纪主体产生恐惧害怕心理,从而形成“不敢腐”的震慑力。纪律处分的威慑功能主要体现在两个方面:一是纪律处分预留的悔改空间较小。纪律处分的上限可达至开除党籍,直接剥夺违纪主体通过积极履行党内义务进行自我纠正的机会,能有效消除潜在违纪主体的侥幸心理。二是纪律处分的影响大。纪律处分决定作出后,会在1个月内向受处分党员所在党的基层组织中的全体党员及其本人宣布,严重影响责任主体的党内声誉。此外,依据《干部人事档案工作条例》和《纪律检查机关监督执纪工作规则》的规定,受处分对象是领导班子成员或公职人员的,处分决定材料还将归入其干部人事档案。不同于廉政档案的“党内”属性,干部人事档案不仅记载党纪处分,还包括法院刑事判决书、裁定书,有关行业监管部门对干部有失诚信、违反法律和行政法规等行为形成的记录,属于社会信用体系的重要组成部分。因此,纪律处分不仅影响违纪主体的党内评价,还会对其社会声誉造成影响。违纪成本较高,可有效遏制潜在违纪主体的违纪意图。

(三)保障功能

纪律处分是保障党的纪律贯彻执行的最后一道防线。对于一般违纪和轻微违纪行为,可通过其他党规责任类型予以惩戒和教育,引导违纪主体及时纠正错误,遵守党的纪律。但实践中,难免存在违纪主体屡教不改、故态复萌的情形,难以通过警示处理或组织处理予以根治。为了保障党的纪律的权威性和严肃性，避免产生塌方式的违纪，必须通过严厉的纪律处分措施对上述违纪主体进行惩治，对影响恶劣者甚至还可开除党籍，以确保党组织的先进性与纯洁性，为全面从严治党提供刚性的制度保障。此外，按照《党内法规制定条例》第3条的规定，党内法规是依靠党的纪律保证实施的专门规章制度，而党的纪律则需仰仗纪律处分的保障，从这个角度而言，纪律处分是整个党内法规得以贯彻实施的重要保障。

四、纪律处分的种类

党的纪律是全体党员和各级党组织都必须遵守的行为规则。其中，全体党员包括正式党员和预备党员。预备党员和正式党员一样，都必须履行党员义务，因而也必须遵守党的各项纪律。因此，预备党员、正式党员和各级党组织的违纪行为都应当依据党的纪律追究责任。依据处分对象的区别，纪律处分可分为三类，即对党员的纪律处分、对预备党员的纪律处分和对党组织的纪律处分。依据《党章》和《纪律处分条例》的规定，对党员的纪律处分具体包括警告、严重警告、撤销党内职务、留党察看和开除党籍五种方式，对预备党员的纪律处分包括延长预备期和取消预备党员资格两种方式，对党组织的纪律处分包括改组和解散两种方式。

（一）对党员的纪律处分种类

对党员的纪律处分的具体方式一直处于变动状态，1956年，《中国共产党章程》将之定型，划分为五类，即警告、严重警告、撤销党内职务、留党察看和开除党籍。五类纪律处分方式在此后历次修改的党章中一直沿用下来，具体阐述如下。

1. 警告

警告是党组织对违纪党员提出的告诫，以促使其认识和改正错误。警告是最轻的一种纪律处分，适用于违纪情节较轻，但必须给予纪律处分的党员。对党员的警告处分，必须经过支部大会讨论决定，报党的基层委员会批准；如果涉及的问题比较重要或复杂，应分别不同情况，报县级或县级以上党的纪律检查委员会审查批准。给予地方各级党的委员会委员、候补委员警告处分，应由上一级纪律检查委员会批准，并报它的同级党的委员会备案；给予党的中央委员会委员、候补委员警告处分，由中央纪律检查委员会常务委员会审议后，报党中央批准。受到警告处分的党员，仍然享有《中国共产党章程》规定的党员权利，且不影响其担任的党内外职务，但在受处分后的1年内，不得在党内提拔职务或者进一步使用，也不得向党外组织推荐担任高于其原任职务的党外职务或者进一步使用。

2. 严重警告

严重警告是党组织对违纪党员提出的严重告诫，以责令其认识和改正错误。严重警告是重于警告的一种纪律处分方式，适用于违纪程度比较严重的党员。严重警告的审批程序与警告相同，对党员的严重警告处分，必须经过支部大会讨论决定，报党的基层委员会批准；如果涉及的问题比较重要或复杂，应分别不同情况，报县级或县级以上党的纪律检查委员会审查批准。给予地方各级党的委员会委员、候补委员严重警告处分，应由上一级纪律检查委员会批准，并报它的同级党的委员会备案；给予党的中央委员会委员、候补委员严重警告处分，由中央纪律检查委员会常务委员会审议后，报党中央批准。受到严重警告处分的党员，仍然享有《中国共产党章程》规定的党员权利，且不影响其担任的党内外职务，但在受处分后的1年半内，不得在党内提拔职务或者进一步使用，也不得向党外组织推荐担任高于其原任职务的党外职务或者进一步使用。

3. 撤销党内职务

撤销党内职务是指撤销受处分党员由党内选举或者组织任命的党内职务，属于较重的纪律处分，适用于所犯错误性质、情节严重，不宜再担任现任全部党内职务或某一个或几个党内职务的违纪党员。对于在党内担任两个以上职务的，党组织在作处分决定时，应当明确是撤销其一切职务还是一个或者几个职务。如果决定撤销其一个职务，必须撤销其担任的最高职务。如果决定撤销其两个以上职务，那么必须从其担任的最高职务开始依次撤销。对于在党外组织担任职务的，应当建议党外组织撤销其党外职务。此外，对于在立案审查中因涉嫌违犯党纪被免职的党员，审查后依照《纪律处分条例》规定应当给予撤销党内职务处分的，应当按照其原任职务给予撤销党内职务处分。

撤销党内职务处分的审批程序及不利后果较警告和严重警告处分更为严格。对党员的撤销党内职务处分，必须经过支部大会讨论决定，报党的基层委员会批准;如果涉及的问题比较重要或复杂,应分别不同情况,报县级或县级以上党的纪律检查委员会审查批准。给予党的中央委员会和地方各级委员会的委员、候补委员撤销党内职务处分,必须由本人所在的委员会全体会议 2/3 以上的多数决定。在全体会议闭会期间,可以先由中央政治局和地方各级委员会常务委员会作出处理决定,待召开委员会全体会议时予以追认。给予地方各级委员会委员和候补委员撤销党内职务处分,必须经过上级纪律检查委员会常务委员会审议,由这一级纪律检查委员会报同级党的委员会批准。党员受到撤销党内职务处分的,享有《中国共产党章程》规定的党员权利,但 2 年内不得在党内担任和向党外组织推荐担任与其原任职务相当或者高于其原任职务的职务。此外,对于应当受到撤销党内职务处分,但是本人没有担任党内职务的,应当给予其严重警告处分,受处分的党员 2 年内不得在党内担任和向党外组织推荐担任与其原任职务相当或者高于其原任职务的职务。

4. 留党察看

留党察看指党的组织对严重违纪但尚未完全丧失共产党员资格条件的党员,在决定开除其党籍之前,给予其一定的考察期,以督促其改正错误。留党察看是仅次于开除党籍的一种较重的纪律处分,适用于严重违纪,但尚未完全丧失共产党员资格条件,不宜再担任现有全部党内职务的党员。其审批与决定程序与撤销党内职务处分相同。党员受到留党察看处分,其党内职务自然撤销。对于担任党外职务的,应当建议党外组织撤销其党外职务。留党察看处分分为留党察看 1 年和留党察看 2 年,党员在留党察看处分期间,没有表决权、选举权和被选举权。

依据《中国共产党章程》及相关党内法规的规定,党员留党察看期间届满后,存在三种处理方式:一是恢复党员权利。在留党察看期间,确有悔改表现的,期满后恢复其党员权利;恢复党员权利后 2 年内,不得在党内担任和向党外组织推荐担任与其原任职务相当或者高于其原任职务的职务。二是延长考察期限。受到留党察看处分 1 年的党员,期满后仍不符合恢复党员权利条件,但不存在坚持不改的行为或其他应当受到党纪处分的违纪行为的,应当延长 1 年留党察看期限。留党察看期限最长不得超过 2 年。三是开除党籍。党员在留党察看期间,坚持不改或者又发现其他应当受到党纪处分的违纪行为的,应当开除党籍。

5. 开除党籍

开除党籍是指党的组织对严重违反党的纪律,已丧失共产党员资格条件的党员,取消其党员资格,将其开除出党的组织的处分措施。开除党籍是最重的纪律处分,适用于严重违纪、已丧失共产党员资格条件的党员。党员受到开除党籍处分,5 年内不得重新入党,也不得推荐担任与其原任职务相当或者高于其原任职务的党外职务。

开除党籍是党内的最高处分,各级党组织在决定或批准开除党员党籍的时候,应当全面研究有关的材料和意见,采取十分慎重的态度。依据《中国共产党章程》的规定,给予党员开除党籍处分的,必须报县级或县级以上党的纪律检查委员会审查批准。给予党的中央委员会和地方各级委员会的委员、候补委员开除党籍处分,必须由本人所在的委员会全体会议 2/3 以上的多数决定。在全体会议闭会期间,可以先由中央政治局和地方各级委员会常务委员会作出处理决定,待召开委员会全体会议时予以追认。给予地方各级委员会委员和候补委员开除党籍处分,必须经过上级纪律检查委员会常务委员会审议,由这一级纪律检查委员会报同级党的委员会批准。严重触犯刑律的中央委员会委员、候补委员,由中央政治局决定开除其党籍;严重触犯刑律的地方各级委员会委员、候补委员,由同级委员会常务委员会决定开除其党籍。

(二)对预备党员的纪律处分种类

《中国共产党章程》和《纪律处分条例》规定了三种针对预备党员的违纪处理方式,即批评教育、延长预备期和取消预备党员资格。但如前所述,纪律处分具有严厉性特征,以资格罚为核心内容和功能,故上述三种处理方式中,批评教育只能是党规措施,不能纳入纪律处分的范畴;而延长预备期和取消预备党员资格直接针对"预备党员资格"进行处理,符合纪律处分的特征和功能。因此,对预备党员的纪律处分;包括延长预备期和取消预备党员资格两种。

1. 延长预备期

延长预备期是指党的组织对违反党的纪律,但情节较轻的预备党员,保留其预备党员资格,但延长其转正考察期,以督促其改正错误。预备党员需要继续考察和教育的,可以延长 1 次预备期,延长时间不能少于半年,最长不超过 1 年。延长预备党员的预备期,必须符合两个要件:一是实体要件,即预备党员虽违反党的纪律,但情节较轻,具有悔改后重新具备入党条件的可能性。但依其错误程度难以通过批评教育措施进行惩戒，需要经过一段时间的教育和重新考察。二是程序要件，即由有监督执纪权限的纪律检查机关向预备党员所在党组织提出书面建议，预备党员所在党组织无正当理由应当采纳并交由预备党员所在党支部党员大会讨论形成决议，呈报有审批预备党员权限的基层党委批准后作出处理决定。

2. 取消预备党员资格

取消预备党员资格是指党的组织对违反党的纪律，情节较重的预备党员，认为其不具备党员条件，决定取消其预备党员资格。取消预备党员资格，必须符合两个要件：一是实体要件，即预备党员违反党的纪律，且情节较重，导致其明显不符合入党条件。二是程序要件，即由有监督执纪权限的纪律检查机关向预备党员所在党组织提出书面建议，预备党员所在党组织无正当理由应当采纳并交由预备党员所在党支部党员大会讨论形成决议，呈报有审批预备党员权限的基层党委批准后作出处理决定。曾经被党组织取消预备党员资格的人，经过党组织的教育，确实改正了缺点、错误，提高了政治素质，迫切要求入党的，可以提出入党申请，经党组织考察具备党员条件的，可以重新吸收其入党。

（三）对党组织的纪律处分种类

《中国共产党章程》第44条规定："对于严重违犯党的纪律、本身又不能纠正的党组织，上一级党的委员会在查明核实后，应根据情节严重的程度，作出进行改组或予以解散的决定，并报再上一级党的委员会审查批准，正式宣布执行。"违纪党组织的纪律处分种类包括改组、解散。

1. 改组

改组是撤销严重违犯党的纪律，本身又不能纠正的党组织的领导机构，并组织新的领导机构的一种纪律处分种类。改组党组织，必须具备两个要件：一是实体要件，即被改组的党组织必须严重违犯党的纪律，且本身不能纠正。二是程序要件，即改组需由上一级党的委员会查明核实并作出改组决定，并报再上一级党的委员会审查批准，正式宣布执行。受到改组处分的党组织领导机构成员，除应当受到撤销党内职务以上（含撤销党内职务）处分的外，自然免职。其影响期分别按照《纪律处分条例》和《党政领导干部选拔任用工作条例》等有关规定执行。所谓自然免职是指党内职务自然免除，不需要再另行履行免职手续。至于党组织领导机构成员兼任的党外职务,如需免职,则应履行相关的法律手续。

2. 解散

解散是指对严重违犯党的纪律的党组织予以解散的一种纪律处分种类。解散党组织,必须具备两个要件:一是实体要件,即被解散的党组织必须是全体或多数党员严重违犯党的纪律的党组织。二是程序要件,即解散需由上一级党的委员会查明核实并作出解散决定,并报再上一级党的委员会审查批准,正式宣布执行。对于受到解散处理的党组织中的党员,应当逐个审查。其中,符合党员条件的,应当重新登记,并参加新的组织过党的生活;不符合党员条件的,应当对其进行教育、限期改正,经教育仍无转变的,予以劝退或者除名;有违纪行为的,依照规定予以追究。

第二节　纪律处分的适用

纪律处分的适用即纪律处分主体依据规定的原则和规则对特定的行为定性量纪并作出纪律处分决定的过程。纪律处分制度是一个由多种处分方式构成的轻重有序的责任体系,依据"行为与责任相称"的基本原则,不同纪律处分种类的适用应与错误的性质及情节的轻重相匹配,以保障纪律处分适用的公正性和合理性。下面分别从适用原则、运用规则和适用情形三个方面对纪律处分的适用进行阐述。

一、纪律处分的适用原则

纪律处分的适用原则,是指《纪律处分条例》明文规定的,贯穿于纪律处分适用始终,必须得到普遍遵循的,具有全局性、根本性的准则。纪律处分的适用原则是党内法规责任追究的基本原则在纪律处分适用中的具体表现,其既有党内法规责任追究的一般性特征,又表现出纪律处分适用的特殊要求。具体而言,依据《纪律处分条例》第 4 条的规定,纪律处分工作应坚持以下五项原则。

(一)全面从严治党原则

党的十八大以来,针对全面从严治党的形势和任务,以习近平同志为核心的党中央提出加强纪律建设是全面从严治党的治本之策。[1] 因此,作为维护党的纪律、落实党的纪律要求的最后一道防线,纪律处分的适用必须以“党要管党、全面从严治党”为目标导向。具体而言,在纪律处分工作中,坚持全面从严治党的原则,必须做到以下两点。

一是执纪必严,加强日常监督,切实维护党的纪律。党内法规对全体党员和党组织提出了比国家法律更严格的纪律要求,全面覆盖政治、组织、生活、工作等各个方面,是管党治党的“戒尺”。制度的生命力在于执行,严明的纪律“戒尺”只有通过严格的纪律处分工作才能转变为带电的“高压线”,真正发挥其从严管党治党的功能。因此,纪律处分主体必须把严的基调、严的措施、严的氛围长期坚持下去,加强对党的各级组织和全体党员的教育、管理和监督,积极通过宣传、引导、支持、建议、命令等方式,推动党组织和党员自觉遵守、维护党的纪律,落实党的纪律要求。

二是违纪必究,注重抓早抓小、防微杜渐。违纪必究要求纪律处分主体对于所有违犯党的纪律的行为,都要“绳之以纪”,追究其党内法规责任。虽然纪律处分制裁的行为是错误性质较为严重的违纪行为,但对于监督执纪工作中发现的苗头性、倾向性问题,纪律处分主体必须秉持“严管与厚爱相结合”的责任追究基本理念,依据监督执纪“四种形态”的要求,通过常态追责,配合其他党规责任的运用,充分发挥党规责任体系的综合效应,将大多数违纪行为扼制在“纪律处分”适用之前。

(二)平等适用原则

平等原则是法治的基本原则,在纪律处分领域,其体现为党纪面前一律平等,主要有以下四个方面的含义。

一是反对特权。特权即制度之外的特殊权利,在纪律处分适用中表现为有的主体凭借自身地位、权力、影响力等凌驾于纪律之上。“特权现象的本质

---

〔1〕 参见《在十八届中央政治局常委会第一百一十九次会议关于审议中国共产党廉政准则、党纪处分条例修订稿时的讲话》(2015 年 10 月 8 日),载中国共产党新闻网 2017 年 1 月 16 日,http://jhsjk.people.cn/article/29025896。

是权力任性”,[1]通过不规范的权力行使逃避法治制裁是其重要表现,因此特权是贯彻平等适用原则的最大阻碍。对此,必须明确反对特权,把所有党员和党组织的权力关进纪律的笼子里,所有违犯党纪的党员和党组织都要受到纪律追究,党内不允许有任何不受纪律约束的党组织和党员。

二是平等保护。任何党员的合法权利都要受到保护,即使是被立案调查的党员和受到党纪处分的党员。纪律处分过程中的调查、决定、执行等过程实质上是纪律处分权力支配处分对象基本权利的过程。为了保障纪律处分权力的规范行使,保护处分对象的基本权利,减少冤假错案的发生,必须恪守平等保护的基本理念,给予受到立案调查或纪律处分的党员申辩权、申诉权等基本权利,并建构相关救济机制,畅通救济渠道。

三是公平执纪。在进行纪律处分时,必须坚持公平公正的理念,平等对待所有党组织和党员,不能考虑行为人的职务、资历、地位,以及所在地区、行业等不相干因素,更不能以自己的好恶选择性执纪,该查不查、该轻不轻、该重不重。

四是权责一致。平等不仅包括平等追责和平等保护等形式平等,更包括着眼于内容和目的正义性的实质平等。实质平等要求在纪律处分的适用过程中,紧扣处分对象的特殊性,在反对特权、平等追责的基础上,贯彻权责一致的基本原则,对特殊主体以及重要领域进行重点监督。对此,《纪律处分条例》将“党员领导干部”确立为纪律约束的主要对象,并将纪律审查的重点明确为“党的十八大以来不收敛、不收手,问题线索反映集中、群众反映强烈,政治问题和经济问题交织的腐败案件,违反中央八项规定精神的问题”。

(三)实事求是原则

实事求是是中国共产党人认识世界、改造世界的根本要求,是党的基本思想方法、工作方法、领导方法,也是纪律处分适用的基本原则。实事求是原则要求,对党组织和党员违犯党纪的行为,应当以事实为依据,以党章、其他党内法规和国家法律法规为准绳,准确认定违纪性质,区别不同情况,恰当予以处理。具体而言,必须做到以下三点。

一是查明违纪事实。为了将违纪案件的审理建立在坚实的客观基础之

[1] 林白芹:《坚决破除特权思想和特权行为》,载《中国纪检监察》2022年第24期。

上,保障纪律处分适用的正确性,必须深入实际,坚持调查研究,充分收集各方面的可靠证据,彻底掌握违纪行为发生的时间、地点、动机、目的、手段、后果及有关情节,全面分析认定违纪事实。不能以主观的想象、推测为依据,将没有证据或证据不足的事实作为纪律处分的客观依据。

二是准确认定违纪性质。不同的违纪性质决定了不同纪律规范条款的适用,也影响着最终纪律处分决定的处分种类和具体程度。因此,实事求是地处理违纪案件,必须在查明案件事实的基础上,准确认定违纪性质。认定违纪性质,必须以案件事实为依据,以党章、其他党内法规和国家法律法规为准绳,执纪执法贯通,客观判断案件事实与特定规范之间的关系,将事实涵摄于特定规范,如实地认定违纪行为的性质,不能以个人的主观意志为转移。

三是区分情况科学处理。《纪律处分条例》第 3 章明确了纪律处分运用规则,包括共同违纪、集体违纪等特殊违纪形态以及从轻、减轻处分,从重、加重处分和免予处分等特殊裁量情形。实事求是地适用纪律处分,必须在查明违纪事实、正确认定违纪性质的基础上,准确适用《纪律处分条例》分则的具体条款,并依据《纪律处分条例》第 3 章的规定,区分不同的情形,适当予以处理。

(四)民主集中制原则

民主集中制原则即民主基础上的集中和集中指导下的民主相结合的基本原则,是党的根本组织原则,也是纪律处分适用必须遵循的基本原则。在纪律处分的适用中贯彻民主集中制原则,必须做到如下两点。

其一,实施纪律处分,应当按照规定程序经党组织集体讨论决定,不允许任何个人或者少数人擅自决定和批准。依据《中国共产党章程》第 42 条的规定,对党员的纪律处分,必须经过支部大会讨论决定,报党的基层委员会批准;如果涉及的问题比较重要或复杂,或给党员以开除党籍的处分,应分别不同情况,报县级或县级以上党的纪律检查委员会审查批准。集体讨论决定的过程应包含民主的讨论和酝酿,并给予处分对象充分的陈述和申辩权,最后按照少数服从多数的原则作出决定。

其二,上级党组织对违犯党纪的党组织和党员作出的处理决定,下级党组织必须执行。依据《中国共产党章程》第 10 条的规定,下级组织服从上级组织,全党各个组织和全体党员服从党的全国代表大会和中央委员会,是民主集中制原则的基本要求。因此,在纪律处分的适用中,下级党组织必须严肃执行上级党组织的纪律处分决定,不得擅自更改或撤销。执行上级党组织的纪律处分决定是对党组织的纪律要求,如果党组织在执行纪律处分的过程中失职失责,可对其进行问责。

(五)惩教结合原则

由于内容和后果的严厉性,纪律处分的惩治性特征更为突出,其在党内法规责任体系中更多地承担着惩戒功能。惩教结合是党内法规责任追究的普遍原则,无疑也是纪律处分必须遵循的基本原则。因此,在纪律处分的适用过程中,必须贯彻"惩前毖后、治病救人"的基本精神,既要反对姑息迁就,也要反对惩办主义,坚持惩戒与教育相结合,做到宽严相济。对此,《纪律处分条例》明确将监督执纪"四种形态"作为纪律工作的总体要求,通过"咬耳扯袖,红脸出汗"等措施进行常态化的监督和教育,将违纪行为控制在苗头性、倾向性阶段,并通过警告、严重警告两类较轻的纪律处分措施处理大多数违纪行为,让被撤销党内职务、开除党籍的党员成为少数,最大程度地教育挽救党员干部,使其有机会改过自新。同时,《纪律处分条例》第 17 条和第 19 条还明确了从轻、减轻或免予纪律处分的具体条件,如"主动交代本人应当受到党纪处分的问题""主动上交或者退赔违纪所得"等,引导违纪党员积极悔改,主动立功,争取宽大处理,从而实现政治效果、纪法效果与社会效果的有机统一。

二、纪律处分的运用规则

纪律处分的运用规则即对违纪行为准确定性量纪的基本规则。具体而言,纪律处分的运用规则包括两种:一是定性规则,主要是特殊违纪形态的认定规则,包括多个行为主体违纪的性质认定和单个行为主体触犯多个违纪条款的性质认定。二是量纪规则,主要是量纪情形的运用规则,包括从重处分、加重处分、从轻处分、减轻处分、免予处分和不予处分六种量纪情形。

(一)特殊违纪形态的认定

一般而言,具体案件中的特定违纪主体及其特定违纪行为与特定的纪律处分种类存在一一对应关系,如给予违规插手司法活动的党员干部严重警告处分。但在执纪实践中,存在多个违纪主体实施同一违纪行为或同一违纪主体拥有多个违纪行为等复杂情形。因此需准确认定上述行为的性质,以指导不同纪律处分种类的正确运用。

1. 共同违纪、单位违纪和集体违纪

在多主体的违纪案件中，依据多个行为主体的不同关系可将违纪划分为共同违纪、单位违纪和集体违纪，不同违纪类型的纪律处分运用方式存在明显差异。

（1）共同违纪。依据《纪律处分条例》第 26 条的规定，共同违纪是指二人以上共同故意违纪。对于共同违纪行为，应给予为首者从重处分，《纪律处分条例》另有规定的除外；对其他成员，按照其在共同违纪中所起的作用和应负的责任，分别给予处分。基于共同违纪主体的数量和关系不同，共同违纪可以进一步分为结伙违纪、聚众违纪和集团违纪三种类型。

其一，结伙违纪，是指二人以上结帮成伙，但没有组织层级关系的共同违纪。结伙违纪包括任意的共同违纪和必要的共同违纪两种形式：前者指可以由一人进行的违纪行为，由二人以上共同实行的情况；后者指依据《纪律处分条例》的规定，必须由二人共同实行的违纪行为，如互相利用职权或者职务上的影响为对方牟利的违纪行为。[1] 在结伙违纪中，对为首者的认定不能以违纪主体的职务、地位或行为性质为判断标准，而应以其具体行为在案件中所起的实际作用为主要考量要素。如在上级教唆下级的共同违纪案件中，不应以教唆者的领导身份或教唆行为的主动性为由，将教唆者认定为首犯，而应按照教唆者在共同违纪中所起的作用追究其党纪责任。

其二，聚众违纪，是指聚集多人进行违纪活动，如《纪律处分条例》第 64 条规定的组织、参加反对党的基本理论、基本路线、基本方略或者重大方针政策的集会、游行、示威等活动的行为。聚众违纪中的为首者一般是策划者、组织者和骨干分子，其他成员包括其他参加成员和不明真相被裹挟参加的成员。对于其他参加成员，由于其具备共同违纪的故意，需要依据其在违纪活动中的作用追究其党纪责任；对于不明真相被裹挟参加的成员，由于其主观上不具有进行特定违纪活动的故意，可以免予其纪律处分或决定不予处分，但被裹挟者

〔1〕《纪律处分条例》第 95 条规定："相互利用职权或者职务上的影响为对方及其配偶、子女及其配偶等亲属、身边工作人员和其他特定关系人谋取利益搞权权交易的，给予警告或者严重警告处分；情节较重的，给予撤销党内职务或者留党察看处分；情节严重的，给予开除党籍处分。"

本质上属于思想认识错误和觉悟水平低的,需通过批评教育等党规措施引导其悔改。

其三,集团违纪,即以违纪集团的形式共同违纪。违纪集团,主要指多人为了实施某种或多种违纪活动而紧密结合起来的组织,如秘密集团、贪污集团、走私集团等。违纪集团的首要分子,主要是指组织、领导、策划、指挥违纪集团进行违纪活动的人员,其需要为违纪集团所犯下的全部违纪行为承担责任。如对于经济方面的结伙违纪,一般按照个人所得数额及其所起作用,分别给予纪律处分。但若是违纪主体紧密结合构成违纪集团,对违纪集团的首要分子,需要按照集团违纪的总数额进行纪律处分;对其他共同违纪的为首者,情节严重的,按照共同违纪的总数额进行纪律处分。

(2)单位违纪。单位违纪指由单位集体决定或单位负责人决定,以单位的名义实施的违纪行为,如党和国家机关违反有关规定经商办企业的行为。单位违纪具有如下四个特征:一是违纪主体是党和国家机关。包括各级党委机关、国家权力机关、行政机关、司法机关和军事机关等,即单位违纪的主体不仅包括党内主体,也包括党外主体;二是违纪行为必须由"单位作出",即必须由单位集体决定或单位负责人决定做出;三是必须由《纪律处分条例》分则明文规定。当前,依据《纪律处分条例》的规定,只在违规经商办企业的行为中,存在单位违纪的情形,可由单位作为违纪主体;四是只追究党员个人的责任。不同于刑法对单位犯罪的双罚制,由于单位违纪的主体并非都是党组织,其组成人员也并非都是党员,因此,《纪律处分条例》仅对参与单位违纪的党员设置了党规责任。依据《纪律处分条例》第108条的规定,单位违纪仅追究直接责任者和领导责任者的违纪责任,不追究党纪单位所在的党组织的党规责任。

(3)集体违纪。依据《纪律处分条例》第27条的规定,集体违纪是指党组织领导机构集体作出违犯党纪的决定或者实施其他违犯党纪的行为。集体违纪的主体是党组织的领导机构,如果是个人违反民主集中制原则,借集体决策名义作出违纪行为,那么不能追究集体责任,只能按照个人违纪处理。[1] 集体违纪可实行双罚制:一是对参与违纪决策或实施违纪行为的领导干部、党员进

---

[1] 依据《纪律处分条例》第77条的规定,违反民主集中制原则,借集体决策名义集体违规的,给予警告或者严重警告处分;情节严重的,给予撤销党内职务或者留党察看处分。

行处分。集体违纪可分为集体故意违纪和集体过失违纪两种情况。对具有共同故意的成员,按共同违纪处理;对过失违纪的成员,按照各自在集体违纪中所起的作用和应负的责任分别给予纪律处分。当然,对于在领导机构作出错误决定或者实施错误行为时,没有参与或者表示反对的人,不能视为集体违纪成员,不能对之进行纪律处分。二是对党组织进行纪律处分。按照《纪律处分条例》第9条的规定,党组织的领导机构集体违纪情节严重,本身不能纠正的,可对其进行改组;党组织的全体或多数党员参与违纪活动,严重违反党的纪律,本身又不能纠正的,可给予该党组织解散处分。

2. 数次违纪和想象竞合

《纪律处分条例》分则明确规定了特定违纪行为所对应的纪律处分措施,但在具体案件中,存在某一违纪主体具有多个违纪行为,或某一违纪主体的单一违纪行为违反多个纪律处分条文的复杂情况,需要合并处理或吸收处理。

(1)数次违纪。依据《纪律处分条例》第24条的规定,数次违纪是指一人具有《纪律处分条例》规定的两种以上应当受到党纪处分的违纪行为,应当分别定性量纪并合并处理的情形。[1] 数次违纪需要符合四个条件:一是违纪主体是同一人。二是违纪主体存在两种以上违纪行为,且不同于刑法"同种数罪"理论,[2]违纪主体的多种违纪行为必须是不同性质的。三是两种以上违纪行为依规定都是应受纪律处分的行为。四是上述行为必须在纪律处分决定作出之前被发现,不包括纪律处分决定生效后发现处分前有其他违纪行为和留党察看期间作出新的违纪行为等情形。具体运用时,应先对违纪主体的多种违纪行为分别定性量纪,按数种违纪行为中应当受到的最高处分加重一档给予处分;但若其中一种违纪行为应当受到开除党籍处分,则选择开除党籍处分作为合并执行的处分,其余较轻的处分都被开除党籍处分所吸收。

(2)想象竞合。依据《纪律处分条例》第25条第1款的规定,想象竞合是指一个违纪行为同时触犯《纪律处分条例》两个以上条款的,处分较轻的条款

---

[1] 《纪律处分条例》第24条规定:"一人有本条例规定的两种以上应当受到党纪处分的违纪行为,应当合并处理,按其数种违纪行为中应当受到的最高处分加重一档给予处分;其中一种违纪行为应当受到开除党籍处分的,应当给予开除党籍处分。"

[2] "同种数罪"理论认为,对一人犯同一种类多个罪行的,原则上应当并罚。参见张明楷:《刑法学》(第5版),法律出版社2016年版,第493页。

可被处分较重的条款吸收,依照处分较重的条款定性处理的情形。[1] 在具体运用中存在两种特殊情形:一是一个行为触犯了数个条款,而数个条款规定的处分轻重程度相当,则应按照最能体现行为本质的条款定性处理。二是一个行为触犯了两个条款,其中一个条款规定的违纪构成要件全部被另一个条款的违纪构成要件包含,两个条款构成特别规定与一般规定的关系,且其规定的处分不一致,则依据“特别优于一般”的法治原则,适用特别规定。

(二)特殊裁量情节的适用

《纪律处分条例》分则明确规定了特定违纪行为应受到的纪律处分的裁量幅度。如依据《纪律处分条例》第 61 条的规定,对于不按照有关规定向组织请示、报告重大事项的违纪行为,情节较重的处分幅度为警告或者严重警告处分;情节严重的处分幅度为撤销党内职务或者留党察看处分。但对于情节较重和情节严重的认定以及在特定幅度内特定纪律处分措施的选用,《纪律处分条例》并未作明文规定,党组织可依据纪律处分的指导思想、原则、执纪政策以及在监督执纪实践中总结出来的经验规则等进行酌定裁量。但除此之外,对于一些特殊情节,《纪律处分条例》总则明确规定了在分则条款划定的处分幅度的基础上,进行从重处分、加重处分、从轻处分、减轻处分、免予处分和不予处分等适用情形。

1. 从重处分和加重处分

所谓从重处分,是指在条例规定的违纪行为应当受到的处分幅度以内,给予较重的处分。如依据《纪律处分条例》第 61 条的规定,不按照有关规定向组织请示、报告重大事项,对直接责任者和领导责任者,情节较重的,给予警告或者严重警告处分。存在从重处分情节的,则应在警告、严重警告之中,选择处理较严厉的一种,即严重警告处分。所谓加重处分,是指在条例规定的违纪行为应当受到的处分幅度以外,加重一档给予处分。如依据《纪律处分条例》第 61 条的规定,不按照有关规定向组织请示、报告重大事项,对直接责任者和领导责任者,情节较重的,如果违纪者还存在加重处分情节,应当在警告或者严重警告处分之外,加重一档进行纪律处分,即给予撤销党内职务处分。依据

---

[1] 《纪律处分条例》第 25 条第 1 款规定:“一个违纪行为同时触犯本条例两个以上条款的,依照处分较重的条款定性处理。”

《纪律处分条例》第20条的规定,从重或者加重处分的情形包括以下五类:

(1)强迫、唆使他人违纪。“强迫他人违纪”,主要是指在被强迫的党员没有违纪的主观故意的情况下,违背其意志,采取胁迫等手段迫使其违纪的情形。“唆使他人违纪”,主要是指教唆、挑动、指使其他党员违纪的情形。唆使他人违纪的,应先依据共同违纪的规定,明确其在共同违纪中的责任及处分种类,再在此基础上从重或加重处分。

(2)拒不上交或者退赔违纪所得。违纪所得即基于违纪获得的利益,包括物质利益和非物质利益、直接利益和间接利益、原始形态利益和转化形态利益、本人获得的利益和共同违纪违法人员获得的利益等。在违纪所得中,尤以财产性利益最为常见。之所以作出如此规定,理由主要有二:一是积极上交或退赔违纪所得,是衡量违纪者纠正错误的意愿的一个重要指标;二是基于维护公共利益的考量。违纪者积极上交或退赔违纪利益,可以在很大程度上减少或避免公共利益的损失。因此,通过从重处分和加重处分等反向激励措施的运用,可更好地维护公共利益,也可让违纪者感觉到切肤之痛,真正发挥纪律处分的教育与惩戒功能。

(3)违纪受处分后又因故意违纪应当受到党纪处分。这种情形亦称再犯、重犯。其构成要件有三:一是有前一个违纪行为存在且受到纪律处分,如果前一个违纪行为由于情节轻微免予处分或者不予处分,则不构成再犯。二是后一个违纪行为存在故意,且严重到应当给予纪律处分的程度。如果是过失违纪,或者是轻微违纪不具有可罚性,则不构成再犯。三是再犯没有时间限制。也就是说,前一次纪律处分后,无论何时再次故意违纪应当受到纪律处分,都要从重或加重处分。之所以如此规定,主要是考虑到违纪党员并没有从上次纪律处分中吸取教训,改过自新,其主观恶性较大。

(4)违纪受处分后,又被发现其受处分前没有交代的其他应当受到党纪处分的问题。这是有关漏错的规定,其构成要件有三:一是发现遗漏的违纪行为。二是遗漏的违纪行为是违纪主体没有交代的其他行为,且该行为依照规定应当给予纪律处分。如果不需要给予纪律处分,那么不存在漏错的问题。三是本次违纪行为已被处理完毕并生效。如果还没有处理,那么应按照《纪律处分条例》第24条的规定合并处理。存在漏错至少表明,行为人在组织对其进行立案调查直至作出处分决定之前,隐瞒了自己的违纪行为,没有如实全部交代自己的问题;这是对党不忠诚、不老实的具体表现,应当予以严惩。据此,对被遗漏的违纪行为应当从重、加重处分。此外,若违纪主体所受处分为“开除党籍”,处分生效后发现遗漏了违纪行为,由于行为人已丧失党员身份,不再追究其党纪责任,但有违纪所得应当收缴或责令退赔的,应单独作出收缴或责令退赔的处理决定。如果遗漏的违纪行为涉嫌违法犯罪,那么应当按照《纪律处分条例》第 31 条的规定,移送有关国家机关依法处理。

(5)党内法规规定的其他从重或者加重处分情形。这是一个兜底条款,主要包括三种情形:一是《纪律处分条例》总则第 26 条规定的共同违纪中的首犯,从重处分。二是《纪律处分条例》分则有关从重情节或者加重情节的具体规定,如第 88 条第 2 款规定“对批评人、检举人、控告人、证人及其他人员打击报复的,从重或者加重处分”。三是相关配套党内法规与党内法规解释的规定。例如2012 年 2 月中央纪委印发的《违规发放津贴补贴行为适用〈中国共产党纪律处分条例〉若干问题的解释》第 8 条第 2 项规定,“以虚报、冒领等手段骗取财政资金,并以发放津贴补贴的形式合伙私分的,依照《纪律处分条例》第 141 条的规定加重追究责任。”

2. 从轻处分和减轻处分

从轻处分,是指在条例规定的违纪行为应当受到的处分幅度以内,给予较轻的处分。减轻处分是指在条例规定的违纪行为应当受到的处分幅度以外,减轻一档给予处分。依据《纪律处分条例》第 17 条的规定,从轻或者减轻处分的情形包括如下六类:

(1)主动交代本人应当受到党纪处分的问题。该种情形需要满足四个条件:一是“主动交代”。这里强调的是行为人的主动性,即自觉性,而非被迫性。二是交代的时间。行为人必须在初步核实或者立案审查期间进行交代。三是交代的问题应当为组织尚未掌握的问题。也就是说,涉嫌违纪的党员在初步核实前向有关组织交代自己的问题,或在初步核实和立案审查期间交代组织未掌握的问题。四是交代的必须是应当受到党纪处分的自身问题。包括两项内容,即交代的问题必须应当予以纪律处分,以及交代的问题必须是自身的违纪问题;如果交代的是别人的违纪问题,则构成检举情形。

(2)在组织谈话函询、初步核实、立案审查过程中,能够配合核实审查工作,如实说明本人违纪违法事实。“谈话函询、初步核实、立案审查”过程不包括审理过程，即该从轻或者减轻处分情形必须发生在案件审理部门受理审查调查报告并提出纪律处理或者处分意见之前。“如实说明本人违纪违法事实”，既包括本人单独实施的违纪行为，也包括在共同违纪中参与实施的行为。“如实说明”与“主动交代”的区别在于时间节点及其所交代的问题是否为组织所掌握。主动交代一般发生在组织初步核实之前，而不论该交代的问题是否已为组织掌握，如果发生在初步核实和立案审查期间，那么交代内容仅指组织未掌握的问题。“如实说明”只能发生在初步核实或立案审查期间，且交代的问题已为组织所掌握。

(3)检举同案人或者其他人应当受到党纪处分或者法律追究的问题，经查证属实，或者有其他立功表现。这是关于因立功而从轻或者减轻处分的规定。以检举行为为例，检举立功需要满足三个条件：一是检举的问题必须是未被组织掌握或者查清的问题。二是被检举的问题必须是应当受到党纪处分或者法律追究的问题，不包括超过追诉时效的违法犯罪行为，也不包括闯红灯、超速驾驶等轻微违法问题。三是检举的时间必须在组织核实、立案审查、审理过程中，作出处分决定之前。四是检举的事实必须经纪检监察机关查证属实，即经过党组织调查取证，被检举的问题确实存在。

(4)主动挽回损失、消除不良影响或者有效阻止危害结果发生。该种情形需要满足两个条件：一是必须积极主动，而非在组织查处违纪违法行为后被迫行动；二是实施了相关行为，取得了实效。其中，“主动挽回损失”针对已经造成损失的违纪行为，既包括挽回全部损失，也包括挽回部分损失，但不包括没有挽回任何损失。“消除不良影响”针对已经造成不良影响的违纪行为，要求采取有效措施，全部或者部分消除违纪行为的不良影响。“有效阻止危害结果发生”针对已经着手实施，但尚未造成危害结果的违纪行为。

(5)主动上交或者退赔违纪所得。准确理解此项规定，需要把握如下四个要点：一是上交或者退赔的主动性。这里强调的是违纪者的主动性，即必须是出于党员的自觉行为，而非在党组织的敦促下被迫进行的。因此，本规定的违纪所得不包括纪检监察机关主动采取强制措施扣押、查封的违纪所得。二是违纪所得的广泛性，既包括赃款、赃物，也包括其他违纪违法所得利益。三是上交的单位，既包括向党组织上交，也包括向纪检监察机关上交。涉嫌违法犯罪的，还包括向司法机关上交。四是上交或者退赔的时间节点，既可以在立案之前,也可以在立案之后。

(6)党内法规规定的其他从轻或者减轻处分情形。这是一个兜底条款,主要是指除上述规定的五种情形外,能够反映违纪者在思想认识上真诚悔改的实际行为。例如,协助纪检监察机关控制其他涉嫌违纪违法党员的行为。

3. 免予处分、不予处分和免予追责

免予处分是指党组织在规定的情形下,对应当给予警告、严重警告处分的党员,决定免去应给予其的纪律处分。免予处分必须同时具备三个条件:一是行为人的行为构成违纪,应当对其进行纪律处分。如果违纪行为不构成违纪或者违纪情节显著轻微不以违纪论,则应不予处分。二是行为人违纪情节较轻,只能给予警告或严重警告的处分。如果应当给予撤销党内职务、留党察看、开除党籍的纪律处分,那么不能对之适用免予处分。三是必须具备《纪律处分条例》总则规定的从轻或减轻情节或分则规定的免予处分情形。[1] 应当看到,免予处分针对的是违纪行为人,尽管党组织不对其进行纪律处分,但这并不意味着可以免予其违纪责任;因此,在免予处分的同时,党组织应当视情节,对违纪行为人予以批评教育、责令检查、诫勉或者组织处理等。

不予处分指党员有作风纪律方面的苗头性、倾向性问题或者违犯党纪情节轻微,党组织决定给予谈话提醒、批评教育、责令检查等,或者予以诫勉,不再对其进行纪律处分。不予处分必须同时具备三个要件:一是行为人具有作风纪律方面的苗头性、倾向性问题或者违犯党纪情节轻微。二是依据行为人的行为性质和情节应当追究其党纪责任。三是以谈话提醒、批评教育、责令检查或者予以诫勉等方式对行为人进行了处理。不予处分和免予处分都是应当追究党纪责任但没有给予纪律处分的情形,二者有两个明显的区别:其一,违纪程度不同。免予处分程度较重,一般情况下应当对行为人给予纪律处分,只是因其具有《纪律处分条例》第 17 条或者分则中规定的从轻或者减轻情节,才以批评教育、责令检查、诫勉或者组织处理措施代替党纪处分;不予处分违纪程度较轻,行为人虽然违纪,但从情节和性质来看不应当给予其纪律处分。其二,程序不同。免予处分应当由相关党组织作出书面结论,制作免予处分决定

---

〔1〕 例如,根据《纪律处分条例》第66条的规定,对不明真相参加邪教组织的党员,经批评教育后确有悔改表现的,可以免予处分。

书，按照警告处分的报批程序和审批权限报批。此外，还应将免予处分决定书存入被审查人档案并抄送相应组织人事部门。不予处分则不需要履行上述程序。

免予追责即不追究党员的违纪责任。免予追责具有两种情形：一是不能认定党员存在违纪行为的情形，包括两种类型。其一，行为人虽然具有违纪嫌疑，但已有证据无法证明其违纪，不能追究党纪责任的；其二，经初步核实、审查，证实行为人没有违纪行为，不应追究其党纪责任的。二是存在违纪阻却事由的情形，即党员行为虽然造成损失或者后果，但不是出于故意或者过失，而是不可抗力等原因引起的。免予追责与免予处分或者不予处分都具有不对行为人进行纪律处分的外观，但存在以下明显区别：首先，行为的性质不同。免予或者不予处分针对的行为已构成违纪，行为人应当承担违纪责任；而免予追责所针对的行为不构成违纪或者不以违纪论，行为人不应承担违纪责任。其次，行为的后果不同。免予或者不予处分只是免予或者不予纪律处分，而非免予所有违纪处理措施，因此，在党组织作出免予或者不予处分的决定时，应该综合运用批评教育、警示处理、组织处理等非纪律处分方式追究其违纪责任。免予追责则不需要追究任何违纪责任。

三、纪律处分的适用情形

按照领域、同类相近和从重到轻的原则划分和排序，[1]《党章》将党的纪律确立为政治纪律、组织纪律、廉洁纪律、群众纪律、工作纪律和生活纪律六大类型。《纪律处分条例》在此基础上，明确了违反党的纪律，适用纪律处分的基本情形，具体包括下述六类行为。

（一）违反政治纪律的行为

政治纪律是党的各级组织和全体党员在政治立场、政治方向、政治原则、政治道路上必须遵守的行为规则。习近平总书记指出："旗帜鲜明讲政治、保证党的团结和集中统一是党的生命，也是我们党能成为百年大党、创造世纪伟

---

〔1〕 参见张军：《认真学好、用好两项法规　把党规党纪刻印在全体党员心上——中央纪委有关负责同志就颁布新修订的〈中国共产党廉洁自律准则〉〈中国共产党纪律处分条例〉答记者问》，载中央纪委监察部网 2015 年 10 月 25 日，http://m.ccdi.gov.cn/content/2d/32/6458.html。

业的关键所在。”[1]因此，政治纪律是党组织和党员必须遵守的最首要、最根本的纪律。依据《纪律处分条例》的规定，违反政治纪律的行为主要包括：在重大原则问题上不同党中央保持一致的行为；破坏党的团结统一的行为；搞投机钻营，结交政治骗子或者被政治骗子利用的行为；违背新发展理念、背离高质量发展要求的行为；擅自对应当由党中央决定的重大政策问题作出决定、对外发表主张的行为；不按照有关规定向组织请示、报告重大事项的行为；干扰巡视巡察工作或者不落实巡视巡察整改要求的行为；对抗组织审查的行为；反对党的基本理论、基本路线、基本方略或者重大方针政策的行为；组织、参加会道门或者邪教组织的行为；挑拨破坏民族关系制造事端或者参加民族分裂活动的行为；组织迷信活动的行为；信仰宗教的行为；组织、利用宗族势力对抗党和政府或者破坏党的基层组织建设的行为；在国（境）外、外国驻华使（领）馆申请政治避难，或者违纪后逃往国（境）外、外国驻华使（领）馆及在涉外活动中其言行在政治上造成恶劣影响，损害党和国家尊严、利益的行为；全面从严治党主体责任、监督责任失职行为；搞无原则一团和气的行为；违反党的规矩的行为；等等。

（二）违反组织纪律的行为

组织纪律是规范和处理党的各级组织之间、党组织与党员之间以及党员与党员之间关系的行为规则，是维护党的集中统一，保持党的先进性、纯洁性和战斗力的重要保障。[2] 党的十九大报告强调，“重点强化政治纪律和组织纪律，带动廉洁纪律、群众纪律、工作纪律、生活纪律严起来”，明确了组织纪律在党的纪律建设中的“牛鼻子”地位。整体而言，违反组织纪律的行为主要包括：违反民主集中制原则的行为；下级党组织拒不执行或者擅自改变上级党组织决定的行为；拒不执行党组织的分配、调动、交流等决定的行为；在党组织纪律审查中，拒绝作证或者故意提供虚假情况的行为；违反个人有关事项报告规定等行为；党员领导干部违反有关规定组织、参加自发成立的老乡会、校友会、战友会等的行为；拉票、助选等非组织活动行为；违规选任或管理干部的行为；侵

---

〔1〕《习近平在党史学习教育动员大会上强调 学党史悟思想办实事开新局 以优异成绩迎接建党一百周年》，载《人民日报》2021年2月21日，第1版。

〔2〕参见《十九大报告为什么强调“重点强化政治纪律和组织纪律”》，载《中国纪检监察》2018年第1期。

犯党员权利的行为;违规发展党员的行为;违规取得外国国籍或者获取国(境)外永久居留资格、长期居留许可的行为;违规办理因私出国(境)证件、前往港澳通行证,或者未经批准出入国(边)境的行为;驻外机构或者临时出国(境)团(组)中的党员擅自脱离组织的行为;等等。

(三)违反廉洁纪律的行为

廉洁纪律是党组织和党员在从事公务活动或其他与行使职权有关的活动中,应当遵守的廉洁用权的行为规则,是保持清正廉洁,筑牢拒腐防变的底线。《廉洁自律准则》对全体党员特别是领导干部提出了"四个必须,八条规范"的基本要求,[1]以正面引导的方式确立了共产党人廉洁自律的基本标准。《纪律处分条例》以负面约束的方式明确了党员廉洁纪律的行为要求,形成了"一正一反"双向协同的规范机制。[2] 整体而言,违反廉洁纪律的行为主要包括:权权交易、权钱交易或权色交易、钱色交易的行为;违规收受礼金等的行为;违规从事营利活动的行为;违反工作生活待遇规定等的行为;违规占用公款公物等的行为;等等。

(四)违反群众纪律的行为

群众纪律是党组织和党员坚持以人民为中心的发展思想和处理党群关系时必须遵守的行为规则。《中国共产党章程》指出,"党在任何时候都把群众利益放在第一位,同群众同甘共苦,保持最密切的联系,坚持权为民所用、情为民所系、利为民所谋,不允许任何党员脱离群众,凌驾于群众之上",并要求党员必须"密切联系群众,向群众宣传党的主张,遇事同群众商量,及时向党反映群众的意见和要求,维护群众的正当利益"。群众纪律充分体现了党的性质和宗旨,是党的人民性的根本要求和重要保障。因此,《纪律处分条例》以单章规定的方式具化了违反群众纪律、适用纪律处分的具体行为,主要包括:侵害群众利益的行为;干涉群众生产经营自主权的行为;在民生保障事项中优亲厚友有失公平的行为;利用宗族或者黑恶势力等欺压群众,或者纵容涉黑涉恶活动、为黑恶势力充当"保护伞"的行为;不作为、乱作为、慢作为、假行为等损害群众

---

[1] 参见王薇:《保持清正廉洁　筑牢拒腐防变的底线》,载《中国纪检监察》2018年第17期。

[2] 参见耿密、魏华懋:《党的"廉洁准则"与"纪律处分条例"的互动关系演变》,载《中共四川省委党校学报》2022年第3期。

利益的行为;国家财产和群众生命财产受到严重威胁时,能救而不救的行为;侵犯群众知情权的行为;等等。

(五)违反工作纪律的行为

工作纪律是党组织和党员在党的各项具体工作中必须遵守的行为准则,是党开展各项领导和执政工作的重要保证。中国共产党是使命型政党,只有全党上下严格遵守党的工作纪律,忠于职守,积极推进宣传、教育、组织、统一战线等各项工作,才能在中国特色社会主义新时代新征程,完成党的使命任务,实现第二个百年奋斗目标,以中国式现代化全面推进中华民族伟大复兴。因此,违反工作纪律的行为必须受到严格的党纪处分。具体而言,违反工作纪律的行为主要包括:工作不力、失职失责的行为;工作中临阵退缩的行为;形式主义、官僚主义的行为;监管失职导致餐饮浪费的行为;违反机构编制管理规定的行为;不履行或者不正确履行信访工作职责的行为;滥用问责的行为;统计造假的行为;违规干预和插手市场经济活动、司法活动、执纪执法活动等的行为;违反保密规定的行为;违反外事工作规定的行为;等等。

(六)违反生活纪律的行为

生活纪律是党员在日常生活和社会交往中应当遵守的行为规则,涉及党员的个人品德、家庭美德、社会公德、生活作风、兴趣习惯等各个方面。上述领域虽然具有较强的"私"属性,但党员在生活领域的私人行为与党的形象密切相关。中国共产党是具有先进性的政党,党的崇高历史使命要求党员必须健全自己的私德,建筑起"人格长城"。由私德的健全,扩大至公德的效用,为集体谋利益。因此,《纪律处分条例》对党员在日常生活和社会交往中的行为进行了规制。整体而言,违反生活纪律的行为主要包括:生活奢靡、铺张浪费、贪图享乐、追求低级趣味的行为;与他人发生不正当性关系的行为;对配偶、子女及其配偶失管失教的行为;违背社会公序良俗的行为;等等。

第三节 纪律处分的程序

纪律处分的程序是指纪律处分主体对违纪主体进行纪律处分所必须遵循

的过程、方式和时序，是保障纪律处分结果准确性和公正性的必要性制度安排。根据《纪律检查机关监督执纪工作规则》《纪律检查机关案件检查工作条例》《处分违纪党员批准权限和程序规定》等党内法规的规定，可将纪律处分程序分为对党员的处分程序和对党组织的处分程序。

一、对党员的处分程序

依据处分主体的分工关系，对党员的纪律处分可分为调查核实、提出处分意见、作出处分决定、处分审批等四个环节。

1. 调查核实

调查核实指党组织或纪检机关对已经掌握部分违纪事实和证据的行为立案，认真进行调查研究，反复核实无误后，形成调查报告的过程。具体包括决定立案、确立审查调查方案、成立审查调查组、执行审查调查方案、形成审查调查报告、移送案卷材料六个环节。

（1）决定立案。党组织或纪检机关作出立案决定必须符合立案标准和立案条件。立案标准主要包括两个方面：一是存在涉嫌违纪的事实；二是需要进行纪律处分。立案条件是对立案标准的进一步规定，主要是事实和证据条件，即党组织或纪检机关应当已经掌握部分违纪事实和证据，具备进行审查调查的条件。之所以是“部分”事实和证据，主要是考虑到实际工作中，立案之前有些措施不能使用，比如有些直接利害关系人不宜接触、取证。因此获取的事实只能是相对清晰的事实，而不是证据确实充分、可以达到认定条件的事实。

（2）确立审查调查方案。审查调查方案是审查调查活动的行动依据和实施纲领。审查调查方案一般包括审查调查对象及重要涉案人员情况、立案依据，初步查明的问题和需要审查调查的主要问题，审查调查的方式、步骤，拟采取的审查调查措施，重点措施的实施安排，工作要求和纪律等。

（3）成立审查调查组。审查调查组组长负责按照批准的审查调查方案，组织审查调查组成员具体实施，不得擅自更改方案确定的内容，如审查调查涉及的人员范围、工作方式、使用的调查措施等。由于立案之初制定的方案难以提前预料并安排审查调查工作中出现的新情况，因此，审查调查组必须以书面形式报告审查调查进展情况，遇有重要事项及时请示。

（4）执行审查调查方案。立案后的审查调查方案批准后，应当由相关负责人与被审查调查人谈话，宣布立案决定，讲明党的政策和纪律，要求被审查调查人端正态度、配合审查调查。审查调查过程中，审查调查组可以采取谈话、查询、调取、暂扣、封存、勘验检查、鉴定以及要求相关组织作出说明等措施。审查调查应当充分听取被审查调查人陈述，保障其饮食、休息，提供医疗服务，确保安全。严格禁止使用违反党章党规党纪和国家法律的手段严禁逼供、诱供、侮辱、打骂、虐待、体罚或者变相体罚被审查调查人。审查调查期间，对被审查调查人以同志相称，安排其学习党章党规党纪以及相关法律法规，开展理想信念宗旨教育，通过深入细致的思想政治工作，促使其深刻反省、认识错误、交代问题，写出忏悔反思材料。

(5)形成审查调查报告。查明涉嫌违纪或者职务违法、职务犯罪的问题后，审查调查组应当撰写事实材料，与被审查调查人见面，听取意见。被审查调查人应当在事实材料上签署意见，对签署不同意见或者拒不签署意见的，审查调查组应当作出说明或者注明情况。审查调查工作结束后，审查调查组应当集体讨论，形成审查调查报告，列明被审查调查人基本情况、问题线索来源及审查调查依据、审查调查过程，主要违纪或者职务违法、职务犯罪事实，被审查调查人的态度和认识，处理建议及党纪法律依据，并由审查调查组组长以及有关人员签名。

(6)移送案卷材料。审查调查报告以及忏悔反思材料，违纪或者职务违法、职务犯罪事实材料，涉案财物报告，以及全部证据和程序材料，应依照规定移送处理。审查调查全过程形成的材料应当案结卷成、事毕归档。

2. 提出处分意见

由上级党组织和纪检机关查办的违纪案件，应将案件调查材料送交违纪党员所在单位党支部。党组织应指派专人与违纪党员谈话，对其进行帮助和教育，听取其对错误事实的说明和申辩。在召开支部大会之前，应先由支部委员会根据有关案件材料，充分讨论对违纪党员的处分意见，并草拟处分决定。处分决定文稿应写明违纪党员的个人情况、违纪事实、情节、本人责任、错误性质和处理意见等内容。

3. 作出处分决定

作出处分决定包括违纪事实材料核实和召开支部大会通过处分决定两个阶段。

(1)违纪事实材料核实。在召开支部大会之前,支部委员会应将所要作出的处分决定和所依据的事实材料与本人核实,听取本人的说明和申辩。核实需两人以上,并做好记录。核实后,当事人应在材料上签署意见,如本人有不同意见或拒不签字,负责核实的同志应作出书面说明。

(2)召开支部大会通过处分决定。违纪事实材料核实后,应召开包括违纪党员在内的全体党员参加的支部大会,讨论、表决处分决定。违纪党员应当在支部大会上就自己的错误作出检查,同时有权利对所犯错误作出说明和进行申辩。参加支部大会的其他党员应当对违纪党员进行批评教育,对支部委员会提出的处理意见发表赞成或反对的意见,同时可以为违纪党员进行辩护。处分决定必须由应到会有表决权的党员半数以上同意。违纪党员也可以对处分决定投赞成票或反对票。

4. 处分审批

处分审批包括材料报批和处分批复两个阶段。在特殊情况下,县级和县级以上各级党的委员会和纪律检查委员会可不经审批,直接决定给党员以纪律处分。

(1)材料报批。支部委员会将支部大会讨论表决的情况写成报告,将支部大会通过的处分决定交给受处分党员签署意见,按审批权限逐级上报。违纪党员不愿意核实或者拒绝签署意见的,应在决定上另行注明。对党员的纪律处分,必须经过支部大会讨论决定,报党的基层委员会批准;如果涉及的问题比较重要或复杂,或给党员以开除党籍的处分,应分别不同情况,报县级或县级以上党的纪律检查委员会审查批准。

(2)处分批复。上级党组织或纪检机关对上报的处分决定应遵循民主集中制原则,经集体讨论后批准。其中,对中央和地方各级委员会的委员、候补委员的纪律处分审批程序具有特殊性。具体而言,其一,对党的中央委员会委员、候补委员,给予警告、严重警告处分,由中央纪律检查委员会常务委员会审议后,报党中央批准。对地方各级党的委员会委员、候补委员,给予警告、严重警告处分,应由上一级纪律检查委员会批准,并报它的同级党的委员会备案。其二,对党的中央委员会和地方各级委员会的委员、候补委员,给予撤销党内职务、留党察看或开除党籍的处分,必须由本人所在的委员会全体会议 2/3 以上的多数决定。在全体会议闭会期间,可以先由中央政治局和地方各级委员会常务委员会作出处理决定，待召开委员会全体会议时予以追认。对地方各级委员会委员和候补委员的上述处分，必须经过上级纪律检查委员会常务委员会审议，由这一级纪律检查委员会报同级党的委员会批准。其三，严重触犯刑律的中央委员会委员、候补委员，由中央政治局决定开除其党籍；严重触犯刑律的地方各级委员会委员、候补委员，由同级委员会常务委员会决定开除其党籍。

(3)直接处分。有下列特殊情况之一，县级以上各级党委和纪委有权直接决定给予违纪党员党纪处分：一是案情涉密、敏感的；二是违纪案件跨地区跨部门跨单位的；三是违纪党员系县级以上各级党委管理的党员干部的；四是违纪党员所在的基层党组织无法正常履行职责、不正确履行职责或者其负责人同违纪问题有关联的；五是违纪党员所在党支部党员大会经讨论无法及时形成决议，或者因可到会有表决权的党员人数未超过全部应到会有表决权的党员半数，不能及时召开党支部党员大会讨论表决的；六是县级以上纪委提级审查下级党委(党组)管理的党员的；七是党章和有关党内法规规定的其他情况。

二、对党组织的处分程序

依据《中国共产党章程》第44条和《纪律处分条例》第9条的规定，对于严重违犯党的纪律、本身又不能纠正的党组织，上一级党的委员会在查明核实后，应根据情节严重的程度，作出进行改组或予以解散的决定。依据上述规定，结合相关文件，对党组织的处分程序包括下述四个环节：

一是立案。对于党组织严重违犯党纪的问题，由上一级纪委报请同级党委批准立案，上一级纪委在征求同级党委意见后也可直接决定立案；对违纪党组织的立案，应由有立案权的党委、纪委常委会议研究决定。

二是调查核实。由上一级党的委员会对下级党组织是否严重违纪进行调查核实。上一级党的委员会对违纪党组织的违纪事实认真进行调查研究，反复核实无误后，形成调查报告。

三是作出决定。经上一级党的委员会查明核实后，根据情节严重的程度，作出改组或解散决定。党的地方委员会应通过召开全体会议的方式决定改组或者解散下一级党组织。

四是审批执行。上一级党的委员会作出改组党组织领导机构或解散党组织的决定后,必须报请再上一级党的委员会审查批准。应当公开宣布已被改组的党组织的领导机构或已被解散的党组织。

当前,党组织的处分程序规定多为概括性条款,一些细节性处理程序缺乏明确规定,如对改组处理的党组织领导机构成员决定自然免职的,是否需履行免职程序,如担任多个职务的,其免职范围包括哪些;解散的处分对象为党组织,而非其领导机构,党组、纪律检查工作委员会等本身作为领导机构的党的组织是否适用解散处分等。且目前发布的执纪执法指导性案例,聚焦对党员个人进行处分的案例分析,对党组织处分工作的现状及问题缺乏关注。因此亟须进一步明确党组织处分的具体工作流程、曝光渠道、审核把关责任等,避免出现对被改组和解散的党组织中相关成员的同类问题处理尺度不一、畸轻畸重等现象,保障对党组织纪律处分的严肃性和规范性。

第七章　党内法规责任与法律责任的关系

党的十八届四中全会正式将“党内法规体系”纳入“中国特色社会主义法治体系”范畴，并提出要形成党内法规与国家法律相辅相成、相互促进、相互配合的法治格局。党规责任体系、法律责任体系分别属于党内法规体系、法律规范体系的组成部分，二者共同建构起独具中国特色社会主义法治责任体系，并在约束公权力、保障人民权益等方面发挥着重要作用。党规责任与法律责任既存在差异，也存在诸多联系，准确把握二者的关系，是促进党规责任与法律责任协调衔接、保障中国特色社会主义法治责任体系顺畅运行的前提性基础。基于制度规定以及法治实践的考量，本章将着重探讨党规责任与政务处分、行政处罚、行政处分、刑事责任四类法律责任的关系。

第一节　党内法规责任与政务处分的关系

为了深化国家监察体制改革，加强对所有行使公权力的公职人员的监督，第十三届全国人民代表大会第一次会议于 2018 年 3 月通过了《监察法》，首次提出“政务处分”概念。2020 年 6 月，第十三届全国人民代表大会常务委员会第十九次会议通过《政务处分法》，将《监察法》中关于政务处分的原则性规定予以具体化。政务处分，是指监察机关对违法的公职人员，依据《监察法》《政务处分法》等实施的惩戒措施,[1]包含警告、记过、记大过、降级、撤职、开除六大处分种类。政务处分是“纪法衔接”的支点,[2]党规责任与政务处分实现了党内监督的全覆盖以及对所有行使公权力的公职人员的全覆盖,二者在实践运用中存在错综复杂的联系。

一、党内法规责任与政务处分的区别

党规责任与政务处分分属不同的规则体系,二者在适用依据、适用对象、调查措施等方面均存在较大差异。

(一)适用依据不同

在党内法规与国家法律“一体双轨”的中国特色社会主义法治体系视阈下,“党内法规责任制度体系的形成,使整个国家的责任体系变成了党规责任与法律责任并行的模式”。[3] 在并行模式下,党规责任的适用依据为党内法规,而政务处分的适用依据为法律法规。具体而言,党规责任的适用依据可以分为两类:一是以《中国共产党章程》为统领,以《纪律处分条例》《问责条例》《组织处理规定》《纪律检查机关监督执纪工作规则》等规定党规责任的专门党内法规为主体的党规责任制度体系。二是其他党规责任关联法规,如《党政领导干部选拔任用工作条例》第60条、[4]《党政领导干部生态环境损害责任追究办法(试行)》第10条[5]等条款,也构成适用党规责任的适用依据。政务处分的适用依据也可以分为两类:其一,《监察法》与《政务处分法》。依照《监察法》第11条第3项的规定,监察委员会依照《监察法》和有关法律规定,对违法的公职人员依法作出政务处分决定。依照《政务处分法》第2条的规定,该法适用于监察机关对违法的公职人员给予政务处分的活动。其二,其他规范公职人员履职行为的法律法规。具体可以分为两种情形:一是《公务员法》《人民

---

[1] 参见本书编写组编写:《党纪政务处分工作图解》,中国方正出版社2020年版,第3页。

[2] 参见朱福惠:《论监察法上政务处分之适用及其法理》,载《法学杂志》2019年第9期。

[3] 杨建军:《党内法规对责任制度的构造》,载《法学》2022年第5期。

[4] 《党政领导干部选拔任用工作条例》第60条规定:“……严肃查处违反组织(人事)纪律的行为。对违反本条例规定的事项,按照有关规定对党委(党组)主要领导成员和有关领导成员、组织(人事)部门有关领导成员以及其他直接责任人作出组织处理或者纪律处分……”

[5] 《党政领导干部生态环境损害责任追究办法(试行)》第10条第1款规定:“党政领导干部生态环境损害责任追究形式有:诫勉、责令公开道歉;组织处理,包括调离岗位、引咎辞职、责令辞职、免职、降职等;党纪政纪处分。”

警察法》《法官法》《检察官法》《企业国有资产法》《事业单位人事管理条例》等规定不同类型公职人员履职要求的“身份法”；二是各类“行业管理法”，如税收征收、海关等不同行业的管理规定等。[1]

（二）适用对象不同

党规责任的适用对象为违犯党规党纪应当受到党规责任追究的党组织和党员。政务处分的适用对象为违法违规应当承担法律责任的公职人员，具体分为以下六类：一是中国共产党机关、人民代表大会及其常务委员会机关、人民政府、监察委员会、人民法院、人民检察院、中国人民政治协商会议各级委员会机关、民主党派机关和工商业联合会机关的公务员，以及参照《公务员法》管理的人员；二是法律、法规授权或者受国家机关依法委托管理公共事务的组织中从事公务的人员；三是国有企业管理人员；四是公办的教育、科研、文化、医疗卫生、体育等单位中从事管理的人员；五是基层群众性自治组织中从事管理的人员；六是其他依法履行公职的人员。二者适用对象的差异性体现为两点：其一，党规责任的适用对象包括单位（党组织）；而政务处分的适用对象只能是个人，不能适用于国家机关。[2] 其二，公职人员中既存在党员，也存在非党员，但是党规责任不能适用于非党员，政务处分不能适用于非国家公职人员的党员。应当注意的是，对于具备党员身份的公职人员，因为其身份的双重性，可追究其党规责任，也可给予其政务处分。

（三）调查措施不同

调查措施是指实施政务处分、党规责任的主体分别在监察调查、纪律调查环节所运用的，查明违纪违法问题的各种手段和措施。依据《监察法》《政务处分法》等的规定，实施政务处分的主体为监察机关，其有权采取的调查措施为谈话、讯问、询问、查询、冻结、搜查、调取、查封、扣押、勘验检查、鉴定、留置，提请有关机关采取技术调查、通缉、限制出境等。其中既包含限制人身自由的措施，也涵盖财产强制措施。依据《纪律检查机关案件检查工作条例》等的规定，党规责任的追究主体有权实施的调查措施主要包括谈话、查询、调取、暂扣、封

---

〔1〕 参见王希鹏：《纪检监察学基础》，中国方正出版社 2021 年版，第 569 页。

〔2〕 参见秦前红、周航：《党纪处分与政务处分的衔接协调及运行机制》，载《中国法律评论》2021 年第 1 期。

存、勘验检查、鉴定,以及要求相关组织作出说明等。相较而言,监察调查措施与纪律调查措施主要存在如下差异:一是监察机关可以采用的监察调查措施种类更为多样,如讯问、询问、留置、搜查等措施,只能以监察机关的名义行使(纪检监察合署办公);二是纪律调查措施的强度相对较弱,一般不采取限制人身自由的措施。

二、党内法规责任与政务处分的联系

党的二十大报告指出,要“健全党统一领导、全面覆盖、权威高效的监督体系,完善权力监督制约机制,以党内监督为主导,促进各类监督贯通协调,让权力在阳光下运行”。[1] 政务处分是监察机关履行监察监督职责的重要内容,其与党规责任合力形成对“党员公职人员”的双重监督,形成了“双笼关虎”的制度效能。因此,在纪委监委合署办公的法治背景下,政务处分成为党内监督与监察监督贯通协调的重要连接点。在监督追责实践中,政务处分与纪律处分、组织处理二者联系较紧密。因此,下面将重点围绕政务处分与纪律处分、政务处分与组织处理之间的联系展开论述。

(一)政务处分与纪律处分的联系

《政务处分法》有效解决了过去部分公职人员“党纪管不了、政纪不适用”的困境,并在保障政务处分与纪律处分贯通协调方面发挥重要作用。[2] 具体而言,政务处分与纪律处分在处分规则、处分类型等方面存在密切联系。

其一,处分规则相互贯通。处分规则相互贯通主要是指《政务处分法》《监察法》与《纪律处分条例》《纪律检查机关监督执纪工作规则》等在条文规定方面的衔接与协调。具体表现在如下方面:一是在规则制定方面,《政务处分法》借鉴吸收了《纪律处分条例》中的相关规定,提升了二者在适用情形以及处分程序等方面的协同性。如《政务处分法》关于公职人员犯罪予以开除公职的情形,借鉴了《纪律处分条例》关于党员犯罪给予开除党籍的有关规定;《政务处

---

〔1〕 习近平:《高举中国特色社会主义伟大旗帜　为全面建设社会主义现代化国家而团结奋斗——在中国共产党第二十次全国代表大会上的报告(2022年10月16日)》,载《人民日报》2022年10月26日,第1版。

〔2〕 参见王希鹏:《〈公职人员政务处分法〉的开创意义与核心要义》,载《人民论坛》2020年第19期。

分法》与《纪律处分条例》关于二人以上共同违法违纪、按照各自所起的作用分别给予处分的规定相一致。[1] 有学者通过法条的对比指出,《政务处分法》规定违纪违法行为的 13 个条文借鉴吸收了《纪律处分条例》的 45 个条文。[2] 二是在证据规定方面,纪律处分与政务处分适用相同的证明标准,且证据之间可以转换适用,保障了二者处分结果的协调性。具体举例如下:《监察法》第 40 条与《纪律检查机关监督执纪工作规则》第 46 条均规定证明标准为"形成相互印证、完整稳定的证据链";《政务处分法》第 5 条与《纪律检查机关监督执纪工作规则》第 53 条均规定作出处分应"事实清楚、证据确凿"。《纪律处分条例》第 35 条第 2 款规定:"党员依法受到政务处分、任免机关(单位)给予的处分、行政处罚,应当追究党纪责任的,党组织可以根据生效的处分、行政处罚决定认定的事实、性质和情节,经核实后依照规定给予相应党纪处分或者组织处理。其中,党员依法受到撤职以上处分的,应当依照本条例规定给予撤销党内职务以上处分。"该条款为政务处分证据的转换适用提供了依据。

其二,处分轻重相互匹配。《公职人员政务处分暂行规定》第 8 条规定:"监察机关对公职人员中的中共党员给予政务处分,一般应当与党纪处分的轻重程度相匹配……"该条文确立了政务处分与纪律处分相匹配的基本原则。在执纪执法实践中,政务处分与纪律处分匹配适用也已经得到较好的运用,例如"双开"处理,即为开除公职与开除党籍的匹配适用。政务处分与纪律处分相互匹配,主要是缘于这两种处分在大多数情况下指向的是同一种错误行为,而对同一行为同时适用两种性质不同的惩戒措施,主要是因为处分对象同时具备公职人员与中共党员的身份,双重身份决定其必须承受两种责任的否定评价。[3] 保证两种责任的轻重程度相当,其目的在于防止两种处分的使用畸轻畸重,或者以一种处分代替另一种处分,从而保障党内监督与监察监督衔接贯通。[4] 具体而言,政务处分与纪律处分应当遵循"轻轻、重重"的匹配规则。依据《监督执纪"四种形态"统计指标体系》的规定,党内警告与党内严重警告

---

[1] 参见张成立、张西勇:《政务处分制度探析》,载《四川大学学报(哲学社会科学版)》2021 年第 6 期。

[2] 参见王宏哲:《党和国家处分体系的要素、结构与特征》,载《深圳社会科学》2022 年第 3 期。

[3] 参见王军仁:《论政务处分制度对传统政纪处分制度的扬弃与超越》,载《安徽师范大学学报(人文社会科学版)》2020 年第 6 期。

[4] 参见朱福惠:《论监察法上政务处分之适用及其法理》,载《法学杂志》2019 年第 9 期。

为党纪轻处分,行政警告、行政记过、行政记大过、行政降级为政务轻处分,均属于第二种形态;撤销党内职务、留党察看、开除党籍为党纪重处分,行政撤职、行政开除为政务重处分,均属于第三种形态。由此可得出政务处分与纪律处分的具体匹配规则:

一是政务处分中的警告、记过、记大过、降级〔1〕与纪律处分中的警告、严重警告之间的匹配。需要注意的是,纪律轻处分不必然搭配政务轻处分,二者也可以单独适用。鉴于党内警告的影响期与记过处分的期间一致,党内严重警告的影响期与记大过处分的期间一致,实践中给予党内警告、党内严重警告处分的,一般不再匹配记过、记大过处分。如果根据违纪性质和情节给予的处分介于党内严重警告和撤销党内职务之间,可以给予党内严重警告处分,同时给予降级处分,以突出良好的执纪执法效果。〔2〕实践中也存在此种做法,如江西省萍乡市莲花县委原书记刘某,因在国家贫困县脱贫摘帽验收检查中违纪违法,同时受到党内严重警告与政务降级处分。〔3〕

二是政务处分中的撤职、开除与纪律处分中的撤销党内职务、留党察看、开除党籍相匹配。具体可以分为以下几种情形:第一,开除公职与开除党籍的匹配。在实践中,受到开除公职的党员一般会同时受到开除党籍处分,但给予开除党籍处分的,未必一定受到开除公职处分,这是全面贯彻从严治党要求、落实"纪严于法、纪在法前"理念的具体体现。〔4〕例如,广东省人大常委会原党组成员、副主任陈某因严重违纪违法被同时开除党籍和公职,而四川省政府原党组成员、副省长彭某因严重违纪违法受到开除党籍处分,但并未匹配开除公

〔1〕根据1995年原人事部《关于"行政降级处分"问题的复函》的规定,"降级"处分是指降低级别工资,而不是降低职务级别。若本人级别工资为最低等级,则不实施降级处分,可按降低一个职务工资档次处理;若职务工资档次亦为最低档次,可给予"记大过"处分。

〔2〕参见贾轶凡、王浩臣:《如何理解和把握〈政务处分法〉规定的政务处分与党纪处分的匹配适用? 遵循"轻轻、重重"的匹配原则》,载《中国纪检监察》2020年第16期。

〔3〕参见《中央纪委国家监委公开曝光在"不忘初心、牢记使命"主题教育期间查处的8起典型案例》,载中央纪委国家监委网,https://www.ccdi.gov.cn/specialn/jdbg3/qb_bgt/sffbwt_jdbg3/201912/t20191201_156724.html。

〔4〕参见贾轶凡、王浩臣:《如何理解和把握〈政务处分法〉规定的政务处分与党纪处分的匹配适用? 遵循"轻轻、重重"的匹配原则》,载《中国纪检监察》2020年第16期。

职处分，而是被予以政务撤职处分。[1] 第二，政务撤职[2]与撤销党内职务的匹配。根据《纪律处分条例》第 11 条、第 12 条以及《公职人员政务处分暂行规定》第 8 条的有关规定，中共党员受到撤销党内职务、留党察看处分的，如果担任公职，那么应当依法给予其撤职等政务处分。严重违犯党纪、严重触犯刑律的公职人员必须依法开除公职。据此可知，政务撤职与撤销党内职务一般搭配使用。例如，2022 年山西省政协原党组书记、主席李某因严重违纪违法同时受到撤销党内职务、政务撤职处分。[3] 第三，政务撤职与留党察看处分的匹配。根据《纪律处分条例》第 12 条的规定，党员受到留党察看处分，其党内职务自然撤销；对于担任党外职务的，应当建议党外组织撤销其党外职务。鉴于留党察看处分重于撤销党内职务处分，所以，当留党察看匹配政务撤职时，应当综合考量案件因素，做到合理匹配。在实践中，留党察看 1 年通常匹配降低 1 个或 2 个职务层次，留党察看 2 年通常匹配降低 2 个或 3 个职务层次。如天津市委原常委、统战部部长王某因严重违纪受到留党察看 1 年、行政撤职处分，降为正厅级非领导职务。[4] 国家安全生产监督管理总局原党组书记、局长杨某因严重违纪受到留党察看 2 年、行政撤职处分，降为副局级非领导职务。[5] 第四，政务撤职与开除党籍的匹配。实践中，开除公职通常会同时予以开除党籍，但是开除党籍不必然匹配开除公职。因党纪严于国法，违犯党纪并不必然构成违法行为。鉴于开除党籍是党内最严重的处分，因此与政务撤职匹配时，至少降低 3 个职务层次为宜。

（二）政务处分与组织处理的联系

《政务处分法》第 17 条规定，公职人员有违法行为，有关机关依照规定给予组织处理的，监察机关可以同时给予政务处分。《组织处理规定》第 8 条规

---

〔1〕 参见《广东省人大常委会原党组成员、副主任陈某严重违纪违法被开除党籍和公职》，载中央纪委国家监委网，https://www. ccdi. gov. cn/scdcn/zggb/djcf/202212/t20221230_239045. html。

〔2〕 参见《四川省政府原党组成员、副省长彭某因严重违纪违法受到开除党籍、政务撤职处分》，载中央纪委国家监委网，https://www. ccdi. gov. cn/scdcn/zggb/djcf/201910/t20191010_40218. html。

〔3〕 参见《山西省政协原党组书记、主席李某严重违纪违法受到撤销党内职务、政务撤职处分》，载中央纪委国家监委网，https://www. ccdi. gov. cn/scdcn/zggb/djcf/202208/t20220826_213923. html。

〔4〕 参见《天津市委原常委、统战部部长王某因严重违纪受到留党察看一年、行政撤职处分》，载中央纪委国家监委网，https://www. ccdi. gov. cn/toutiaon/201707/t20170710_92319. html。

〔5〕 参见《国家安全生产监督管理总局原党组书记、局长杨某因严重违纪受到留党察看二年、行政撤职处分》，载中央纪委国家监委网，https://www. ccdi. gov. cn/scdcn/zggb/djcf/201707/t20170731_40170. html。

定，组织处理可以单独使用，也可以和党纪政务处分合并使用。由此可知，组织处理与政务处分在具体适用过程中也存在相互匹配的联系，依据法条规定以及法治实践，可以将二者的匹配适用分为组织处理前置适用、组织处理与政务处分同时适用两种情形。

其一，组织处理前置适用。根据《政务处分法》第 52 条第 1 款的规定，公职人员涉嫌违法，已经被立案调查，不宜继续履行职责的，公职人员任免机关、单位可以决定暂停其履行职务，从而保证调查工作的顺利进行。[1] 组织处理主要是对职务进行调整和处理，其既可以作为审查调查工作中的临时性措施，也可以作为终局性惩戒措施。[2] 相较而言，政务处分的适用方式较为单一，只能作为终局性制裁手段予以适用。当组织处理作为前置手段使用时，一般属于临时性措施，用于监察机关立案调查的过程中。组织处理适用的灵活性，能有效弥补政务处分的单一性特征，从而提高办案效率，实现处理效果的最优化。

其二，组织处理与政务处分同时适用。根据《政务处分法》第 17 条、第 18 条的规定，公职人员有违法行为，有关机关依照规定给予组织处理的，监察机关可以同时给予政务处分；担任领导职务的公职人员有违法行为，被罢免、撤销、免去或者辞去领导职务的，监察机关可以同时给予政务处分。《组织处理规定》第 11 条还明确了二者同时适用的影响后果和期限，即同时受到政务处分和组织处理的，按照影响期长的规定执行，并按照对其年度考核结果影响较重的处理处分确定年度考核等次。此外，二者同时适用时，还需解决二者轻重匹配的问题。结合《监督执纪"四种形态"统计指标体系》可以得知，政务处分中的警告、记过、记大过、降级与组织处理中的停职检查、调整职务、责令辞职、免职同属于第二种形态，政务处分中的撤职、开除与组织处理中的降职同属于第三种形态。因此，免职、责令辞职可以配套予以警告、记过、记大过或降级处分；降职可以配套予以撤职或者开除处分，如此可以彰显出"轻轻、重重"的匹配原则。

---

〔1〕 参见王希鹏：《纪检监察学基础》，中国方正出版社 2021 年版，第 580 页。

〔2〕 参见王立峰、李洪川：《中国共产党"组织处理"的制度属性与制度形态分析》，载《东北大学学报(社会科学版)》2022 年第 5 期。

第二节　党内法规责任与行政责任的关系

行政责任主要包括行政处罚与行政处分两种方式。根据《行政处罚法》第2条的规定,行政处罚是指行政机关依法对违反行政管理秩序的公民、法人或者其他组织,以减损权益或者增加义务的方式予以惩戒的行为。在日常生活中,违反交通法规、酒驾等行为均可能会受到行政处罚。行政处分则更多地体现为一种内部责任形式,是国家行政机关依照行政隶属关系对违法失职的公务员实施的惩戒措施。[1] 从广义上讲,行政处分还包括其他国家机关、企事业单位等对违法违纪成员的制裁。党员具有多重身份,既是党员,也是普通公民,还是所在单位的公职人员的,对于其一个行政违法行为,既需要承担行政责任,也可能要承担党规责任。在此情形下,党规责任与行政责任应当如何衔接便成为理论与实务无法绕开的重要课题。

一、党内法规责任与行政处罚的关系

(一)党规责任与行政处罚的区分

党规责任与行政处罚分属不同的规则体系,两者不能相互混淆,更不能相互替代。因此,下面分别从适用对象、基本功能、责任内容等对党规责任与行政处罚进行区分,并在此基础上,重点阐述党员受到行政处罚应当如何追究其党规责任,即党规责任与行政处罚的程序衔接、轻重匹配问题。

1. 适用对象不同

根据《行政处罚法》第2条的规定,行政处罚的适用对象是公民、法人或者其他组织;而党规责任的适用对象是违犯党规党纪应当受到党规责任追究的党组织和党员。党规责任与行政处罚的适用对象既存在差异,也存在部分重合。具体而言,由于党员身份具有双重性,其既是党员也是普通公民,党员作为普通公民在社会生活中违反行政管理秩序时,会受到《行政处罚法》的否定性评价;同时,由于其党员身份的存在,根据《纪律处分条例》等相关党内法规

[1] 参见罗豪才主编:《行政法学》,北京大学出版社2001年版,第228页。

的规定，党员依法受到行政处罚的，也可能会受到相关党内法规的否定性评价。例如，某党员违背《治安管理处罚法》的规定，实施了盗窃行为，应当受到相应的行政处罚，同时由于其违法行为，其所属的党组织应当追究其党规责任，给予其纪律处分。质言之，由于党员身份的双重性，其既能够在行政处罚的评价体系中成为行政处罚相对人，也可能因受到行政处罚而承担相应的党规责任。应当注意的是，行政处罚只能针对其公民身份作出，而党纪处分也只能针对其党员身份作出。

2. 基本功能不同

党规责任和行政处罚虽均以“惩戒性”为核心特征，但二者通过惩戒所维护的法益有所不同，进而决定了二者的基本功能存在差别。具体而言，根据《行政处罚法》第 1 条、第 2 条的规定，行政处罚旨在惩戒违反行政管理秩序的行为，其目的在于维护公共利益和社会秩序，保护公民、法人或者其他组织的合法权益。但根据《纪律处分条例》《组织处理规定》等相关党内法规的规定，党规责任旨在惩戒党员和党组织违规违纪的行为，其目的在于严肃党的纪律、纯洁党的组织、维护党的团结统一、保障党的路线方针政策的贯彻执行等。因此，某党员因盗窃行为受到行政处罚，是因为其违反了治安法律法规，损害了治安管理秩序，行政机关为了维护公共利益和社会秩序对其作出行政处罚；而受到行政处罚的党员同时被追究党规责任，是因为其违反行政法规的行为同时违反了党规党纪，党组织为了严肃党的纪律、纯洁党的组织、教育党员遵纪守法等对其作出党纪处分。

3. 责任内容不同

党规责任与行政处罚的责任内容具有较大的差异性，如本书前文所述，以精神罚、职务罚、资格罚为核心内容和功能，可以将党规责任分为警示处理、组织处理、纪律处分三大类。但根据《行政处罚法》第 9 条的规定，行政处罚的种类包括：(1) 警告、通报批评；(2) 罚款、没收违法所得、没收非法财物；(3) 暂扣许可证件、降低资质等级、吊销许可证件；(4) 限制开展生产经营活动、责令停产停业、责令关闭、限制从业；(5) 行政拘留；(6) 法律、行政法规规定的其他行政处罚。根据行政处罚的“五分法”，可以将行政处罚分为五类，即第 1 项规定的是申诫罚，第 2 项规定的是财产罚，第 3 项规定的是资格罚，第 4 项规定的是行为罚，第5项规定的是人身罚。[1]

对党规责任与行政处罚进行对比不难发现，二者在精神罚/申诫罚（对违纪违法者的荣誉、精神等施加影响）以及资格罚（对违纪违法者的某种资格予以限制或剥夺）上存在一定的相同之处，同时在职务罚、财产罚、人身罚、行为罚等方面表现出显著差异。具体而言，其一，职务罚为党规责任所特有。其原因在于以职务罚为核心内容和功能的组织处理，其适用对象为违规违纪违法、失职失责失范的党员领导干部，与违纪者的权力、职务、职位等具有较强的关联性；而行政处罚体系中违反行政管理秩序的行为与违法者的权力、职务、职位等并不具有明显的关联性。其二，财产罚、人身罚为行政处罚所特有。其原因在于，根据《立法法》《行政处罚法》的相关规定，限制人身自由的强制措施和处罚对非国有财产的征收、征用只能由法律予以规定，行政法规可以设定除限制人身自由以外的行政处罚，地方性法规可以设定除限制人身自由、吊销营业执照以外的行政处罚。因此，在涉及对当事人财产以及人身自由予以限制的财产罚、[2]人身罚时，党内法规无权也不应对之予以规定。其三，行为罚在党规责任中没有明确规定。其原因在于，行为与资格往往很难分割，任何对资格的剥夺或限制均意味着其基于资格所从事的行为被禁止，因而有些国家的行政处罚立法理论并不对资格罚与行为罚加以区分。[3] 事实上，纪律处分针对违纪者的某种"资格"予以处罚，当违纪者不再可以拥有"任职资格"，不再具有"行使选举权和被选举权资格"，不再可以保有"党员资格"时，当然意味着其基于相关资格的行为被禁止。但党规责任侧重于党员政治行为的限制与剥夺，而行政处罚主要是对公民私法行为的限制。

（二）党规责任与行政处罚的联系

目前，有关党规责任与行政处罚衔接的规定主要见于《纪律处分条例》第30条第1款、第35条第2款。以上述规定为基点，党规责任与行政处罚的衔接与匹配适用主要包括程序衔接与轻重匹配两个方面。

---

〔1〕 参见胡建森：《论行政处罚的手段及其法治逻辑》，载《法治现代化研究》2022年第1期。

〔2〕《纪律处分条例》第43条规定："对于违纪行为所获得的经济利益，应当收缴或者责令退赔。"这一规定与财产罚的规定相似。

〔3〕 参见胡建森：《论行政处罚的手段及其法治逻辑》，载《法治现代化研究》2022年第1期。

1. 党规责任与行政处罚的程序衔接

党规责任与行政处罚的程序衔接主要发生于两种情形：一是线索发现与处置程序的衔接；二是立案程序的衔接。

其一，线索发现与处置程序的衔接。《纪律处分条例》第 30 条第 1 款规定："党组织在纪律审查中发现党员有……其他破坏社会主义市场经济秩序、违反治安管理等违法行为，损害党、国家和人民利益的，应当视具体情节给予警告直至开除党籍处分。"该条款表明，党组织作出党纪处分，是因为行为人作出了（损害党、国家和人民利益的）违法行为。《纪律处分条例》第 35 条第 2 款规定："党员依法受到政务处分、任免机关（单位）给予的处分、行政处罚，应当追究党纪责任的……经核实后依照规定给予相应党纪处分或者组织处理……"该条款表明，党组织作出党纪处分的原因之一，是行为人受到了行政处罚。梳理上述条文，可以知道，党规责任与行政处罚在线索发现与处置程序上的两条衔接路径：一是正向衔接路径，即《纪律处分条例》第 30 条第 1 款规定的主动发现线索的路径。在此一衔接路径中，党组织在履行职责过程中主动发现党员存在违反行政法规的行为，并给予党纪处分。二是反向衔接路径，即《纪律处分条例》第 35 条第 2 款规定的被动发现线索的路径。在此一衔接路径中，党组织接受行政主体移送的党员、党组织的违法线索，依规启动党规责任的追究程序。为了提升党规责任与行政处罚的衔接效率，相关行政主体探索出诸多行之有效的衔接机制。如公安部交通管理局于 2016 年生效的《关于在公安交通管理行政处罚法律文书中增加被处罚人有关信息采集项目的通知》规定，中共党员和国家工作人员涉及"十大类"交通违法行为的，[1] 交管部门应及时向纪检监察机关通报。在执纪执法实践中，各地纪检监察机关通过多种形式，不断强化与执法机关之间的信息沟通和工作协调，如四川省成都市通过建立"大数据 + 监督"平台的形式，集纳了当地 39,000 余名监督对象的基本信息，涵盖公安、民政等 28 个部门的 10 万余条监督执纪数据，并可通过"协同反腐"模块实现各职能部门行政处罚系统的数据导入和抓取。又如湖南省

---

[1] "十大类"交通违法行为包括酒驾醉驾、无证驾驶、准驾车型不符、驾驶拼装改装或报废车辆、使用伪造变造机动车牌证或标识、套用机动车号牌、脱保、超速 50% 及以上、货车超载 30% 以上、客运车辆超员。

郴州市通过联合市纪委监委、市公安局、市委组织部、市人社局等多个单位部门开展专项行动，集中对党员、公职人员参赌涉赌、吸毒涉毒、酒驾醉驾等违法违纪问题开展多次监督检查，并规定各单位要对党员和公职人员涉嫌违纪违法案件和案件线索定期进行报送、移送，等等。[1]

其二，立案程序的衔接。《纪律处分条例》第35条第1款规定："党员依法受到刑事责任追究的，党组织应当根据司法机关的生效判决、裁定、决定及其认定的事实、性质和情节，依照本条例规定给予党纪处分，是公职人员的由监察机关给予相应政务处分或者由任免机关(单位)给予相应处分。"《纪律处分条例》第35条第2款规定："党员依法受到政务处分、任免机关(单位)给予的处分、行政处罚，应当追究党纪责任的，党组织可以根据生效的处分、行政处罚决定认定的事实、性质和情节，经核实后依照规定给予相应党纪处分或者组织处理。其中，党员依法受到撤职以上处分的，应当依照本条例规定给予撤销党内职务以上处分。"将上述两个条款进行对比不难发现，《纪律处分条例》对于党纪处分与刑事处罚、行政处罚的立案程序衔接采取了不同模式：一是自动转入模式。对于司法机关已经作出生效有罪判决的党员，党组织无须履行立案审查调查程序，可以依据刑事判决直接作出处分决定。二是核实转入模式。由于行政处罚决定书相较于司法判决裁定而言并不具有终局效力，加之党组织与行政机关在职责权限、调查措施、取证手段等层面存在差异，所以，党纪处分在与行政处罚进行衔接时，仍然需要履行立案程序。[2] 具体而言，党组织在对受到行政处罚的党员作出党纪处分时，必须依照规定程序对行政机关移送的材料进行核实，不得未经核实直接依照行政机关的处罚决定作出党纪处分。党组织既应当对行政处罚决定书认定的事实、性质、情节及行为人对行政处罚的态度予以审核，也应当对是否存在提起行政复议、行政诉讼等可能影响处理程序、处理结果的情况予以全面了解。[3] 在一起实践案例中，党员董某与李某发生车辆刮蹭，董某报警后在等待警方处理该事故的过程中，与李某及其丈夫

---

〔1〕 参见《酒驾了，纪委监委咋知道的，会受什么处分?》，载中央纪委国家监委网，https://www.ccdi.gov.cn/yaowenn/201808/t20180822_68200.html。

〔2〕 参见王圭宇、贺金玉：《党纪处分与政务处分适用衔接机制研究》，载《周口师范学院学报》2022年第6期。

〔3〕 参见於苗燕、余良任：《怎样根据行政处罚决定给予酒驾醉驾党员党纪处分》，载《中国纪检监察报》2021年6月16日，第6版。

刘某、朋友吴某发生争执并互殴，当地公安机关对董某作出行政拘留 10 日并处罚款 500 元的行政处罚。当地纪委监委在审核案卷时认为证据不够完整，不能还原案件事实，在调取相关证据材料后发现，证据综合显示当时的真实状况为：董某主动报警后在等待过程中被醉酒的刘某殴打，并被与刘某同行的几名男子围住，董某在此情况下予以还击。当地纪委监委经过分析后认为，董某并无打架的主观故意，最终决定只对董某予以批评教育。[1]

2. 党规责任与行政处罚的轻重匹配

按照《纪律处分条例》第 30 条第 1 款、第 35 条第 2 款的条文原意，党员违反行政法规、受到行政处罚并不必然会受到党纪处分。上述两个条款规定了行政处罚需要同时追究党纪责任的两种情形：一是行政处罚并损害党、国家和人民利益的，即只有损害党、国家和人民利益的违法行为，才能被追究党纪责任；二是行政处罚并应当追究党纪责任。在达到上述规定的要件标准的基础上，党规责任与行政处罚的追究应当遵循轻重程度相协调的原则。

其一，对于轻微的行政违法行为可以按照党内一般的监督管理措施予以调整，或对之采取警示处理措施。对于轻微的行政违法行为，通过行政处罚就能够达到惩戒效果的，并不必然予以纪律处分。通常而言，党员因闯红灯、超速行驶等轻微行政违法行为受到行政处罚，其行为虽具有一定的社会危害性，但情节轻微、影响不大，尚未达到损害党、国家和人民利益的程度，所以从节约执纪执法资源的角度考量，由有权的党组织按照党内一般的监督管理措施予以谈话、批评教育，或对之采取警示处理措施。在一起实践案例中，党员周某在城区驾驶机动车闯红灯 2 次、违法停放机动车 1 次，均被公安交警部门予以罚款和扣分处理，周某在规定期限内接受了行政处罚。对此，当地纪检监察部门认为，周某虽然有交通违法行为，但均按照公安交警部门的处罚决定接受了处罚，没有造成不良影响，没有损害党的形象及党、国家、人民的利益，可以通过批评教育责令改正，不需要给予其党纪处分。[2]

其二，对于较重的行政违法行为应当予以党纪轻处分。根据《中央纪委国

---

〔1〕 参见张永久：《对受到行政处罚的党员进行党纪处分应注意什么》，载《中国纪检监察》2019 年第 6 期。

〔2〕 参见刘辉：《对党员干部的交通违法行为，如何给予党纪处分》，载《中国纪检监察》2017 年第 8 期。

家监委发布第二批执纪执法指导性案例》的规定,党纪轻处分主要包括警告、严重警告。党员因饮酒后驾驶机动车、赌博等较重的行政违法行为受到行政处罚,造成不良影响,损害党、国家和人民利益的,应当由有权的党组织予以警告、严重警告等党纪轻处分。实践中相关部门的通报案例显示,党员杨某因参与网络赌博被公安机关查获,杨某受到公安机关行政拘留 10 日并处罚款人民币 1000 元的行政处罚,同时受到党内严重警告处分。[1] 党员向某饮酒后无证驾驶无牌照摩托车,被公安机关当场查获,经检测属于饮酒驾驶;党员胡某饮酒后驾驶摩托车与其他车辆发生剐蹭,经公安机关现场检测属于饮酒驾驶;党员邓某饮酒后驾驶摩托车,被公安机关当场查获,经检测属于饮酒驾驶。向某、胡某、邓某 3 人受到罚款、暂扣机动车驾驶证或行政拘留等行政处罚,同时均受到党内严重警告处分。[2]

其三,对于严重的行政违法行为应当予以党纪重处分。根据《中央纪委国家监委发布第二批执纪执法指导性案例》的规定,党纪重处分主要包括撤销党内职务、留党察看、开除党籍。党员因吸毒、嫖娼等严重的行政违法行为受到行政处罚,影响较为恶劣,损害党、国家和人民利益的,应当由有权的党组织予以开除党籍等党纪重处分[3]。在一起实践案例中,党员赵某在嫖娼时被民警抓获,当地公安部门对赵某作出行政拘留 14 日的行政处罚决定。当地纪检监察部门认为,嫖娼类案件影响恶劣,必须给予最严格的纪律处分,即党员一经被定性为嫖娼就必须开除党籍,最终赵某被予以开除党籍处分。[4] 应当注意的是,较为严重的交通违法行为构成犯罪的,已经不再属于单纯的党规责任与行政处罚衔接的范畴,应当依照《纪律处分条例》关于"党员犯罪"的相关规定予以处理。例如,对于因交通违法行为构成交通肇事罪等刑事犯罪,但情节轻微,人民检察院依法作出不起诉决定的,或者人民法院依法作出有罪判决并免

---

[1] 参见文山州纪委州监委:《关于 7 起党员公职人员违反社会治安管理秩序典型案例的通报》,载微信公众号"清廉文山"2022 年 9 月 8 日,https://mp. weixin. qq. com/s/KdryZhtkGvbK9JbbaqbZBQ。

[2] 参见中共宜昌市夷陵区纪委、宜昌市夷陵区监察委员会:《通报! 3 起党员酒驾问题典型案例》,载澎湃新闻网 2022 年 9 月 30 日,https://m. thepaper. cn/baijiahao_20134928。

[3] 2023 年 12 月修订的《纪律处分条例》第 30 条第 3 款规定:"党员有嫖娼或吸食、注射毒品等丧失党员条件,严重败坏党的形象行为的,应当给予开除党籍处分。"

[4] 参见张永久:《对受到行政处罚的党员进行党纪处分应注意什么》,载《中国纪检监察》2019 年第 6 期。

予刑事处罚的，应当依照《纪律处分条例》第 33 条的规定给予撤销党内职务、留党察看或者开除党籍处分；对于因醉酒驾驶等行为被人民法院以危险驾驶罪判处拘役的，应当依照《纪律处分条例》第 34 条、第 35 条第 1 款等相关规定对之进行处理，一般应当予以开除党籍处分。

二、党内法规责任与行政处分的关系

严格意义上讲，行政处分是指国家行政机关依照行政隶属关系对违法失职的公务员实施的惩戒措施。[1]《行政机关公务员处分条例》第 2 条第 1 款规定："行政机关公务员违反法律、法规、规章以及行政机关的决定和命令，应当承担纪律责任的，依照本条例给予处分。"由此可见，严格意义上，行政处分的对象只能是行政机关公务员。[2] 同时，《行政机关公务员处分条例》第 6 条将行政机关公务员处分的种类明确规定为六类，即警告、记过、记大过、降级、撤职、开除。

此外，从广义上讲，除了国家行政机关针对国家公务员的制裁外，行政处分还包括其他国家机关、企事业单位等对违法违纪成员的制裁。例如，《事业单位工作人员处分规定》第 2 条第 1 款规定："事业单位工作人员违法违纪，应当承担纪律责任的，依照本规定给予处分。"同时，《事业单位工作人员处分规定》第 4 条、《事业单位人事管理条例》第 29 条明确将针对事业单位工作人员的处分规定为警告、记过、降低岗位等级、开除四类。

目前，有关党规责任与行政处分衔接的规定主要见于《纪律处分条例》第 35 条第 2 款："党员依法受到政务处分、任免机关（单位）给予的处分、行政处罚，应当追究党纪责任的，党组织可以根据生效的处分、行政处罚决定认定的事实、性质和情节，经核实后依照规定给予相应党纪处分或者组织处理。其中，党员依法受到撤职以上处分的，应当依照本条例规定给予撤销党内职务以上处分。"其中，"任免机关（单位）给予的处分"即包括行政处分。例如，公务员拒绝执行上级依法作出的决定、命令的，其行为违反了《行政机关公务员处分

---

〔1〕 参见罗豪才主编：《行政法学》，北京大学出版社 2001 年版，第 228 页。

〔2〕 值得注意的是，《行政机关公务员处分条例》第七章附则第 54 条规定，对法律、法规授权的具有公共事务管理职能的事业单位中经批准参照《公务员法》管理的工作人员给予处分，参照本条例的有关规定办理。

条例》第 19 条的规定,应当视情节予以警告直至开除的行政处分,在党纪上应当依照《纪律处分条例》第 35 条第 2 款的规定予以相应的党纪处分。同时,党纪处分的幅度、档次亦应当与行政处分的幅度、档次相匹配,如给予警告、记过、记大过的行政处分,一般应当同时给予党内警告、党内严重警告的处分;给予撤职处分的,一般应当同时给予撤销党内职务以上处分;给予开除处分的,在党纪上也应当给予开除党籍处分。

除了上述国家公务员违反《公务员法》《行政机关公务员处分条例》等法律法规受到行政处分的情形外,就广义上的行政处分而言,《纪律处分条例》第 35 条第 2 款中的"任免机关(单位)给予的处分"也包括其他国家机关、企事业单位针对其工作人员的处分。因此,其他国家机关、企事业单位工作人员因违反相关规定受到行政处分的,其所在党组织应当同时给予其党纪处分。例如,在一起实践案例中,高校教师许某在某期刊上发表的论文存在研究内容剽窃等情形,其行为严重违反了《新时代高校教师职业行为十项准则》第 7 项的规定,[1] 相关部门依据《纪律处分条例》《事业单位工作人员处分规定》《教育部关于高校教师师德失范行为处理的指导意见》等相关规定,不仅给予许某行政记过处分,以及撤销其教授任职资格、取消其研究生导师资格、取消其 3 年内评奖评优资格等相关处分,也在党纪上给予许某党内严重警告处分。[2] 在另一起实践案例中,某国有企业集团公司干部左某使用的非涉密计算机中存储 4 份标密文件,属于不应公开的内部资料;事件发生后,相关部门给予左某行政降级处分,并扣除其半年绩效奖励,调离项目组且 3 年内不得从事涉密工作,同时给予其党内警告处分。[3]

此外还应注意的是,在《纪律处分条例》第 30 条的基础上,如果某一受到行政处分(或者行政处罚)的行为同时违反了《纪律处分条例》分则中某一条款

---

〔1〕《新时代高校教师职业行为十项准则》第 7 项规定,遵守学术规范。严谨治学,力戒浮躁,潜心问道,勇于探索,坚守学术良知,反对学术不端;不得抄袭剽窃、篡改侵吞他人学术成果,或滥用学术资源和学术影响。

〔2〕参见《教育部公开曝光第十二批 7 起违反教师职业行为十项准则典型案例》,载中华人民共和国教育部网,http://www.moe.gov.cn/jyb_xwfb/gzdt_gzdt/s5987/202304/t20230420_1056414.html。

〔3〕参见《警惕!机关单位内部信息外泄案件典型案例》,载澎湃新闻网 2022 年 5 月 20 日,https://www.thepaper.cn/newsDetail_forward_18195480。

的规定,则应适用该条款处理。[1] 换言之,如果党员因某一行为违反相关法律法规受到行政处分(或者行政处罚),而该行为同时违反《纪律处分条例》分则中某一条款的规定,那么直接适用《纪律处分条例》分则相应的条款追究其党纪责任,不需要再依照《纪律处分条例》第30条的规定处理。例如,在一起实践案例中,高校教师梁某某通过微博等网络平台多次发布和转发错误言论,其行为严重违反了《新时代高校教师职业行为十项准则》第1项、第2项的规定,[2]相关部门根据《教师法》《纪律处分条例》《事业单位工作人员处分规定》《教育部关于高校教师师德失范行为处理的指导意见》等相关规定,不仅给予梁某某行政记过处分,取消其研究生导师资格并停止教学工作,同时给予梁某某开除党籍处分。[3] 与前述高校教师许某学术不端的案例对比可见,许某学术不端的行为违反了《新时代高校教师职业行为十项准则》,而本案中梁某某发布错误言论的行为不仅违反了《新时代高校教师职业行为十项准则》,还违反了《纪律处分条例》第50条的规定。[4] 因此,尽管许某和梁某某均受到行政记过处分(以及取消研究生导师资格等其他处分),但由于梁某某发布错误言论的行为同时违反了《纪律处分条例》分则的规定,所以在党纪处分上直接依照《纪律处分条例》第50条的规定给予其开除党籍处分,不需要依照《纪律处分条例》第30条的规定处理。

---

[1] 参见周岩编写:《党纪处分运用规则和纪法衔接适用指南》,中国方正出版社2021年版,第135页。

[2] 《新时代高校教师职业行为十项准则》第1项规定,坚定政治方向。坚持以习近平新时代中国特色社会主义思想为指导,拥护中国共产党的领导,贯彻党的教育方针;不得在教育教学活动中及其他场合有损害党中央权威、违背党的路线方针政策的言行。第2项规定,自觉爱国守法。忠于祖国,忠于人民,恪守宪法原则,遵守法律法规,依法履行教师职责;不得损害国家利益、社会公共利益,或违背社会公序良俗。

[3] 参见《师德警示教育(一)违反高校教师职业行为十项准则典型案例》,载中华人民共和国教育部网,http://www.moe.gov.cn/jyb_xwfb/moe_2082/2021/2021_zl37/jiaoyujingshi/202105/t20210511_530818.html。

[4] 《纪律处分条例》第50条规定:"通过网络、广播、电视、报刊、传单、书籍等,或者利用讲座、论坛、报告会、座谈会等方式,公开发表坚持资产阶级自由化立场、反对四项基本原则,反对党的改革开放决策的文章、演说、宣言、声明等的,给予开除党籍处分。发布、播出、刊登、出版前款所列文章、演说、宣言、声明等或者为上述行为提供方便条件的,对直接责任者和领导责任者,给予严重警告或者撤销党内职务处分;情节严重的,给予留党察看或者开除党籍处分。"

第三节　党内法规责任与刑事责任的关系

刑事责任是国家司法机关依据刑事法律对犯罪行为人作出的具有惩戒性的不利制裁或赋予的相应不利后果。在党规责任与法律责任并行的中国法治责任体系中，由于党员和公民两种身份的兼容性，党规责任与刑事责任具有适用方式上的相容性。在党规责任与刑事责任共同适用的领域，明确党规责任与刑事责任的区别与联系，是推动党规责任和刑事责任衔接协调，发挥党规责任与法律责任合力作用的必然要求。

一、党内法规责任与刑事责任的区别

不同于政务处分与党规责任在实践中错综复杂的联系，刑事责任的职权主体、基本程序、责任种类等特征较为鲜明，边界较为清晰，不易与党规责任产生混淆，对此无须赘述。在党规责任与刑事责任交叉的领域，即在对党员进行违纪违法追责的过程中，由于责任主体的同一性，可能存在"以罚代刑"或"以刑代罚"的情形。为此，应重点阐述党规责任和刑事责任在适用范围、适用条件和责任内容三个方面的区别，进一步明确彼此的联系，避免党规责任与刑事责任的相互替代。

（一）适用范围不同

刑事责任与党规责任都具有广泛适用性的特征。依据《刑法》第2条、第3条的规定，所有危害国家安全，危害人民民主专政的政权和社会主义制度，侵害国有财产和劳动群众集体所有的财产，侵害公民私人所有的财产，侵害公民的人身权利、民主权利和其他权利，破坏社会秩序、经济秩序，阻碍社会主义建设事业顺利进行的行为，法律明文规定为犯罪行为的，需要承担刑事责任，依照法律定罪处刑。可见，其他法律责任如民事责任、行政责任等可能仅涉及社会生活的某一方面或某一层面的利益与关系，而刑事责任涉及国家与社会生活的所有领域，在适用范围上具有广泛性。与刑事责任类似，党规责任的适用范围涵盖党员和党组织的政治、组织、工作、生活等各个领域。同时，基于"党

纪严于国法”的理念党内法规还将部分刑事法律难以规制的行为纳入调整范围。因此，刑事法律所不加禁止的行为，党规党纪可能要加以禁止；刑事法律没有要求的行为，党规党纪可能会作出要求。如《纪律处分条例》第十一章规定了对不重视家风建设、与他人发生不正当性关系等违反生活纪律行为的处分。由于这些行为较少涉及公共安全和公共利益，属于私人领域的行为，所以作为公法的刑事法律一般不予调整。可见，党内法规比刑事法律的调整范围更为广泛，违反党内法规的行为，一般不会触犯刑事法律，不需要承担刑事责任；而违反刑事法律的行为，会同时违反党内法规，需同时承担党规责任和刑事责任。

（二）适用条件不同

刑事责任的适用条件比党规责任更严格。基于党规责任体系“抓早抓小、防微杜渐”的制度特征，苗头性、倾向性行为的问题线索一经发现，便可灵活运用警示处理措施进行教育和纠正，无须等到危害结果发生或经复杂的诉辩审理程序。如依据《纪律检查机关监督执纪工作规则》第 30 条的规定，对于问题轻微的违纪行为，追责主体在对相关当事人进行谈话函询确认基本事实后，即可采取谈话提醒、批评教育、责令检查、诫勉谈话等方式处理；而刑事责任的适用则具有严格的实体和程序要求。在实体上，依据《刑法》第 13 条至第 16 条的规定，刑事责任的承担以行为的社会危害性为基本前提，且原则上要求行为人具有主观上的故意或过失。在程序上，依据《刑事诉讼法》及相关法律的规定，未经人民法院依法判决，任何人不得被强制承担刑事责任；且人民法院对刑事责任的确认，原则上须在规定的追诉时效内经过繁复的公开开庭审理程序，且必须以“案件事实清楚，证据确实、充分”为基本前提。因此，虽然部分党规责任和刑事责任所制裁的行为具有同一性，如《纪律处分条例》第 94 条对党员干部“利用职权或者职务上的影响为他人谋取利益”的处分规定与刑法对国家工作人员受贿罪的规定可能指向的是同一种行为，但由于刑事责任的适用条件更严格，特定行为虽然外观上需要承担刑事责任，但实际上可能不符合刑事追责的标准，如未达到受贿罪的法定数额、不符合追诉时效或未达刑事诉讼的证明标准。在这种情形下，只能追究其党规责任，而无法追究其刑事责任。

（三）责任内容不同

党规责任和刑事责任的内容具有较大差异。如前所述，党规责任可分为警示处理、组织处理和纪律处分三种类型,分别以“精神罚”“职务罚”“资格罚”为核心内容。依据《刑法》第32条至第34条的规定,刑事责任的承担可分为主刑和附加刑两种,主刑包括管制、拘役、有期徒刑、无期徒刑和死刑五种,附加刑包括罚金、剥夺政治权利和没收财产三种。其中,管制、拘役、有期徒刑和无期徒刑以限制人身自由为主要内容,死刑以限制生命权为主要内容,罚金和没收财产以限制财产权为主要内容,剥夺政治权利以限制政治权利为主要内容。二者在责任内容上的差异主要体现在以下两点:一是刑事责任和党规责任的内容分别涉及责任主体的不同层面。党规责任主要影响责任主体的精神、党内职务和任职资格,刑事责任主要影响责任主体的人身权和财产权。二是刑事责任的内容与责任主体实际利益的关联性更强。党规责任对责任主体实际利益的影响大都是间接的,如警告作为资格罚的一种,主要限制责任主体在一定时期内职务的提升,即“期待利益”,对其现有物质利益及生活水平的影响较小。但刑事责任以限制或剥夺责任主体的人身和财产权利为主要内容,这些权利直接关涉责任主体的生存,对其实际利益的影响较大。因此,当同一主体的特定行为同时属于刑事责任和党规责任的适用范围,且满足二者的适用条件时,由于责任内容的差异性,不能通过替代、吸收或重叠加重等方式进行处理,而应分别追究其党规责任和刑事责任。

二、党内法规责任与刑事责任的联系

虽然党规责任和刑事责任分属不同的规范体系,但在责任主体兼具党员和公民身份时,党规责任和刑事责任会产生适用范围的交叉,二者在交叉领域互相兼容,共同适用,进而在功能上表现出互补性特征。

(一)适用对象的交叉性

适用对象的交叉性指党规责任的适用对象与刑事责任的适用对象有区别但部分重合。如果将党规责任和刑事责任的适用对象分别看成两个独立的圆圈,那么在平面上这两个圆圈的位置呈现“相交”的状态。适用对象的交叉性是党规责任与刑事责任产生联系的基本前提。整体而言,党规责任和刑事责任的交叉性表现在以下两个方面:

一是责任主体部分重合。党规责任主体是党员和党组织,刑事责任主体是自然人和单位。依据《刑法》第30条及相关解释的规定，单位是指刑法分则及其他法律明确规定可作为刑事责任主体的公司、企业、事业单位、机关和团体。依据现行刑法与其他法律，党组织不属于可承担刑事责任的“单位”。党员身份与自然人身份具有相容性，即所有党员都是自然人，因此党员可同时成为刑事责任主体和党规责任主体。

二是适用范围部分重合。党规责任和刑事责任的适用范围都具有广泛性特征，涵盖责任主体在工作、交易、生活等各领域的行为。如2003年《纪律处分条例》共有79条与《刑法》《治安管理处罚法》等国家法律法规重复的条款，可见党规责任与刑事责任在适用范围上的高度耦合性。虽然上述条款在2015年《纪律处分条例》的修订中被删除，但“删除原有的刑法已有规定的条款，绝不是说今后对这些刑法等都规定了的行为，党纪就不再过问了，仍然要管，而且党纪要管的范围更宽，实际上也更严了”。[1] 可见，上述修订只是立规技术的提升，而非实质内容的变动，即将刑法条文的具体引入模式修改为概括性引入模式。[2]

（二）适用方式的兼容性

适用方式的兼容性指当党规责任和刑事责任的适用对象重合时，由于责任内容和追责机制不同，二者不能相互替代或叠加，而应以分别追责为前提，同时适用于同一责任主体。整体而言，党规责任和刑事责任的兼容方式包括以下三种：

一是纪在法前，即党规责任追究在刑事责任追究之前，主要是党组织先行立案处理的党员违法违纪案件。依据《党内监督条例》第37条《纪律处分条例》第31条的规定，在纪律审查中发现党的领导干部严重违纪涉嫌违法犯罪的，应当先作出党纪处分决定，再移送司法机关，由司法机关依法追究刑事责任。

二是纪法同行，即党规责任追究和刑事责任追究同步进行的情形。纪法同行的案件可分为职务违纪违法和一般违纪违法两种类型。对于职务违纪违法的案件，由于监察体制改革后，职务犯罪的侦查权转移至监察机关，而监察

〔1〕《中纪委副书记张军：原党纪处分条例确实存纪法不分问题》，载中共盐城市纪律检查委员会、盐城市监察委员会网站2015年11月18日，http://www.jsycjw.gov.cn/a/fLUjFNCWLX。

〔2〕现行《纪律处分条例》第29条、第35条等条文运用概括性模式，将相关刑法内容引入纪律处分制度中。

机关实行党政合署办公的工作机制,因此违纪调查和犯罪侦查具有高度同步性。纪检监察机关在“纪法共治”的同时,“应尊重党规责任与刑事责任的区别,在程序规范和组织结构上应注意贯彻纪法适当分离原则”。[1] 对于一般违纪违法的案件,可分别由党组织和公安及检察机关启动追责程序,党组织应当按照《刑法》《刑事诉讼法》的要求对证据进行把关,“分别采用同步立案、先执纪审查监察调查后请求司法机关同时介入,或先司法调查后再执纪审查监察调查等,确保证据链条完整,衔接顺畅”。[2]

三是纪在法后,即司法机关对责任主体刑事追责后,将有关案件材料移交有关党组织追究党纪责任的情形。依据《纪律处分条例》第35条的规定,党员依法受到刑事责任追究后,党组织应当根据司法机关的生效判决、裁定、决定及其认定的事实、性质和情节,依照《纪律处分条例》的规定给予党纪处分。党组织作出党纪处分或者组织处理决定后,司法机关、行政机关等依法改变原生效判决、裁定、决定等,对原党纪处分或者组织处理决定产生影响的,党组织应当根据改变后的生效判决、裁定、决定等重新作出党纪处分。

(三)责任功能的互补性

党规责任和刑事责任分别侧重于前端预防和末端惩治,共同构建了“预惩协同”“标本兼治”的治理体系。《党内监督条例》第7条、《纪律处分条例》第5条规定的监督执纪“四种形态”比较完整地表达了党规责任和刑事责任的互补关系。其中前三种“形态”都只涉及党规责任,即经常开展批评和自我批评、约谈函询,让“红红脸、出出汗”成为常态;党纪轻处分、组织调整成为违纪处理的大多数;党纪重处分、重大职务调整的成为少数,强调分级设防。其对绝大多数权力异化行为通过党规责任进行处理。最后一种形态涉及刑事责任,强调让严重违纪涉嫌违法需承担刑事责任的成为极少数,防止大多数人滑向犯罪的深渊。具体而言,二者的互补性主要体现在以下两个方面:

一是适用阶段的互补性,即党规责任适用于前端处理,刑事责任适用于后端处理。实践表明,“违法犯罪的党员干部并非天生的犯罪分子,往往会经历

---

[1] 龙宗智:《监察与司法协调衔接的法规范分析》,载《政治与法律》2018年第1期。

[2] 杨永庚、常利娟:《我国党纪与国法的衔接方式、现实选择和优化路径》,载《陕西师范大学学报(哲学社会科学版)》2019年第4期。

一个从小错到大错、从失德到失节、从破纪到破法的由量变到质变的演变过程"[1]。党规责任侧重于对党员干部从小错到破纪阶段的前端处理,通过做好监督执纪的前端思想工作,强化责任主体的"自首效应",[2]有效降低后期腐败犯罪查处的难度、防止轻腐败的持续恶化。[3] 刑事责任侧重于对党员干部违法行为的末端处理,通过刑事裁判对犯罪党员进行严厉打击。党规责任与刑事责任互相衔接,涵盖党员干部从苗头性行为到违法犯罪的全阶段。

二是适用效果的互补性,即党规责任侧重于预防和教育,刑事责任侧重于惩戒。如前所述,党规责任的处分方式虽然会给责任主体带来不利后果,但其对责任主体实际利益的影响一般是间接的,留有回旋余地,不会造成毁灭性损害。因此,对比惩戒功能,党规责任的教育和纠正效果更为突出;而刑事责任对责任主体实际利益的影响较大,甚至直接威胁其生存,具有突出的惩戒性特征。"预防的效果总体优于惩治,惩治是治标之策,预防是治本之策。"[4]党规责任和刑事责任共同构成"预惩协同"的标本兼治体系,充分彰显出中国特色社会主义法治责任体系的制度优势。

---

〔1〕 黄文艺:《权力监督哲学与执法司法制约监督体系建设》,载《法律科学(西北政法大学学报)》2021年第2期。

〔2〕 参见王卓:《他们,为什么选择自首?》,载《中国纪检监察报》2018年10月13日,第1版。

〔3〕 参见刘艳红:《〈监察法〉与其他规范衔接的基本问题研究》,载《法学论坛》2019年第1期。

〔4〕 夏伟:《监察体制改革"纪法衔接"的法理阐释及实现路径》,载《南京师大学报(社会科学版)》2020年第1期。

第八章　党内法规责任与法律责任的协调

党的十八届四中全会审议通过的《中共中央关于全面推进依法治国若干重大问题的决定》明确提出“注重党内法规同国家法律的衔接和协调”的建设任务;2021 年中共中央印发《法治中国建设规划(2020—2025 年)》,进一步指出“努力形成国家法律和党内法规相辅相成、相互促进、相互保障的格局”。因此,如何协调衔接党内法规与国家法律,成为中国法治建设中的重点与难点。党内法规与国家法律是中国特色社会主义法治体系的两大支柱,实现二者协调衔接,是确保法治体系内部和谐统一的关键所在,也是解码“中国之治”的制度密钥所在。党规责任体系与法律责任体系是中国特色社会主义法治责任体系的重要组成部分,二者共同编织起权力监督与制约的制度之笼,是走好法治建设“最后一公里”的重要保障。推进党规责任与法律责任的协调衔接是推动中国法治建设的重要抓手。当前,学界主要聚焦党内党规与国家法律协调衔接的宏观研究,对党规责任与法律责任协调的研究尚缺乏较为系统的分析阐释。因此本书在厘清党规责任与法律责任协调概念的基础上,分别从实体协调和程序协调两方面展开深入研究,以期为推进二者的协调衔接提供理论支撑。

第一节　党内法规责任与法律责任的协调概述

“协调”“衔接”“衔接协调”“协调衔接”“协同”等词均为学者广泛使用,但在实践操作中，党规与国法的衔接、协调或者协同多在相同的程序中一并完成，在原则和路径上也无太大差别，因而该区分并无太大的实际意义。[1] 因此，可将上述词汇统称为“协调”并展开论述。

一、党内法规责任与法律责任协调的概念

在汉语解释中，“协调”被理解为“和谐一致，不冲突的状态”。所谓党规责任与法律责任的协调，是指二者和谐共处、相辅相成、协同运作的良好状态。党规责任与法律责任协调共存是独具中国特色的法治现象，基于中国特色社会主义法治责任体系建构的理论视角和二者有机协调的理想追求，党规责任与法律责任的协调至少应符合价值理念的协调与责任体系的协调两个方面的要求。

（一）价值理念的协调

法的价值问题是法学基础理论最根本的问题之一，涉及人们对法的目的、正当性和理想图景的思考。依据法的目的价值体系的构成，可以从目的价值和形式价值两方面阐述党规责任与法律责任协调应当具备的共通的价值追求。

一是目的价值的同向性。法的目的价值是整个法的价值体系的基础，是法所追求的社会目的，反映法的制定和实施的宗旨，是社会关系理想状态的权威性蓝图。[2] 在持续推进坚持全面依法治国、全面从严治党，推进法治中国建设的时代背景下，党规责任体系与法律责任体系应当遵循法治的普遍规律，以监督制约权力、保障人民权益，促进社会公平和正义等为终极目的价值。权力的滥用往往导致党和国家以及人民利益的损害，为了保证权力行使的规范性和保障人民的利益，应对权力进行合理的制约和监督。在长期的法治实践中，我国逐渐探索出独具特色的权力制约模式，即在依据法律法规监督权力的同时，充分发挥党规党纪的控权功能，从而形成国家法律与党内法规共同规制权力的“双笼关虎”模式。[3] 为最大限度发挥该新型模式的功能，要使党规责任与法律责任保持“内在协调”；而保持目的价值的同向性，是两个责任规范体系

---

〔1〕 参见章志远主编：《党内法规专题研究述评》，中国法制出版社2020年版，第131页。

〔2〕 参见张文显主编：《法理学》（第5版），高等教育出版社2018年版，第313页。

〔3〕 参见欧爱民、范晓珲：《双笼关虎：权力限制法治化的中国式表达》，载《理论与改革》2023年第3期。

达致“内在协调”的核心。目前,党规责任文本与法律责任文本在价值追求方面基本达成一致,如《组织处理规定》第 2 条中明确规定,要“落实从严管理监督要求,严肃处理对党不忠、从政不廉、为官不为、品行不端等问题”,督促领导干部依法依规行使自己的权力;同样《政务处分法》第 1 条将“加强对所有行使公权力的公职人员的监督,促进公职人员依法履职、秉公用权、廉洁从政从业、坚持道德操守”作为立法目的。

二是形式价值的同向性。形式价值是指制度或者规范在形式上或表层上所具有的优良品质,如公开性、连续性、严谨性、明确性、简练性等,如果一种制度不具备形式上的优良品质,就不是“良法”,即使它追求良好的社会目的,这些目的也必然会归于虚无。[1] 党规责任与法律责任在形式价值方面都应当追求明确性、稳定性、严谨性等良法应当具备的品质。当前,法律责任在形式上基本具备良法的优良品质,党规责任在制定技术方面还有待进一步提升。如当前党规责任设置还存在种类纷繁庞杂、轻重序列模糊、属种关系不明等情况,[2] 说明党规责任的明确性还有待加强。再如,个别党内法规还缺乏保障性、制裁性规定,[3] 说明党规责任的严谨性还有待提升。未来可以通过制定党内法规制定技术规范,明确党内法规制定的技术规则,从而有效解决当前党内法规制定过程中存在的结构不完整、语言不规范、与宪法法律和上位党规相抵触等问题,[4] 也为党规责任与法律责任的协调奠定良好的基础。

(二)制度体系的协调

依据前文所述,党规责任制度体系主要由警示处理、组织处理和纪律处分组成,法律责任制度体系主要由宪法责任、民事责任、行政责任、刑事责任等组成。两大责任制度体系共同构成了具有中国特色社会主义法治责任体系。两大责任制度体系的协调具体体现为制度体系间的共存相容、携手同行,其不仅是实现“依法治国和依规治党相统一”的必然要求,也是实现国家治理体系现代化的必要条件。从一定意义上讲,这两个规范体系在不断完善的过程中共

---

[1] 参见张文显主编:《法理学》(第 5 版),高等教育出版社 2018 年版,第 315 页。
[2] 参见欧爱民、何静:《论党内法规责任的类型化建构》,载《理论探索》2023 年第 2 期。
[3] 参见李忠:《构建依规治党法规制度体系研究》,载《西北大学学报(哲学社会科学版)》2017 年第 5 期。
[4] 参见管华:《党内法规制定技术规范论纲》,载《中国法学》2019 年第 6 期。

存相容也是一个博弈的过程,然而这种博弈过程的结果不应该是“零和”或者“负和”,而是追求和谐共生、共同促进法治建设的“正和”,否则会损及法治权威和执政党的威信。[1] 为此,党规责任制度体系与法律责任制度体系的协调至少应当满足如下两点要求:

一是党规责任与法律责任两大责任体系在宏观上应相对独立、相辅相成、相互保障。相对独立要求党规责任聚焦管党治党,法律责任聚焦依法治国。二者作用的场域保持相对独立,才能清晰地识别出二者具有交集的领域,如此才能进一步保障二者协调的顺畅性和有效性。相辅相成、相互保障强调党规责任与法律责任互为依托、互相借力。惩治是治标之策,预防是治本之策,科学治理腐败要做到“预惩协同”,即“前端预防—中端治理—末端惩治”。[2] 在法治责任体系中,法律责任对于违法违纪行为侧重于事后追惩,其预防功能稍显不足,但是法律责任制裁可以涉及人身权、财产权等党规责任不能涉及的领域;党规责任三大类型内含于监督执纪前三种形态之中,始终秉持“惩前毖后、治病救人,抓早抓小、防微杜渐”的治理理念,有效减少了第四种形态的运用次数,充分彰显预防与教育功能。由此,党规责任与法律责任相辅相成、相互保障,才能建立更为周延的法治责任体系,才能真正落实“预防治本、惩治治标”的治理理念。

二是党规责任制度与法律责任制度在微观上应保证具体规范间的无矛盾性。《中国共产党章程》在总纲中明确提出“党必须在宪法和法律的范围内活动”;《党内法规制定条例》亦将“党必须在宪法和法律的范围内活动”作为立规的基本原则。上述条文都表明,党内法规与国家法律在具体规范上应当保持统一性。在法治责任体系中,上述规定同样适用,党规责任与法律责任在微观上保证具体规范间的无矛盾性是二者有机协调的必然要求。一方面,党规责任不能脱离或者违背法律责任的相关规定,即党规责任不能对党组织和党员强制施加法律责任中所禁止负担的义务,不能剥夺只属于法律责任规范内的

---

[1] 参见秦前红、苏绍龙:《党内法规与国家法律衔接和协调的基准与路径——兼论备案审查衔接联动机制》,载《法律科学(西北政法大学学报)》2016 年第 5 期。

[2] 参见夏伟:《监察体制改革“纪法衔接”的法理阐释及实现路径》,载《南京师大学报(社会科学版)》2020 年第 1 期。

公民基本权利。[1] 另一方面，党规责任与法律责任必须最大限度地限缩二者之间的模糊地带和责任空白，消除重复率高的内容，保证党规责任与法律责任具体规范的连贯性。

二、党内法规责任与法律责任协调的意义

党规责任与法律责任虽然在规范意义上具有差异性，但是二者在推进国家反腐败治理与治理能力现代化上具有意义上的一致性。党规责任与法律责任的协调，既强调两大责任体系的相对独立，也追求实现两大责任体系相辅相成、相互保障。只有实现党规责任与法律责任的有机协调，才更有利于编织更加牢固的权力监督制度之笼，有利于发挥党规责任与法律责任的乘数效应以及推进国家治理体系和治理能力现代化。

（一）有利于编织更加牢固的权力监督制度之笼

权力具有天然的扩张性，权力主体为实现某一目的往往向一些法律没有明文规定的领域扩张，因此，权力限制的中心议题之一就是要将这种“空白领域”缩减至最小范围。[2] 推进党规责任与法律责任的协调，可以编织更加牢固的权力监督制度之笼，从而可以将“空白领域”缩减至最小范围。其主要体现在两个方面：一是党规责任体系对道德伦理的规制领域更加广泛，两大责任体系的协调可以激活党规责任的特殊功能，对公权力形成更加全面有效的监督。法律是最低的道德，法律不会超越最低道德要求对公职人员的行为提出更高的标准。但是党纪可以在恪守法律固有调整范围的同时，对具有党员身份的公职人员提出比普通公民更为严格的道德要求。例如，《纪律处分条例》对生活奢靡、铺张浪费、贪图享乐、追求低级趣味、与他人发生不正当性关系等行为进行了规制，但法律责任并不直接涉足此类道德问题。二是在党规责任与法律责任协调的过程中，可以及时发现并补足权力监督的空白领域，及时调整两大体系中不统一、不连贯的制度规定，从而打造出更加完善的法治责任体系。

---

〔1〕 参见王若磊：《党规与国法的关系的三重维度：内容协调、机制衔接与相互保障》，载《上海政法学院学报（法治论丛）》2019 年第 5 期。

〔2〕 参见刘艳红：《职务犯罪案件非法证据的审查与排除——以〈监察法〉与〈刑事诉讼法〉之衔接为背景》，载《法学评论》2019 年第 1 期。

(二)有利于发挥党规责任与法律责任的乘数效应

监察体制改革之前,党纪与国法虽然都被视为重要的反腐规范依据,但两者之间欠缺有效的沟通或协调机制,尤其强调"纪"与"法"本质不同,界限应泾渭分明。[1] 监察体制改革之后,尤其是2018年《监察法》的颁行,标志着我国腐败治理"已经从简单的纪在法前、纪严于法和纪法分开理念,转向更深层次的纪法衔接模式"。[2] 在新时代纪法衔接模式中,推进党规责任体系与法律责任体系的协调是关键任务。在法律责任体系中,刑事责任制度、政务处分制度、行政责任制度等均以制裁违法行为为中心,具有较强的惩罚性,但对于未构成违法的苗头性行为或者轻微腐败行为,法律责任则力有不逮。然而,"祸患常积于忽微",腐败也同样遵循从无到有再到严重的阶段性演变规律。因此,根治腐败最好的时机应当是腐败动机发生之前,或者腐败尚比较轻微尚未演变至违法犯罪之前。[3] 党纪严于国法,违纪不一定违法,为防止小错酿成大错,党规责任力图让警示教育成为常态,让轻处分或处理成为大多数以及让重处分或处理成为少数,层层递进,最大限度发挥党规责任的教育与预防功能,从而弥补法律责任预防功能的不足。因此,有必要促进党规责任与法律责任的有机协调,从而构筑起统一高效的法治责任体系。如此既可以增加法治反腐的总体力量,又有助于最大限度彰显党规责任与法律责任的综合效能,发挥多种功能化学融合后产生的乘数效应,真正做到既高效预防腐败,又严厉惩治腐败,既能从严治党,也能最大程度地保护干部。

(三)有利于推进国家治理体系和治理能力现代化

国家治理体系是在党领导下管理国家的制度体系,是一整套紧密相连、相互协调的国家制度。习近平总书记指出:"国家治理体系和治理能力是一个国家制度和制度执行能力的集中体现。""国家治理能力则是运用国家制度管理

---

〔1〕 参见夏伟:《监察体制改革"纪法衔接"的法理阐释及实现路径》,载《南京师大学报(社会科学版)》2020年第1期。

〔2〕 郭世杰:《〈监察法〉施行的重大标志性意义——从"纪法分开"转向"纪法衔接"》,载《北京日报》2018年4月2日,第14版。

〔3〕 参见过勇:《经济转轨、制度与腐败——中国转轨期腐败蔓延原因的理论解释》,载《政治学研究》2006年第3期。

社会各方面事务的能力……”[1]国家治理现代化，其本质在于国家治理的法治化，而不断完善中国特色社会主义法治体系、坚持依法治国和依规治党相统一，是助推国家治理法治化的应有之义。[2] 为此，党规责任与法律责任有机协调对于推进国家治理体系和治理能力现代化具有重要意义，具体体现在两个方面：一是有利于建设权威统一的法治责任体系，助推国家治理体系现代化。法治责任体系是中国特色社会主义法治体系的重要组成部分，涵盖党规责任和法律责任两大制度体系。两大制度链条相互协调，要求既不能越位错位，也不能脱节断档和交叉重复，这不仅是建设权威统一的法治责任体系的必然要求，也是推进国家治理体系现代化的要求。二是有利于推进依法治国和依规治党相统一，助推国家治理能力现代化。党规责任与法律责任共同限制权力的“双笼关虎”模式，是根植于中国宪制结构和权力治理实践的智慧之果，是推进依法治国和依规治党相统一的有效路径。通过纪检监察体制改革，纪检机关与监察机关合署办公，使党的纪律检查权、国家监察权与司法审判权有效贯通，增强了权力监督的效能，有利于推进国家反腐败治理能力的现代化进程。

三、党内法规责任与法律责任协调的框架

党规责任与法律责任的协调是指党规责任与法律责任在实体制度的设置与程序规范的设计两方面要坚持“同心、同向、同行”的理念，彼此相互协调，从而形成“有效且无漏洞”的法治责任体系。[3] 具体而言，基于法秩序统一性原理与具体法治实践，可以将党规责任与法律责任的协调分为实体协调与程序协调两个层面。实体协调是指两大责任体系在违纪违法行为的规制方面，应当实现具体条文内容上的无矛盾性与连贯性。程序协调是指党规责任适用与法律责任适用在线索移送、案件调查、证据移送、责任追究等流程机制方面的协调畅通性。实体协调是程序协调的合规性前提，程序协调决定实体协调的实现程度。基于此，只有从实体协调和程序协调两方面共同发力，才能真正实

〔1〕《习近平：切实把思想统一到党的十八届三中全会精神上来》，载《人民日报》2014 年 1 月 1 日，第 2 版。

〔2〕 参见周叶中：《以党内制度建设推进国家治理法治化——准确把握国家治理现代化的三个重要环节》，载《国家治理》2017 年第 41 期。

〔3〕 参见欧爱民：《党内法规与国家法律关系论》，社会科学文献出版社 2018 年版，第 39～40 页。

现党规责任与法律责任既各司其职又不错位不越位，既紧密协调，又避免交叉重复。党的十八大以来，党内法规责任体系建设不断加快步伐，目前党规责任与法律责任在实体协调与程序协调方面均取得了丰硕的成果，但仍然存在需要进一步改进的地方。下面拟从实体协调、程序协调的基本原则与实现路径两方面进行探讨，以期为进一步促进两大责任体系的协调性提供路径参考。

第二节　党内法规责任与法律责任的实体协调

实现党规责任与法律责任的实体协调，是提升我国法治责任体系协调程度的突破口。要实现实体协调，首先，需要明确实体协调的基本原则，即在基本原则的指引下，厘清党规责任与法律责任在立法立规环节的边界范围，避免二者出现交叉重叠甚至冲突矛盾，从而为进一步的具体规范协调奠定良好的基础。其次，还需要以当前实体协调存在的问题为导向，提出具体的解决方案。为此，本部分主要从实体协调的基本原则以及实现路径两方面展开论述。

一、实体协调的基本原则

从哲学意义上讲，基本原则就是一定的出发点、初起点，它不取决于人的意识，但人们可以认识它，提出它，利用它。[1] 从规范意义上看，基本原则是一定领域内法规范制定、执行、评价的基本准则，也是该领域法规范所追求的基本价值理念的体现。它贯穿于具体的规则之中，但同时其规范层次、抽象程度又高于具体规则。党规责任与法律责任实体协调的基本原则是指，有权主体在制定或修改相关责任规定时应当遵循的基本原则。基于法治统一的价值追求，可以将党规责任与法律责任实体协调的基本原则概括为以下三项，法律责任保留原则、党规责任限定原则、责任规范联动原则。

（一）法律责任保留原则

法律责任保留原则源于法律保留原则。法律保留是指宪法规定的限制人民基本权利等专属立法事项，必须且只能由法律予以规范，其为公权力机关限

〔1〕 参见孙国华、朱景文主编：《法理学》，中国人民大学出版社 1999 年版，第 114 页。

制公民的基本权利提供了合宪性条件。[1] 所谓法律责任保留原则，是指两大责任体系在创制过程中，涉及剥夺或限制公民基本权利的责任规范，只能属于法律责任的范畴，不能通过制定党内法规加以规范。法律责任保留原则在法律体系以及党规体系中均有体现，如《立法法》第11条明确规定"犯罪和刑罚""对公民政治权利的剥夺、限制人身自由的强制措施和处罚"等事项只能制定法律；《中国共产党章程》第40条也明确指出，党内严格禁止用违反党章和国家法律的手段对待党员。根据法律责任保留原则，国家法律创设了人身罚和财产罚，用以剥夺和限制公民的人身自由和财产权利。如《刑法》第151条中规定，"走私武器、弹药、核材料或者伪造的货币的，处七年以上有期徒刑，并处罚金或者没收财产"，其中"七年以上有期徒刑"属于人身罚，"处罚金或者没收财产"属于财产罚，二者只能由国家法律予以规定。基于此，党内法规不能超越法律责任保留事项的边界，对党组织和党员施以法律所禁止负担的不利责任后果。具体而言，党规责任存在三种责任类型，无论是警示处理，还是组织处理，抑或是纪律处分，均只涉及对党组织和党员在影响名誉、荣誉或精神利益，剥夺或限制党员身份，剥夺或限制党员职务三个方面的惩戒，不涉及财产及人身自由方面的处罚。在监察体制改革中，用"留置"取代"双规"，正是贯彻法律责任保留原则的一项重要举措，标志着我国对中国特色社会主义法治责任运行规律的认识的又一次提升。

（二）党规责任限定原则

《党内法规制定条例》第4条第2款规定："凡是涉及创设党组织职权职责、党员义务权利、党的纪律处分和组织处理的，只能由党内法规作出规定。"其明确了党规责任限定原则，即只有党内法规有权设置党的纪律处分、组织处理等党内法规责任规范，而国家法律以及党内规范性文件则不可创设对党组织、党员有实质性制裁效果的条款。具体而言，党规责任限定原则的内容主要体现在以下两个方面：

一是党规责任承担主体的限定。党规责任承担主体只能是党组织和党员。需要注意的是，党内法规不仅约束党组织和党员，还在特定事项中将国家政权机关、政协机关，群团组织，国有企业、事业单位，集体经济组织、基层群众

[1] 参见吕品：《党规严于国法：主要依据、基本要求和践行原则》，载《理论探索》2020年第6期。

自治组织、社会组织，非公有制企业，党外群众六类非党组织与党外人士纳入党内法规调整范畴。[1] 但在责任承担的问题上，党内法规无权追究非党组织与党外人士的党规责任，即便其违反相关党内法规，也只能凭借纪法衔接条款，依据国家法律追究其相应的法律责任。例如，《关于实行党风廉政建设责任制的规定》明确指出，其适用对象不仅包括各级党的机关的领导班子、领导干部，还包括各级人大机关、行政机关、政协机关、审判机关、检察机关的领导班子、领导干部。即便如此，根据该规定第21条的规定，对于存在党风廉政建设工作领导不力、隐瞒不报严重违纪违法行为等情形，情节严重的，给予党纪政纪处分。这充分说明党员领导干部与非党员领导干部虽然违反同一规定，但因为身份的不同而应承担不同的责任。党员领导干部因为具备党员身份，违反该规定时应给予党纪责任；而非党员领导干部因为不具备党员身份，违反该规定时只能给予与党规责任相匹配的政务责任。

二是党规责任类型的限定。通过对现有党规责任的梳理可知，党规责任的类型包括警示处理、组织处理和纪律处分。其中警示处理包括通报批评、责令公开道歉和诫勉等；组织处理包括停职检查、调整职务、责令辞职、引咎辞职、免职、降职；纪律处分包括针对党组织的改组、解散两种，针对党员的警告、严重警告、撤销党内职务、留党察看、开除党籍五种，以及针对预备党员的延长预备期、取消党员资格两种。上述党规责任的实施程序、影响后果等内容只能由党内法规进行规范，国家法律不能涉及。

（三）责任规范联动原则

在中国特色社会主义法治责任体系中，党规责任与法律责任既需要遵循法律责任保留原则和党规责任限定原则，保持二者的相对独立性，也需要遵循责任规范联动原则，从而保障责任体系与整个法治体系的协调。具体而言，在制定党规责任规范时，应当充分考量法律体系中需要通过党规责任进行保障的具体制度或者条款，以便二者形成联动，从而避免责任空白或者更好地推进被保障规范的落实。在制定法律责任时，同样如此。由此，可以将责任规范联动原则的内容分为以下两点：

一是党规责任需要与法律规范保持联动，保障法律规范的落实。依规治

[1] 参见欧爱民：《党内法规的双重特性》，载《湖湘论坛》2018年第3期。

党是依法治国的政治保障,邓小平指出:“没有党规党法,国法就很难保障。”[1]因此,如果不严格依规治党,不能严格追究党规责任,那么相关国家法律就不能得到很好的落实。例如,《宪法》第 131 条规定:“人民法院依照法律规定独立行使审判权,不受行政机关、社会团体和个人的干涉。”为了保障该宪法条款的落实,中共中央批准制定《领导干部干预司法活动、插手具体案件处理的记录、通报和责任追究规定》等党内法规。《纪律处分条例》第 142 条规定:“违反有关规定干预和插手司法活动、执纪执法活动,向相关地方或者部门打听案情、打招呼、说情,或者以其他方式对司法活动、执纪执法活动施加影响,情节较轻的,给予严重警告处分;情节较重的,给予撤销党内职务或者留党察看处分;情节严重的,给予开除党籍处分。”再如,《地方党政领导干部安全生产责任制规定》《地方党政领导干部食品安全责任制规定》等混合性党内法规[2],也为《安全生产法》《食品安全法》等提供了配套支撑。

二是法律责任需要与党内规范保持联动,助推党内规范的落实。依法治国是依规治党的基础和依托,依法治国要解决的是包括党的活动在内的一切政治和经济社会活动的制度化问题。[3] 例如,中央纪委印发了《关于省、地两级党委、政府主要领导干部配偶、子女个人经商办企业的具体规定(试行)》,对“省(部)、地(厅)级领导干部的配偶、子女,不准在该领导干部管辖的业务范围内个人从事可能与公共利益发生冲突的经商办企业活动”作出规定。如果某领导干部的配偶、子女违背上述党内法规的规定,在其管辖的范围内经营了一家房地产开发公司,那么该公司的工商许可能否撤销,该公司与其他公民法人、其他组织签订的合同是否无效?这些问题均需要相关法律责任规范给予正面回应;否则,就会影响相关党内法规的权威性。

二、实体协调的实现路径

党规责任与法律责任的协调,不仅在于从内在逻辑上深刻认识到二者应当保持体系间的统一性和互洽性,更在于以问题为导向,对实现二者有机协调

---

〔1〕《邓小平文选》(第 2 卷),人民出版社 1994 年版,第 147 页。

〔2〕参见欧爱民、李丹:《混合性党规的正当性证成与适用范围——党政联合制定党规的一种理论回应》,载《中南大学学报(社会科学版)》2020 年第 1 期。

〔3〕参见宋功德:《坚持依规治党》,载《中国法学》2018 年第 2 期。

的路径进行探索与建构。在实体协调基本原则的指引下，可以从推进党规责任体系的自体协调、加强责任规范制定的联动协调、推动监督执纪"四种形态"的转化协调等方面探讨二者实体协调的实现路径。

（一）推进党规责任体系的自体协调

党内法规数量庞大，纷繁复杂，如果党内法规体系内部各个法规关系混乱，位阶不明，就难免会出现合法性、合规性障碍，因此可以说，实现党内法规体系的自体协调是党内法规与国家法律协调的基本保障。[1] 相较于法律责任体系，党规责任体系的建设总体上有待加强，因此，要实现党规责任与法律责任的协调统一，首先需要实现党规责任体系内部的自体协调。推进党规责任体系的自体协调，即从党规责任体系自身的体系化建设着手，具体借鉴法律责任体系化的成熟经验，从责任类型化、保证责任规范之间的协调性、责任条款表述规范化等方面进行重点考虑。

一是构建党规责任制度体系。建立清晰的党规责任类型框架，对于推进党规责任体系内部的融贯统一具有重要意义。当前，党内法规责任种类设置存在种类纷繁庞杂、轻重序列模糊以及属种关系不明等情况，[2] 这不可避免会成为党规责任与法律责任协调的障碍。对此，可以运用类型化思维，将党规责任划分为警示处理、组织处理和纪律处分三大类型，统一建立"属 + 种"（抽象性概念术语 + 开放性/具体性行为列举）的类型框架。这样一来，不仅可以明确区分此类责任与彼类责任，还可以消除当前党内法规责任混乱列举的现象，从而增强党规责任体系的自体协调性。此外，党内法规还应与国家法律责任中的政务处分、行政责任、刑事责任等分类设计保持一致，促进党内法规责任与国家法律责任在制度上与制定技术上的协调。

二是强化不同党内法规之间的融通性。依据《党内法规制定条例》第 24 条的规定，新制定的党内法规应当与现行党内法规相衔接，对同一事项的规定应当与现行党内法规保持一致。[3] 党规责任体系是一个相互贯通的整体，不

[1] 参见姬亚平、支菡箴：《论党内法规与国家法律的协调和衔接》，载《河北法学》2018 年第 1 期。

[2] 参见欧爱民、何静：《论党内法规责任的类型化建构》，载《理论探索》2023 年第 2 期。

[3] 《党内法规制定条例》第 24 条规定："起草党内法规，应当与现行党内法规相衔接。对同一事项，如果需要作出与现行党内法规不一致的规定，应当在草案中作出废止或者如何适用现行党内法规的规定，并在报送草案时说明情况和理由。"

同党内法规之间需要呼应的地方应当形成无缝对接的关系。目前还存在部分对接性不足的党规责任规定，亟待完善。如《党务公开条例》第23条规定："对违反本条例规定并造成不良后果的，应当依规依纪追究有关党的组织、党员领导干部和工作人员的责任。"与之相对接的是《纪律处分条例》第128条的规定"不按照规定公开党务、政务、厂务、村(居)务等，侵犯群众知情权，对直接责任者和领导责任者，情节较重的，给予警告或者严重警告处分……"其中，直接责任者既可以是党员领导干部，也可以是工作人员，而领导责任者只能是党员领导干部。可见，《纪律处分条例》与《党务公开条例》规定的责任主体并不一致，并缺少对有关党组织的责任追究。

三是增强责任条款表述的严谨性。有学者对《公开发布的中央党内法规汇编》一书中收入的102部中央党内法规的党规责任条款设置现状进行考察，发现现行党规责任条款的设定存在过于原则性和笼统性的问题：有的没有明确责任追究主体，有的没有明确责任主体，有的没有明确责任追究方式和程度，有的没有形成责任规定与义务内容的对应。[1] 例如，在责任追究方式和惩治程度方面，《农村工作条例》第32条规定："……不履行或者不正确履行职责的，应当依照有关党内法规和法律法规予以问责。"该条例只是原则性地规定应当予以问责，对责任大小以及问责方式等均未予以明确。党规责任条款表述的严谨性与党规责任的有效性息息相关，在完善党规责任体系时，应对存在上述党规责任条款进行集中清理评估，并予以完善。

(二)加强责任规范制定的联动协调

为保证党规责任与法律责任的实体协调，除了推进党规责任体系的自体协调外，还需要两套责任体系在创制阶段加强沟通、联动协调，从源头上减少党规责任与法律责任产生冲突的可能性。

一是加强立法立规沟通协调。目前法律责任体系已经较为完善，所以立法立规环节的沟通协调主要表现为，在制定党规责任规范的过程中，需要与有关立法机关进行联动协调。首先是起草环节，依据《党内法规制定条例》"第四章　起草"中有关条文的规定，起草党内法规的部门和单位，在调查研究阶段，可以吸收党委及其工作机关法律顾问和有关专家学者参加；若涉及其他部门

[1] 参见庄德水：《党内法规责任规定的适用性分析》，载《理论探索》2021年第4期。

和单位工作范围的事项，应当同有关部门和单位协商一致；草案形成后还应当广泛征求意见。据此，中央纪委等党规制定主体在拟定党规责任规范草案时，尤其是制定需要党政联合印发的党规时，可以有针对性地邀请立法机关、政府部门等参与起草，并就草案的合法性、涉及法律责任的相关表述的科学性等问题展开有效对话，在制定的最前端最大限度地降低党规责任与法律责任不协调的可能性。其次是前置审核环节，《党内法规制定条例》第27条明确规定，要将“是否同宪法和法律不一致”作为党内法规制定的前置审核内容。前置审核程序通过合法性“体检”的范式，可以尽早发现草案中存在的问题，并对其及时修改完善，堵塞制度漏洞，从而有效避免党内法规草案“带病上会”现象的发生。实践中，审核机关即党委党内法规工作机构在必要时，可以向有关国家机关的法制工作机构征求合法性意见，以便及时有效地对被审核的党内法规作出联动调适。

二是强化备案审查的联动协调。备案审查是党内法规制定的最后一道“关卡”，是立规监督的重要实现方式。《中国共产党党内法规和规范性文件备案审查规定》中明确提出：“各级党委应当与同级人大常委会、政府等有关方面建立健全备案审查衔接联动机制。”目前既懂国家法律又懂党内法规的“纪法双修”法治人才较为欠缺。备案审查衔接联动机制通过多主体的协作沟通，可以相互补足专业缺陷，从而为相关责任制度的协调统一保驾护航。目前备案审查联动机制的建立还处于探索之中，具体操作规程有待进一步完善。为此，有必要充分借鉴国家法律合宪性审查的成熟经验，从引入被动审查机制、配置专门机构和联动程序、建构备案审查基准、细化备案审查处理方式等方面加以完善。[1]

（三）推动监督执纪“四种形态”的转化协调

2015年9月，王岐山首次提出“四种形态”概念并作出完整表述。[2] 随后，监督执纪“四种形态”作为新时代党的建设的重大理论创新、实践创新和制

〔1〕 参见欧爱民、陈淑霄：《新时代党内法规备案审查制度升级的四个面向》，载《法治现代化研究》2021年第4期。

〔2〕 2015年9月，王岐山在福建调研时指出，把握运用监督执纪“四种形态”，以严明的纪律推进全面从严治党。党内关系要正常化，批评与自我批评要经常开展，让咬耳扯袖、红脸出汗成为常态；党纪轻处分和组织处理要成为大多数；对严重违纪的重处分、作出重大职务调整应当是少数；而严重违纪涉嫌违法立案审查的只能是极极少数。参见《王岐山在福建调研时强调　全面从严治党　严明党的纪律　把握运用监督执纪“四种形态”》，载《中国纪检监察》2015年第18期。

度创新成果,[1]被正式写入《中国共产党章程》《党内监督条例》《纪律处分条例》等党内法规中,成为制度化、常态化的管党治党方式。2016 年中央纪委办公厅印发《监督执纪"四种形态"统计指标体系》,将谈话函询了结、"面对面"初步核实了结、诫勉谈话等 14 种"红脸出汗"措施设置为第一种形态指标;将党内警告、党内严重警告、免职等 21 种党纪轻处分和组织调整类措施设置为第二种形态指标;将撤销党内职务、留党察看、开除党籍等 12 种党纪重处分和重大职务调整类措施设置为第三种形态指标;将纪检监察机关立案审查后移送司法机关,司法机关判处刑罚后移送纪检监察机关作出开除党籍、开除公职处分 2 种情形设置为第四种形态指标。由此可见,监督执纪"四种形态"是一个完整的逻辑体系,在适用时不能孤立、片面地看待其中任何一种形态,而是应当整体把握、系统运用。换言之,因党内一般监督管理措施、党规责任以及部分法律责任都被囊括在四种形态之中,在适用时,不仅应当注意区分党内一般监督管理措施与党规责任的界限以及二者的协调适用,还应当注意党规责任与法律责任的协调适用。尤其是在适用第三种形态时,要明确区分纪与法之间的界限,精准作出是否予以转化至第四种形态的决定。

监督执纪"四种形态"的提出,不仅从马克思主义纪律观、现代法治基本理念中汲取了营养,更是直接源于党的十八大以来具有中国特色的纪法观的发展。[2] 只有在实践中精准适用监督执纪"四种形态",才能真正实现政治效果、纪法效果、社会效果的有机统一。但现有相关适用规则还较为模糊,尤其是监督执纪"四种形态"之间的转化基准还有待进一步建立健全。2021 年中共中央发布《纪律检查委员会工作条例》,对监督执纪"四种形态"的适用情形作出细化规定。根据《纪律检查委员会工作条例》第 31 条的规定,第一种形态适用于有作风纪律方面的苗头性、倾向性问题或者轻微违纪问题,或者有一般违纪问题但具备免予处分情形的情况;第二种形态适用于有一般违纪问题,或者违纪问题严重但具有主动交代等从轻减轻处分情形的情况;第三种形态适用于有严重违纪问题,或者严重违纪并构成严重职务违法的情况;第四种形态适用于

---

[1] 参见魏晓文、吕新海:《监督执纪"四种形态"的内涵、价值与践行路径》,载《当代世界社会主义问题》2019 年第 1 期。

[2] 参见王田田:《监督执纪"四种形态"的法理基础与价值导向》,载《河南社会科学》2018 年第 1 期。

严重违纪、涉嫌犯罪的情况。上述规定虽然进一步规范了监督执纪“四种形态”的运用机制，但各种形态间“高转”“低转”[1]的转化条件以及具体的工作流程等还缺乏具体的依据。为此，可以从两个方面进行完善：一是明确监督执纪“四种形态”转化基准。具体可以在依法依规等原则的指引下，综合考虑设置社会危害性基准（包括违纪侵害的客体、情节、手段、后果等）、主观恶性基准（包括违纪时的主观方面、违纪后的态度、平时表现等）、社会影响基准（包括对党、国家、社会秩序、社会公众的影响等）等，并据此划定各形态之间转化的标尺，包括：底线标尺，即明确在相邻形态间逐级转化的情形；黄线标尺，即明确慎用形态转化的情形；红线标尺，即不得适用形态转化的情形。[2] 二是建立监督执纪“四种形态”运用案例指导制度。建立案例指导制度，可以将已运用监督执纪“四种形态”的案例所认定的具体条件、情节等规范性内容，作为纪检监察机关判定是否对违纪违法行为运用监督执纪“四种形态”以及行使处置裁量权的基准，从而在具体规范缺位的情况下发挥其指引、辅助监督执纪“四种形态”运用和填补监督执纪规范漏洞的功能。[3]

（四）培养“纪法双修”的社会主义法治人才

所谓“纪法双修”的法治人才，是指既熟练掌握国家法律知识，亦熟知党内法规知识，能够从事中国特色社会主义法治实务以及理论研究工作的专门人才。人才作为深入推进中国式现代化、全面建设社会主义现代化国家的重要主体，已经成为实现党的奋斗目标和中心任务的第一资源和基础性、战略性支撑。[4] 从法治的视角看，一个现代化国家必然是法治国家，一个现代化强国必然是法治强国，[5]而现代化法治人才无疑是法治国家与法治强国建设的第一资源。在新时代中国特色社会主义法治体系的视域下，党内法规与国家法律衔接协调、一体发展，回应了“一体双轨”的法治体系建设新要求。因此，应超

---

[1] “高转”如第一种形态转化为第二种形态；“低转”如第二种形态转化为第一种形态。

[2] 参见佘建康、周玉龙：《浅析如何提升“四种形态”转化运用的精准度》，载《中国纪检监察报》2018 年 7 月 4 日，第 8 版。

[3] 参见付大峰、巢永乐：《监督执纪“四种形态”运用的规范化研究》，载周叶中主编：《党内法规理论研究》总第 5 期，社会科学文献出版社 2021 年版，第 218 页。

[4] 参见宁国良、沈昊飞：《中国式现代化的人才支撑：内涵、逻辑与路径》，载《湖南社会科学》2023 年第 1 期。

[5] 参见张文显：《论中国式法治现代化新道路》，载《中国法学》2022 年第 1 期。

越传统单一法律人才的培养模式，在“德法兼修”的基础上，提出“纪法双修”的社会主义法治人才的培养新理念，为实现法治人才培养目标的现代化转型提供指导。

党规责任与法律责任的协调衔接是中国法治建设中的一个关键点，要实现两大责任体系的实体协调，无论是在立法立规环节还是在备案审查等环节，都亟需既懂国家法律又懂党规知识的社会主义法治人才。例如，在党政同责领域，中共中央办公厅、国务院办公厅联合印发的《地方党政领导干部食品安全责任制规定》《地方党政领导干部安全生产责任制规定》等混合性党规，以“混合”为标志，是党规责任与法律责任一体关系的制度载体，体现出“制定依据的双重性、调整对象的混合性以及规范效力的双重性等鲜明特征”。[1] 由此可见，一名合格的社会主义法治人才也应在知识储备上体现出“混合性”，同时具备党规责任与法律责任知识。如此才能正确认识和处理好两大责任体系的关系，把握二者在实体制度上衔接协调的具体情形，从而避免在立法立规过程中出现“偏位”“越位”“错位”等情况。[2] 根据当前我国学科建设实际，培养纪法双修法治人才的关键在于，改变党内法规在教材上、课程上、课堂上的缺失现状。为此，应当抓紧推进在法学一级学科下独立设置党内法规学二级学科，推进党内法规学课程体系建设以及将党内法规纳入国家统一法律职业资格考试科目等。

第三节　党内法规责任与法律责任的程序协调

党规责任与法律责任的协调具有全面性，既要保证二者在实体上的协调，也不能忽视二者在程序上的协调。程序协调是党规责任与法律责任在线索移送、案件审查调查、证据移送等动态环节科学合理地衔接、配合，对既涉及违法

---

〔1〕 周悦丽、马家辉：《关于混合性党内法规的理论与实证研究》，载《北京行政学院学报》2021年第6期。

〔2〕 “偏位”是指有的立规活动规定了理应由国家法律规定的事项；“越位”是指下位党内法规规定了理应由上位党内法规规定的事项；“错位”是指制定部门与相关部门沟通协商不畅，导致针对一个问题政出多门、规定冲突。参见宋功德：《党规之治：党内法规一般原理》，法律出版社2021年版，第567～569页。

又涉及违纪的部分进行整体考量,做到相互照应,避免冲突矛盾。科学完备的程序协调机制,有利于推动党规责任实施主体与法律责任实施主体分工协作,提高法治责任追究的效率与质量。

一、程序协调的基本原则

所谓程序协调的基本原则,是指在党规责任与法律责任动态协调的过程中所遵循的一般原理和准则。根据中国特色的法治实践规律,可将程序协调的基本原则概括为三项,即依法依规原则、分工协作原则、不可替代原则。三项基本原则贯穿于责任协调的全过程,并为两大责任体系的互动提供宏观的价值导向与规范指引。

(一)依法依规原则

依法依规原则是指党规责任与法律责任在线索移送、案件审查调查、证据移送等程序协调的过程中,必须以国家法律和党内法规为依据,严格遵守相关程序规定。为真正贯彻落实有法必依、有规必依,前提基础是必须保障"有法可依"和"有规可依"。随着纪检监察体制改革,相应的党规党纪与法律法规也作出了必要调适,从而为纪检执纪与监察执法之间的程序协调提供了制度依据。例如2023年修订的《纪律处分条例》,新增16条,修改76条,其中修订的一个重要内容为细化了实践中纪律处分与政务处分衔接程序依据模糊的问题。但是,目前在党规责任与法律责任程序协调制度中,仍然存在部分较为模糊的规定,从而在一定程度上妨碍了协调效果的有效发挥。例如,《纪律检查机关监督执纪工作规则》第35条第3款规定:"初步核实情况报告应当报纪检监察机关主要负责人审批,必要时向同级党委主要负责人报告。"第57条第3款规定:"审理工作完成后,对涉及的其他问题线索,经批准应当及时移送有关纪检监察机关处置。"其中,诸如"必要时""及时"等表述具有一定的模糊性,可能会引起实践中纪法衔接机制不畅的问题。[1] 为此,要将依法依规原则落到实处,还需要加强党规责任与法律责任制度建设的精细度,强化党规责任与法律责任实施依据的规范性。此外,还可以加强党规责任与法律责任在实施过

〔1〕 参见陈伟、宋坤鹏:《习近平法治思想中"纪法贯通"的思想蕴涵、时代价值与实践要义》,载《学术界》2022年第5期。

程中的权利保障,通过赋予责任承担主体应有的权利,保障实体正义和程序正义,从权利的角度推进依法依规原则的有效落实。

(二)分工协作原则

分工协作原则是指党规责任和法律责任在程序协调的过程中,既要保证二者程序分工有序、各司其职,又要保证二者相互协作、配合得当。分工有序、各司其职即要求党规责任和法律责任根据分工的不同,在各自调整的范围内发生作用,不得相互逾越。相互协作、配合得当则是党规责任与法律责任程序协调的良性保障,是避免"追责不清""追责不全""追责不严"情形出现的"法宝"。例如,《关于实行党政领导干部问责的暂行规定》将"在行政活动中滥用职权,强令、授意实施违法行政行为,或者不作为,引发群体性事件或者其他重大事件的"的情形纳入问责范围。此种情形下党规责任的追究与行政责任息息相关,在党规责任追究的过程中,可能需要与行政问责机关共享证据材料;在法律责任追究的过程中,可能同样需要相关的党规责任追究材料作为证据支撑。只有在有效分工的基础上相互配合、相互保障,才能实现责任追究的"双赢"局面。梳理现行责任制度、考察责任追究实践可以发现,党规责任程序与法律责任程序在个别环节上依然存在分工不明晰、协作有待加强的地方。例如,依据《监督执纪工作规则》的规定,纪检监察机关对于同时涉及违纪、职务违法和职务犯罪案件的办理,没有根据案件事实的具体性质进行程序分流,各类审查调查程序混合进行。虽然此种一体推进的办案模式便于纪检监察机关高效收集证据、查清事实和及时作出处置决定,但三类案件性质有别,容易导致立案本应发挥的区分和规范不同性质案件中的调查措施的功能虚化,也容易导致诸如留置等对被审查调查人基本权利造成重大干预的强制性措施可能会被不当地适用于违纪案件和一般职务违法案件,从而模糊了执纪执法程序本应存在的界限,与正当程序原则和比例原则发生冲突,不利于被审查调查人合法权益的保障。[1] 因此,后续应当加强党规责任与法律责任协调规范的建设力度,及时将实践经验上升为指引性规则,确保党规责任与法律责任在立案、调查、处置等分工协作环节有充分的制度供给。

---

〔1〕 参见周长军、张瑞斌:《国家监察体制改革中纪法衔接的问题与应对》,载《云南大学学报(社会科学版)》2023年第2期。

(三)不可替代原则

不可替代原则,主要是指在处置环节,党规责任与法律责任不可相互替代使用。党规责任与法律责任的贯通协同,并不等同于党规责任与法律责任的相互混同。在中国特色社会主义法治体系以及法治实践中,党规责任与法律责任分属不同的规范体系,发挥着不同的功效。如《纪律处分条例》第35条规定:“党员依法受到刑事责任追究的,党组织应当根据司法机关的生效判决、裁定、决定及其认定的事实、性质和情节,依照本条例规定给予党纪处分,是公职人员的由监察机关给予相应政务处分……党员依法受到政务处分、任免机关(单位)给予的处分、行政处罚,应当追究党纪责任的,党组织可以根据生效的处分、行政处罚决定认定的事实、性质和情节,经核实后依照规定给予相应党纪处分或者组织处理……”上述条文涉及的刑事责任、党纪处分、政务处分、行政处罚、组织处理均属于不同的法治责任类型,其中刑事责任、政务处分与行政处罚属于法律责任,党纪处分与组织处理属于党规责任。不仅党规责任与法律责任各自内部的责任种类不可以相互混淆,党规责任与法律责任之间更是不可彼此取代。在执纪执法实践中,因公职人员的双重身份,当其违纪违法行为严重到一定程度时,可能面临同时承担党纪处分、政务处分、刑事责任等多种责任的情形,多种责任都应当依规依纪予以追究,而不能以党规责任取代法律责任,反之亦然。纪检监察体制改革后,因为纪检监察工作规则、业务流程、证据标准等均发生了巨大变化,个别基层纪检监察机关还未完全适应体制改革的新形势,在查处职务违法案件时,有时存在重法轻纪的倾向,而处理非党员公职人员的有关问题时,还存在“以纪代法”现象。[1] 为充分发挥党规责任与法律责任的制度合力,需要细化责任制的规定,进一步厘清纪法边界,让办案人员深刻把握党规责任与法律责任的功能区分,始终坚持纪严于法、纪法衔接,精准适用监督执纪“四种形态”。

二、程序协调的实现路径

习近平总书记曾明确指出:“要坚持依法治国、依规治党,把纪律和规矩挺起来、立起来,严格按照纪律和法律的尺度,把执法和执纪贯通起来,使全面从

---

〔1〕 参见李张光:《让贯通衔接更顺畅》,载《中国纪检监察报》2021年8月31日,第7版。

严治党的任务真正得到落实。”[1]从我国法治实践层面看，执纪与执法贯通的关键在于党规责任与法律责任的运行贯通。为加强党规责任与法律责任实践运行的贯通和协调，需要建立健全系列保障机制，助推其运行的规范化、科学化。

（一）健全案件信息互送机制

需要同时追究党规责任与法律责任的案件，必然会涉及案件信息共享的问题。在案件的实际办理过程中，纪委获得的与案件有关的资料、账册、工作笔记等书面材料，要求有关组织提供的与案件有关的文件资料以及有关违纪违法人员的其他相关信息，都是国家司法机关、行政执法机关等办理案件不可或缺的证据材料；同理，国家司法机关、行政执法机关办理案件依法作出的相关处理决定和掌握的信息，也能为党组织执纪提供可靠的信息来源和证据支持。[2] 因此，建立健全案件信息的双向互送机制，是保障党规责任与法律责任高效协同、有序衔接的重要路径。具体而言，包括以下两个方面的内容：

一是立案信息的双向移送。在违反党规党纪的案件中可能出现同时违法的情形，在违反法律法规的案件中行为人也可能因为具备党员身份而同时违反党内法规。在此类情形下，司法机关、行政执法机关等不能径直对违反党内法规的行为作出处理决定，纪律检查机关等党组织也不能直接对违反法律法规的行为作出处罚决定。因此，有必要建立案件信息的互送机制，这样不仅可以保障党规责任与法律责任分别由有权机关处理，防止越权情形的出现，还有利于保证后续党规责任与法律责任的轻重匹配适用。

二是证据材料的双向移送。证据的双向移送在实践中具有非常重要的作用，一方面，有利于提升案件办理的效率。在同一行为同时触犯党纪国法的情形下，需要进行两类案件的查处，并且两者在责任主体、实行行为以及损害后果等方面完全一致。如果双方均各自进行全程调查或者审查，势必造成人力、物力等资源的浪费，还会影响案件办理的效率。通过彼此证据材料的双向移送，可有效避免重复调查，既能确保调查结果的一致性，也能有效提升办案的

---

〔1〕 中共中央纪律检查委员会、中共中央文献研究室编：《习近平关于严明党的纪律和规矩论述摘编》，中央文献出版社、中国方正出版社2016年版，第87页。

〔2〕 参见潘高峰：《党内法规与国家法律衔接协同的几个基本问题》，载《南京社会科学》2018年第8期。

效率。另一方面,有利于保证证据的完整性和有效性。由于党的机构与国家机构在体系构成、办案措施运用、执行依据等方面存在差异,其在部分证据的调查、查阅等办案环节可能受到一定的限制。健全案件信息互送机制,实现党组织、国家机关在证据材料方面的互联互通,可以有效解决党组织在证据收集中面临的难题,确保证据的完整性和有效性。

(二)优化追责程序联动机制

在法律责任的追究活动中,涉及行政执法机关、司法机关、监察机关等主体;在党规责任的追究过程中,涉及党委、纪律检查委员会、组织部门等多个主体。在一般情形下,党规责任追责主体与法律责任追责主体在各自组织体系中依法依规互相独立开展责任追究工作。同时,在当代中国的治理实践中,执政党和政府体系是在执政党集中统一领导下,形成了统筹协同的党政关系。[1]尤其是在同时涉纪、涉法、涉罪的案件中,党规责任与法律责任的追责主体更是要统筹协调、互联互通,避免程序交叉重复,以提高执纪执法的效率和质量。但是在具体实践中,还存在缺乏联动的程序性规定而导致程序联动不足的问题。例如,根据《纪律处分条例》第35条的规定,党组织可以依据国家机关、企事业单位的处分决定,依照规定给予行为人党纪处分或者组织处理。但是国家法律、行政法规或企事业单位规章并没有明确规定司法机关、行政机关或企事业单位应当向违纪党员所在党委(党组)或纪委报送处分决定以及处分依据,导致党规责任追责主体难以及时通过制度化的渠道获得党员违法、违规或违章的处分决定,最终出现违法处分已经执行而违纪处分久未作出的不协调情况。[2] 因此,亟须梳理现有程序性制度规定,结合具体实践,建立健全党规责任与法律责任追究程序的联动机制,从而弥合程序之间不协调的缝隙。首先,在制度层面,需要尽快完善相关法律法规以及企事业单位等内部规章制度,在其中明确规定违纪党员行政处分、行政处罚、刑事责任等相关处分决定的报送程序、时限等,保障党的机关与国家机关、企事业单位等掌握的案件信息实现及时性共享。其次,需要构建双向介入程序机制,保障党规责任与法律

---

〔1〕 参见王浦劬、汤彬:《当代中国治理的党政结构与功能机制分析》,载《中国社会科学》2019年第9期。

〔2〕 参见魏艳:《国家法律和党内法规相辅相成的实践路径——基于二元执行主体有效联动的分析》,载《探索》2022年第4期。

责任在调查、审理等环节的精准贯通。2018 年中央纪委办公厅、国家监委办公厅、最高人民检察院办公厅联合印发《国家监察委员会与最高人民检察院办理职务犯罪案件工作衔接办法》，专章规定了最高人民检察院在审理阶段提前介入职务犯罪案件的方式、程序和其他基本要求等内容。参照此规定，在办理涉纪、涉法和涉罪的复杂案件中，可以完善行政机关、司法机关等介入纪检监察机关审理调查程序的机制，以及建立健全纪检监察机关介入检察机关、公安机关、行政机关等办理相关案件的程序机制。通过完善程序制度规定以及建立程序介入联动机制，可以充分利用执纪执法资源，促进党规责任与法律责任办案精准联动，保证案件办理的质量。

（三）完善党政同责追责机制

2015 年中共中央办公厅、国务院办公厅联合印发《党政领导干部生态环境损害责任追究办法（试行）》，将党委系统纳入问责范畴，正式确立了生态环境保护领域的“党政同责”制度。随后，中共中央办公厅、国务院办公厅于 2018 年联合印发《地方党政领导干部安全生产责任制规定》，2019 年联合印发《地方党政领导干部食品安全责任制规定》。党政同责将地方各级党委纳入法治责任主体范畴，使地方党委与政府得以在生态环境保护、安全生产、食品安全等重大民生问题上形成齐抓共管的监督合力，有效解决了党委、政府权责不一致的问题。[1] 上述规定在制度设计层面实现了党委政府的权责一致，但具体到实践层面，党政问责程序既涉及党纪问责又涉及行政问责，对党员领导干部可能既要追究党规责任又要追究法律责任，导致党政问责程序相互交错。在实际运行过程中，由于缺乏一整套从启动到救济的完整程序机制，较大程度上限制了党政同责制度功能的充分发挥。例如，在生态环境保护领域，党政问责的启动者主要是各级环境保护督察工作领导小组，而从《国务院行政机构设置和编制管理条例》来看，各级环境保护督察工作领导小组属于“议事协调机构”，并非常设机关，且与各级监察委员会及其他问责主体间缺乏明确的衔接机制，从而导致问责启动环节的不同主体间难以形成有效配合。[2] 因此，亟待完善

〔1〕 参见马迅、李尧：《党政同责的逻辑与进路——以食品安全责任制为例》，载《河南社会科学》2020 年第 12 期。

〔2〕 参见向佐群、钟颖：《环境治理中的党政同责发展进程、逻辑机理及完善路径》，载《治理现代化研究》2022 年第 5 期。

党政同责追责机制,具体可以从以下三个方面着手:一是积极落实《中央党内法规制定工作规划纲要(2023—2027 年)》,尽快修订《党政领导干部生态环境损害责任追究办法(试行)》,均衡配置党政责任,细化问责情形,尽量避免使用“执行不力”“处置不力”“监管失察”“造成严重后果”等不确定概念。二是建立不同问责主体间的信息共享机制,即可在司法程序、党纪程序、行政程序间实现信息共享,保证由政及党、由党及政的双向信息交流。三是建立不同程序间的证据互认机制。因此,应当形成党政机关内部问责中的证据同质化规则,最大限度地保证不重复取证与证据互用性;在涉及司法程序时要区分刑事与非刑事责任,如果责任人涉嫌犯罪则应遵循“党纪严于国法”的要求,在裁判前对其先行进行党内问责;在非刑事程序特别是私人行为造成权力者被问责的情形下,一般应当引证司法程序认定的证据材料,并根据问责需要进行适当补充,确保问责基础性事实的可信度和党政程序、司法程序的协同性。[1]

---

〔1〕 参见肖峰:《生态文明建设中党政同责措施的科学实施》,载《中国特色社会主义研究》2016 年第 4 期。

主要参考文献

一、著作类

[1]中共中央纪律检查委员会、中共中央文献研究室编:《习近平关于严明党的纪律和规矩论述摘编》,中国方正出版社、中央文献出版社 2016 年版。

[2]中共中央文献研究室编:《习近平关于全面从严治党论述摘编》,中央文献出版社 2016 年版。

[3]中共中央纪律检查委员会、中共中央文献研究室编:《习近平关于党风廉政建设和反腐败斗争论述摘编》,中央文献出版社、中国方正出版社 2015 年版。

[4]宋功德:《党规之治:党内法规一般原理》,法律出版社 2021 年版。

[5]宋功德、张文显主编:《党内法规学》,高等教育出版社 2020 年版。

[6]欧爱民:《党内法规与国家法律关系论》,社会科学文献出版社 2018 年版。

[7]欧爱民:《中国共产党党内法规总论》,人民出版社 2019 年版。

[8]李斌雄:《扎紧制度的笼子:中国共产党党内法规制度的重大发展研究》,武汉出版社 2017 年版。

[9]中共中央纪律检查委员会法规室、中华人民共和国国家监察委员会法规室编写:《〈中国共产党纪律处分条例〉释义》,中国方正出版社 2018 年版。

[10]中共中央纪律检查委员会法规室、中华人民共和国国家监察委员会法规室编写:《〈中国共产党纪律检查机关监督执纪工作规则〉释义》,中国方正

出版社 2019 年版。

[11]本书编写组编写:《党纪政务处分工作图解》,中国方正出版社 2020 年版。

[12]本书编写组编写:《组织处理工作图解》(第 2 版),中国方正出版社 2020 年版。

[13]本书编写组编写:《监督执纪"四种形态"典型案例剖析》,中国方正出版社 2022 年版。

[14]本书编写组编写:《党纪处分运用规则和纪法衔接适用指南》,中国方正出版社 2017 年版。

[15]季珐彦编著:《党纪与国法的对话:违纪行为与违法犯罪行为比较分析》,中国方正出版社 2019 年版。

[16]温剑能:《违纪构成与党纪处分论》,中国方正出版社 2021 年版。

[17]季珐彦编著:《党纪国法比较简论》,中国方正出版社 2022 年版。

[18]桑显佩主编:《当前违纪的定性量纪与违法的定罪量刑实务全书》,中国民主法制出版社 2000 年版。

[19]汪国华编著:《适用〈中国共产党纪律处分条例〉定性量纪实务》(第 10 版),中国方正出版社 2019 年版。

[20]本书编写组编写:《常见违纪行为定性辨析》,中国方正出版社 2022 年版。

[21]王勇主编:《党规党纪》,中共中央党校出版社 2016 年版。

[22]郑荣华:《中国共产党纪律学》,人民出版社 2009 年版。

[23]王立峰:《党规原理论》,人民出版社 2021 年版。

[24]王若磊:《政治问责论》,上海三联书店 2015 年版。

[25]王希鹏:《纪检监察学基础》,中国方正出版社 2021 年版。

[26]张文显主编:《法理学》(第 5 版),高等教育出版社 2018 年版。

[27]张文显:《法哲学范畴研究》,中国政法大学出版社 2001 年版。

[28]罗豪才主编:《行政法学》,北京大学出版社 2001 年版。

[29]陈兴良:《规范刑法学:教学版》,中国人民大学出版社 2015 年版。

二、论文类

[1]宋功德:《坚持依规治党》,载《中国法学》2018 年第 2 期。

[2]张文显:《全面推进中国特色社会主义法治体系更加完善》,载《法制与社会发展》2023 年第 1 期。

[3]张文显:《论中国式法治现代化新道路》,载《中国法学》2022 年第 1 期。

[4]王伟国:《习近平法治思想中的依规治党理论及其原创性贡献》,载《法学研究》2023 年第 3 期。

[5]周叶中:《论习近平关于依法治国和依规治党相互关系的重要论述》,载《政法论丛》2021 年第 4 期。

[6]周叶中:《以党内制度建设推进国家治理法治化——准确把握国家治理现代化的三个重要环节》,载《国家治理》2017 年第 41 期。

[7]孟涛:《党内法规体系的形成与完善》,载《法学研究》2021 年第 6 期。

[8]伍华军:《论党内法规责任及惩处追责机制》,载《党内法规理论研究》2019 年第 1 期。

[9]伍华军、赵晨阳:《论党内法规责任条款及其规范设置》,载《河南社会科学》2020 年第 8 期。

[10]韩喜平、王晓波:《关于完善党内法规责任制度的思考》,载《广西大学学报(哲学社会科学版)》2020 年第 1 期。

[11]庄德水:《党内法规责任规定的适用性分析》,载《理论探索》2021 年第 4 期。

[12]李沫、黄健:《论"两个责任"的实践困境及制度消解》,载《中南大学学报(社会科学版)2016 年第 4 期。

[13]石伟:《全面从严治党责任制度的法理基础与逻辑判定》,载《当代世界与社会主义》2020 年第 1 期。

[14]欧爱民、何静:《论党内法规责任的类型化建构》,载《理论探索》2023 年第 2 期。

[15]欧爱民、何静:《组织处理类型化的立规回应与四维逻辑阐释》,载《法学论坛》2023 年第 5 期。

[16]欧爱民、范晓珲:《双笼关虎:权力限制法治化的中国式表达》,载《理论与改革》2023 年第 3 期。

[17]虞崇胜:《国法与党纪:"双笼关虎"的制度逻辑》,载《探索》2015 年第 2 期。

[18]杨建军:《党内法规对责任制度的构造》,载《法学》2022 年第 5 期。

[19]杨建军:《权力监督制约的第三种模式》,载《法学论坛》2022 年第 4 期。

[20]王宏哲:《党和国家处分体系的要素、结构与特征》,载《深圳社会科学》2022 年第 3 期。

[21]吕永祥:《论全面从严治党主体责任制的建构价值、构成要件与实施进路》,载《中南大学学报(社会科学版)》2023 年第 1 期。

[22]吕永祥:《党内问责对象不精准的表现、成因与对策》,载《东北大学学报(社会科学版)》2021 年第 1 期。

[23]吕永祥、王立峰:《党内"精准问责"的要素要件和运行机理》,载《理论探索》2020 年第 3 期。

[24]张亮:《论党内问责的归责原则——以规范分析为进路》,载《理论月刊》2023 年第 2 期。

[25]段磊:《党纪适用裁量基准的理论塑造与构建方法》,载《江汉论坛》2020 年第 8 期。

[26]王立峰、李洪川:《中国共产党"组织处理"的制度属性与制度形态分析》,载《东北大学学报(社会科学版)》2022 年第 5 期。

[27]郭春镇、曾钰诚:《"整全性法治":党纪审查的演进与发展——以 211 份中管干部"党纪处分决定"为样本》,载《浙江社会科学》2021 年第 5 期。

[28]李斌雄、魏新欣:《改革开放以来中国共产党纪律处分制度的重大发展》,载《探索》2018 年第 5 期。

[29]朱福惠:《国家监察法对公职人员纪律处分体制的重构》,载《行政法学研究》2018 年第 4 期。

[30]朱福惠、黄奕恺:《认罪认罚从宽制度的体系化适用——基于监察与司法衔接视角的考察》,载《厦门大学学报(哲学社会科学版)》2022 年第 5 期。

[31]刘卫东、王建华:《党的纪律建设的制度创新经验——基于四版〈中国

共产党纪律处分条例〉的制定与完善》,载《理论探索》2019 年第 4 期。

[32]杨永庚、常利娟:《我国党纪与国法的衔接方式、现实选择和优化路径》,载《陕西师范大学学报(哲学社会科学版)》2019 年第 4 期。

[33]秦前红、周航:《党纪处分与政务处分的衔接协调及运行机制》,载《中国法律评论》2021 年第 1 期。

[34]秦前红、张晓瑜:《政务处分与党纪处分适用衔接的若干问题》,载《中南民族大学学报(人文社会科学版)》2021 年第 1 期。

[35]贾轶凡、王浩臣:《如何理解和把握〈政务处分法〉规定的政务处分与党纪处分的匹配适用? 遵循"轻轻、重重"的匹配原则》,载《中国纪检监察》2020 年第 16 期。

[36]宋尚华、王多:《党纪处分和政务处分有什么区别——适用对象、依据、程序及权利救济不同》,载《中国纪检监察》2018 年第 22 期。

[37]杨永庚、罗新远:《纪检监察和违法犯罪交叉案件的裁处机制探讨——以二者的双重处理为视角》,载《广州大学学报(社会科学版)》2021 年第 5 期。

[38]阴建峰、李思:《反腐败党纪与刑事法律关系论纲——以新时代"全面从严治党"为背景》,载《法学杂志》2018 年第 7 期。

[39]庞慧洁:《党纪与刑事法律的衔接问题研究》,载《广西社会科学》2019 年第 9 期。

[40]王群:《党纪处分条例与刑法比较研究及启示——一个纪刑衔接视角的延伸讨论》,载《重庆理工大学学报(社会科学)》2022 年第 2 期。

[41]庞仕平:《违法犯罪型违纪行为规范适用研究——以责任聚合为视角》,载《党内法规研究》2023 年第 3 期。

[42]张永久:《对受到行政处罚的党员进行党纪处分应注意什么》,载《中国纪检监察》2019 年第 6 期。

[43]石伟:《党内法规中的"刑法"——新修订版〈中国共产党纪律处分条例〉解读》,载《马克思主义与现实》2016 年第 4 期。

[44]董芳:《纪检监察机关在办案中如何运用组织处理措施》,载《中国监察》2013 年第 13 期。

[45]陈丽:《中国共产党自我革命的四重向度——以百年党章纪律条款的

历史变迁为视角》,载《江苏大学学报(社会科学版)》2023 年第 2 期。

[46]王译:《党内监督执纪“四种形态”间程序衔接规制探讨》,载《河南社会科学》2021 年第 6 期。

[47]魏晓文、吕新海:《监督执纪“四种形态”的内涵、价值与践行路径》,载《当代世界社会主义问题》2019 年第 1 期。

[48]吕尚敏:《引咎辞职:法理阐释与制度构建》,载《法学》2002 年第 4 期。

[49]魏艳:《国家法律和党内法规相辅相成的实践路径——基于二元执行主体有效联动的分析》,载《探索》2022 年第 4 期。

[50]刘艳红:《〈监察法〉与其他规范衔接的基本问题研究》,载《法学论坛》2019 年第 1 期。

[51]夏伟:《监察体制改革“纪法衔接”的法理阐释及实现路径》,载《南京师大学报(社会科学版)》2020 年第 1 期。

[52]陈伟、宋坤鹏:《习近平法治思想中“纪法贯通”的思想蕴涵、时代价值与实践要义》,载《学术界》2022 年第 5 期。

[53]蒋凌申:《论监察体制改革中的纪法协同》,载《南京大学学报(哲学·人文科学·社会科学)》2020 年第 3 期。

[54]王若磊:《党规与国法的关系的三重维度:内容协调、机制衔接与相互保障》,载《上海政法学院学报(法治论丛)》2019 年第 5 期。

[55]王若磊:《论重大事故中的政治问责》,载《法学》2015 年第 10 期。

[56]刘艳红:《职务犯罪案件非法证据的审查与排除——以〈监察法〉与〈刑事诉讼法〉之衔接为背景》,载《法学评论》2019 年第 1 期。

[57]吕品:《党规严于国法:主要依据、基本要求和践行原则》,载《理论探索》2020 年第 6 期。

[58]姬亚平、支菡箴:《论党内法规与国家法律的协调和衔接》,载《河北法学》2018 年第 1 期。

[59]李新廷:《如何坚持和加强党的全面领导——党内法规视角下中国共产党责任政治建设的逻辑指向》,载《学术探索》2021 年第 3 期。

[60]王浦劬、汤彬:《当代中国治理的党政结构与功能机制分析》,载《中国社会科学》2019 年第 9 期。

[61]周悦丽、马家辉:《关于混合性党内法规的理论与实证研究》,载《北京行政学院学报》2021 年第 6 期。

[62]管华:《党内法规制定技术规范论纲》,载《中国法学》2019 年第 6 期。

[63]梁迎修:《类型思维及其在法学中的应用——法学方法论的视角》,载《学习与探索》2008 年第 1 期。

[64]杜宇:《再论刑法上之“类型化”思维——一种基于“方法论”的扩展性思考》,载《法制与社会发展》2005 年第 6 期。

后　记

自2017年获批中国法学会重点专项课题“党规与国法的相互关系与衔接研究”以来，我主要的科研兴趣便转移到党内法规上来。多年来的研究工作使我愈发认识到，党内法规是理解、阐述、解码中国法治鲜明特色与显著优势的关键性钥匙，其为建构中国自主法学知识体系提供了不竭的本土素材，也是中国法学理论工作者必须占领的学术阵地。为此，我全身心投入党内法规的教研工作中，在课题项目、论著出版、成果获奖等方面取得了一些成绩。同时，我也清楚地认识到，党内法规学是一门“实践在前、理论在后”的新兴学科。虽然近年来各种成果不断涌现，理论短板现象得以极大改观，但与成熟的法学理论相比，其依然显得较为稚嫩，在基本理论与研究方法上尤显不足。因此，研究党内法规既面临挑战，也充满机遇，如果能在“课题申请难、论文发表难、著作出版难”的困境中迎难而上，以“咬定青山不放松”的韧性坚持下来，定会迎来“阳光总在风雨后”的喜悦时刻。

为此，我给自己设定了一个小目标，力争出版党内法规系列专著，除已出版《中国共产党党内法规总论》《党内法规与国家法律关系论》外，接下来将陆续出版《党内法规制定原理与技术》《党内法规责任论》《纪律处分学原论》《纪律检查程序论》等。上述专著构成我党内法规研究“六论”，即总论、关系论、立规论、责任论、纪律处分原论、纪律检查程序论。在此基础上，我将完成一部有关党内法规一般问题的著作，即党内法规哲学著作，系统回答党内法规“是什么、为什么、怎么办”等系列根本性问题。“6+1”系列著作是我研究党内法规的“七部曲”，也是我研究党内法规的“学术汇编”，希冀能在学界中产生一些涟漪。《党内法规责任论》是计划中的第四部，其付梓标志着“任务过半”。其虽不算鸿篇巨制，但也是一个阶段性成果，倾注了大量心血。

“动员千遍，不如问责一次。”党规责任是党内法规制度体系得以行稳致远的重要装置，其理论价值与现实意义无须赘述。本书以党内法规责任为选题，展开系统性研究，希望在补足相应理论短板的同时，力求在如下方面彰显自身价值：一是提炼出一种新型党规责任类型，即“警示处理”，并对之进行理论证立，梳理出其具体种类，即通报批评、责令公开道歉、诫勉，使诸多党规责任种类能够“安身”，以更好地发挥其在全面从严治党中的功效。二是创新性地提出党规责任三分理论，即警示处理、组织处理、纪律处分，实现党规责任的类型化，并进一步厘清党规责任与其他党规措施的区别，为实现党规责任的体系化、制度化、规范化提供理论指导。三是梳理党规责任与法律责任的关系，具体阐述党规责任与政务处分、行政处罚、行政处分、刑事责任等的区别与联系，全面构建党规责任与法律责任的协调技术方案。四是实现研究范式的扩展。传统法学很少涉足党规责任研究领域，而缺乏党规责任的中国特色社会主义法治责任体系是不完整的，难以与中国法治实践相吻合。党规责任研究可有效填补此一理论空白，推进中国特色社会主义法治责任体系的完善，实现从法律责任到党规责任，进而到法治责任等研究范式的转型，有利于形成一批更具中国特色、更具阐述力的学术成果。

学术研究是一件苦差事，同行者的力量尤为重要。多年来，我与博士生、硕士生雷打不动的读书会既产生了学术火花，也培养了学生们的学术兴趣。师生在学术上“同心同向同行”，也是人生一大幸事。在本书的写作过程中，博士生何静、张程、范晓珲、李宗翰等在文献的检索、提纲的拟定、章节的写作、文字的校对等方面承担了大量的工作，付出了辛勤的劳动，在此表示真诚的谢意！

特别需要指出的是，由于党内法规责任属于一个新的研究领域，可资借鉴的成果相当稀缺，有关制度文本较为分散，诸多概念、术语的使用也不尽统一，平添了研究的难度。作为“先行者”，本书充其量只算是“毛坯房”，亟须各位方家的跟进，尤其是“精装修”。作为“抛砖引玉”之作，本书存在诸多错误与不足，还望广大读者批评指正，以便今后修改完善。